Wolfgang Sonthofen

DER
DEUTSCHE
ORDEN

Wolfgang Sonthofen

Der Deutsche Orden

Weltbild Verlag

© by Weltbild Verlag GmbH, Augsburg 1995
Redaktion: Holger Hühn, Augsburg
Umschlaggestaltung: Adolf Bachmann, Reischach
Umschlagbild: Archiv für Kunst und Geschichte, Berlin
Druck: Print Centrum, a. s., Zlín-Louky, CZ
ISBN 3-89350-713-2

Inhalt

1. Teil: Der Orden in Palästina
Palästina, die Kreuzzüge und die geistlichen Ritterorden 11
Entstehung, Aufbau und erste Jahre des Deutschen Ordens 20
Hermann von Salza 28
Das Ende des Ordens in Palästina 48

2. Teil: Der Orden in Preußen
Der Ruf nach Preußen 57
Vorbereitungen für den Einsatz in Preußen 62
Anfang in Preußen 67
Ausdehnung des Ordensstaates über ganz Preußen 74
Verlegung des Hochmeister-Sitzes nach Preußen 81
Marienburg 88
Baltikum 92
Pommerellen 104
Luther von Braunschweig 111
Litauen 115
Winrich von Kniprode 120
Größte Ausdehnung des Ordensstaates 126
Tannenberg 135
Heinrich Reuß von Plauen 140
Der Preußische Bund 147
Der Dreizehnjährige Krieg 155
Polnisch Preußen 162
Albrecht von Hohenzollern Markgraf von Brandenburg-Ansbach .. 167
Das Ende des Ordens in Preußen 176

3. Teil: Der Orden im Heiligen Römischen Reich
Deutschmeister 183
Hoch- und Deutschmeister 192
Das Ende des Ordens im Heiligen Römischen Reich 200

4. Teil: Der Orden in Österreich
Vom Wiener Kongreß zum Ersten Weltkrieg 205
Vom Ersten zum Zweiten Weltkrieg 208
Neuzeit 210

Anhang
Verzeichnis der Obersten Gebieter des Deutschen Ordens 213
Literaturverzeichnis 216

Einführung

Die Geschichte des Deutschen Ordens ist eines der bedeutendsten und interessantesten Kapitel in der deutschen Geschichte. Diese Wertung mag überraschen, denn Geschichte ist in der Regel politische Geschichte, die für eine geistliche Organisation, wie es ein Orden ist, im allgemeinen nicht in Betracht kommt. Der Deutsche Orden war aber ein geistlicher Ritterorden, der neben einer militärischen auch eine starke politische Ausprägung hatte. Seine bedeutendste Leistung war die Erschaffung des Ordensstaates Preußen, eines Staates, den er zu solcher Blüte und Stärke gebracht hat, daß er den Orden überlebte.

Die Geschichte des Deutschen Ordens ist trotzdem weitgehend unbekannt geblieben. Man kennt allenfalls einige Hochmeister wie Hermann von Salza, Winrich von Kniprode, Albrecht von Hohenzollern, vielleicht noch die Schlacht bei Tannenberg, bei der dem Orden eine schwere Niederlage beigebracht wurde, von der er sich nicht wieder erholt hat, und die oft genug mit der Tannenberg-Schlacht des Ersten Weltkrieges verwechselt wird.

Aber auch nach dem Verlust Preußens hat der Orden große Taten vollbracht, ganz besonders zur Zeit der Türkenkriege, was noch weniger bekannt ist als sein Wirken in Preußen. Die Ursache hierfür dürfte im Bildungsideal des vorigen Jahrhunderts zu suchen sein, das sich stark an der Antike orientierte und von griechischer und römischer Geschichte mehr wußte und lehrte als von preußischer und deutscher.

Es gibt zwar eine recht umfangreiche Literatur über den Deutschen Orden, meist handelt es sich aber nur um Ausschnitte über einzelne Begebenheiten oder Persönlichkeiten, die eine gewisse Grundkenntnis der Zusammenhänge voraussetzen. Zusammenfassende Darstellungen sind meist zu umfangreich für den historisch interessierten Laien.

Das vorliegende Buch soll hierbei eine Lücke schließen. Die Darstellung ist jedoch nicht für den Gelehrten gedacht. In anschaulicher Weise werden daher die für die Ordensgeschichte bedeutsamen Voraussetzungen und Ereignisse mit dem sonstigen Zeitgeschehen in Zusammenhang gestellt. Sie beginnt nicht erst bei der Ordensgründung, sondern bereits bei der Vorgeschichte, den Kreuzzügen, und erläutert, wie der geistliche Ritterorden sich entwickelt hat.

1. Teil
Der Orden in Palästina

Palästina, die Kreuzzüge und die geistlichen Ritterorden

Der Deutsche Orden entstand als einer von drei geistlichen Ritterorden zur Zeit der Kreuzzüge in Palästina.

Als von der römisch-katholischen Kirche geförderte kriegerische Einsätze gegen Heiden und Ketzer dienten Kreuzzüge im Mittelalter zur Ausbreitung oder Wiederherstellung des christlichen Glaubens. Wenn man von der Zeit der Kreuzzüge ganz allgemein spricht, so sind nur die Unternehmungen gemeint, die vom Ausgang des 11. bis zum 13. Jahrhundert zur Rückgewinnung von Palästina und Befreiung der dortigen Heiligen Stätten der Christenheit von arabisch-islamischer Herrschaft geführt worden sind.

Wie war es zu diesen Kreuzzügen gekommen, nachdem Palästina bereits mehr als 450 Jahre in islamischem Besitz war?

Palästina, das zur Zeit von Jesu Geburt, Leben und Tod unter römischer Herrschaft stand, fiel bei der Teilung des Römischen Reiches an Ostrom, das spätere Byzantinische Reich mit der Hauptstadt Konstantinopel. Als im 7. Jahrhundert der Islam aufkam, sich alsbald zu einer Weltreligion und gleichzeitig zu einer politischen Macht entwickelte, begeisterte er das arabische Beduinentum und spornte es zu einer Ausbreitung über große Teile Asiens und Afrikas an. Dem politischen Druck der Araber (nach einem kleinen Beduinenvolk auch Sarazenen genannt) konnte Byzanz nicht genügend Abwehr entgegensetzen. Es verlor seinen gesamten Besitz in Afrika, vor allem in Ägypten, und große Teile seines asiatischen Herrschaftsbereichs. Im Jahre 637 wurde Palästina mit Jerusalem endgültig erobert.

An eine Rückeroberung durch Byzanz war nicht zu denken, an eine Hilfeleistung durch das Abendland aber auch nicht, denn dieses war selbst von den Sarazenen bedroht, die alsbald ganz Nordafrika und selbst Teile von Europa eroberten, Sizilien, Unteritalien und Spanien, auch in das Fränkische Reich eindrangen, bis es endlich Karl Martell 732 in der Schlacht bei Poitiers gelang, die Sarazenen vernichtend zu schlagen und bis über die Pyrenäen zurückzudrängen. Es folgte eine ruhige Zeit.

Erst im 11. Jahrhundert erlitt Byzanz eine neue schwere Bedrohung durch die Türken. Zum Islam bekehrte Turkvölker waren um das Jahr 1035 aus dem Inneren Asiens nach Südwesten vorgedrungen und hatten in kürzester Zeit Persien, Mesopotamien und Syrien überrannt. Auch Jerusalem fiel zeitweilig in ihre Hände. Als sie sich schließlich gegen das Byzantinische Reich wandten, kam es 1071 zu der Schlacht bei Manzikert am Vansee in Anatolien, die zu einer völligen Niederlage des byzantinischen Heeres führte, worauf die Türken, die nach Seldschuk, ihrem Anführer, Seldschuken hießen, ganz Anatolien und fast ganz Kleinasien bis an den Bosporus besetzten.

Dies veranlaßte den byzantinischen Kaiser Michael II., einen Hilferuf an den damaligen Papst Gregor VII. (1073–85) zu richten, der dann einen Hilfsfeldzug in Aussicht stellte. Er kam aber nicht zustande.

Es vergingen einige Jahre, bis schließlich 1091 Kaiser Alexios I. von Byzanz den Papst (damals Urban II.) erneut um Hilfe anrief, dabei ging er aber anders vor. Er fürchtete, daß der Papst bei dem gespannten Verhältnis zwischen Rom und Byzanz eine Hilfe ablehnen würde, wenn er sie für sich und das Byzantinische Reich erbitten würde. Er bat daher formell um Hilfe für Jerusalem und die Heiligen Stätten der Christenheit, da ihr Verbleib unter islamischer Herrschaft zu unerträglichen Zuständen geführt habe.

Diesen Hilferuf griff der Papst sofort auf. Im November 1091 fand ein Konzil zu Clermont (Frankreich) statt. Urban II. rief in einer Rede dazu auf, nach Palästina zu ziehen und dort die Heiligen Stätten der Christenheit aus der Hand der Ungläubigen zu befreien.

Es war eine der folgenreichsten Ansprachen der Weltgeschichte. Kaum eine Rede eines Papstes hat einen so ungeheuren Erfolg gehabt. Die Idee der Kreuzzüge war geboren, ein Appell an das aufblühende Rittertum der Zeit, für die Kirche und ihre Ziele zu kämpfen und darin die Erfüllung ihres Lebens zu sehen.

Aber erst im Oktober 1096 sammelte sich eine Reihe von Rittern mit ihrem Gefolge, überwiegend aus Frankreich, Lothringen und Flandern, »nahm das Kreuz« und zog zunächst bis Konstantinopel, wo noch einige französisch sprechende Normannen aus Sizilien zu ihnen stießen.

Anfang 1097 zog das Kreuzfahrerheer weiter über den Bosporus nach Südosten. Als man nach Durchqueren der Ebenen das anatolische Hochland erreichte, kam es zum ersten großen Treffen mit den Seldschuken, das mit deren vollständiger Niederlage endete.

Das war bereits eine große Leistung. Es war den Kreuzfahrern etwas gelungen, wozu das Byzantinische Reich seit Jahren nicht imstande gewesen war. Die Türkengefahr war zunächst einmal abgewendet, für Byzanz damit der gewünschte Zweck eigentlich erreicht.

Nach Überquerung des Gebirges auf Wegen, über die schon Babylonier und Alexander der Große gezogen waren, erreichte das Kreuzfahrerheer im Oktober 1097 als nächstes Hindernis Antiochia an der Einmündung des Orontes in das Mittelmeer. Es war von den Seldschuken besetzt und bildete das schwerste Hindernis auf dem Weg nach Palästina. Fast ein Jahr dauerte es, bis die Stadt nach langer wechselvoller Belagerung eingenommen werden konnte.

Jetzt kam es zunächst einmal dazu, daß einige Ritter, die während der Belagerungszeit im Lande umhergezogen waren und dabei auch Gebiete erobert hatten, mehrere Fürstentümer gründeten und sich zu ihren Regenten aufschwangen. Es waren Kleinarmenien, Edessa, Tripoli und Antiochia selbst.

Man begann, sich in den neuen Fürstentümern einzurichten, aber schließlich zog man Anfang 1099 doch weiter.

Größere Schwierigkeiten ergaben sich nicht mehr. Palästina fiel den Kreuzfahrern ohne schwere Kämpfe in die Hand. Nach rund fünf Monaten erreichte man Jerusalem. Nach kurzer Belagerung wurde die Stadt am 14. Juli 1099 eingenommen.

Es ist nicht zu leugnen, daß damit eine großartige Leistung erbracht worden war, so kritisch man auch zu der Kreuzzugsbewegung stehen mag. Es war nicht nur gelungen, die Türkengefahr für das Byzantinische Reich auf lange Zeit zu bannen, sondern auch größere Gebiete zu erobern und in Besitz zu nehmen.

Man fragt sich, warum den Kreuzfahrern nicht größerer Widerstand geleistet wurde. Schließlich war der Anmarsch des Heeres nicht unbemerkt geblieben, und die Zielvorstellungen waren durchaus bekannt. Man hätte erwarten dürfen, daß die gesamte islamische Welt einer derartigen Gefahr mit allen Mitteln entgegengetreten wäre.

Aber es hatte sich in der islamischen Welt viel verändert. Zwischen den Glaubensrichtungen der Sunniten und Schiiten (Fatimiden) war es zu schweren Differenzen gekommen, die nicht nur auf religiösen Gründen beruhten. So waren Seldschuken in arabische Gebiete eingedrungen, und sie wurden weniger als Glaubensbrüder denn als Eindringlinge und Eroberer angesehen. Es kam sogar so weit, daß eine arabische Delegation zu den Kreuzfahrern kam und ihnen ein gemeinsames Vorgehen gegen die Seldschuken vorschlug.

Wenn also letzten Endes der Erfolg darauf zurückzuführen ist, daß die Gegner uneinig waren, so ist dennoch die große Leistung der Kreuzfahrer nicht zu unterschätzen. Nur mußte für baldige Sicherung gesorgt werden, denn es war nicht auszuschließen, daß sich im Islam wieder ein starker Mann hervortun könnte, der mit der gesamten arabischen Macht die Kreuzfahrer erneut angreifen würde. Man mußte handeln und beschloß, in Palästina einen neuen Staat zu gründen: das »Königreich Jerusalem«.

Zum ersten König von Jerusalem wählten die Führer des Kreuzfahrerheeres Gottfried von Bouillon, einen Mann aus einem relativ unbekannten und unbedeutenden Adelshause aus der Nähe von Sedan in Nordfrankreich. Er gehörte nicht zu den Führern des Heeres, galt aber als besonders fromm und tugendhaft, trug den Titel eines Herzogs von Lothringen und hatte sich in der letzten Phase des Kreuzzuges kriegerisch hervorgetan. Außerdem wollte keiner der prominenten Führer im Lande verbleiben, wie überhaupt der Großteil der Kreuzfahrer so bald als möglich nach Hause zurückkehren wollte. Man hatte es eilig und wählte Gottfried bereits am 22. Juli 1099, nur wenige Tage nach der Einnahme Jerusalems. Gottfried nahm die Wahl an und begründete so die Dynastie der Könige von Jerusalem. Als man Gottfried in der Grabeskirche krönen wollte, verweigerte er die Annahme des Titels. Er wollte nur »Advocatus Sancti Sepulcri« – Beschützer des Heiligen Grabes heißen.

Der Papst ernannte den Erzbischof Dagobert von Pisa zum Patriarchen von Jerusalem. Er belehnte Gottfried mit dem Königreich Jerusalem, das formell ein päpstliches Lehen wurde.

Da Gottfried den Königstitel abgelehnt hatte, wird er von manchen Historikern nicht als erster König von Jerusalem gezählt, sondern erst sein Nachfolger. Gottfried starb bereits am 18.7.1100, und da er kinderlos war, fiel das Königreich an seinen jüngeren Bruder Balduin, der als Balduin I. am 11.11.1100 den Königstitel annahm.

Aber ganz gleich, wen man nun als ersten König von Jerusalem annehmen will, die Probleme waren dieselben. Auf wen sollte er sich stützen? Die Bevölkerung war den Eindringlingen und Eroberern nicht freundlich gesinnt, was nicht so sehr an dem fremden Volkstum als an der Verschiedenheit der Religionen lag. Christentum und Islam konnten damals nicht friedlich zusammenleben. Zwei Möglichkeiten hätte es gegeben: die eingesessene Bevölkerung zum Christentum zu bekehren oder sie zu vertreiben. Beides ist versucht worden, beides vergeblich. Der König konnte sich nur auf einheimische christliche Organisationen stützen. Damit kam die große Stunde der geistlichen Ritterorden.

Zunächst war es nur einer, der Johanniterorden. Er war vorerst noch kein Ritterorden, sondern eine rein karitative Organisation, um erkrankte Pilger zu pflegen. Aber er unterhielt mehrere Hospitäler, vor allem ein großes Hospital in Jerusalem selbst. Somit hatte er eine gewisse Verwaltungserfahrung und vor allem auch Kenntnis von Land und Leuten. Er konnte also eine Stütze des neuen Staates sein. Wenn auch die meisten Kreuzfahrer bald nach Hause zurückkehren wollten, so blieb doch ein Teil im Lande, der dem Orden beitreten konnte, womit dieser auch ein Verteidigungspotential gewann. Damit änderte sich das Wesen des Ordens erheblich. Er wurde ein geistlicher Ritterorden.

Mit der Ausbreitung des Christentums und besonders, als es im Römischen Reich zur Staatsreligion erhoben worden war, ergoß sich ein immer stärker werdender Pilgerstrom nach Palästina zu den Heiligen Stätten der Christenheit. Kaiser und Päpste förderten die Pilgerfahrten und begründeten Herbergen (Xenodochien), die dann auch mit einer Krankenabteilung (Hospital) ausgestattet wurden. Als Pflegepersonal wurden Mönche und Ordensschwestern, zumeist Benediktiner und Augustiner, aus Italien abgeordnet. Für sie bürgerte sich bald der Name »Hospitaliter« ein.

Im Jahre 603 wurde auf Veranlassung von Papst Gregor I. eine besonders große Herberge mit Hospital in Jerusalem in der Nähe der Grabeskirche errichtet. Ein Abt Probus, vermutlich Benediktiner aus Amalfi, wurde entsandt, um das ganze Hospitalwesen straff zu organisieren, was ihm auch hervorragend gelang.

Die Organisation war insofern schwierig, als die üblichen Ordensregeln hier nicht griffen. Man war nicht zusammen in einem festen Kloster, sondern auf vielen Einzelstationen, dazu noch Mönche und Schwestern gemeinsam, die nach Bedarf eine gewisse Mobilität aufweisen mußten.

Das Hospital in Jerusalem, das man in etwa als Mutterhaus der ganzen Organisation bezeichnen kann, war besonders vorbildlich und erfreute sich eines hohen Ansehens. Es blieb auch nach der Eroberung durch die Araber (637) bestehen. Sie behandelten es sogar mit ausgesprochener Hochachtung. Eine derartige Einrichtung war ihnen bisher völlig fremd. Kalif Omar I. (634–44) schloß mit dem Patriarchen Sophronius einen Vertrag, daß die Christen ihre Heiligen Stätten und auch ihre Herbergen und Hospitäler behalten konnten. So floß der Pilgerstrom im wesentlichen ungestört weiter, und das Hospital konnte uneingeschränkt tätig sein, wurde in den Jahren 1040–48 sogar für weibliche Pilger erweitert.

Es kam der Wunsch auf, eine eigene Organisation als selbständiger Orden zu bilden. Papst Alexander II. (1061–73) genehmigte dies, und so wurde die bisherige Hospitaliter-Organisation, die aus verschiedenen Mönchen und Ordensschwestern bestand, zu einem Orden, der unter die Schutzherrschaft des heiligen Johannes gestellt wurde, mit dem Namen »Fratres hospitales Sancti Johanni«, kurz »Johannitae« – Johanniter.

Als Gründungsjahr des Ordens war offiziell das Jahr 1071 angegeben. Als Ordensregeln wurden im wesentlichen die der Benediktiner übernommen mit den Abwandelungen, die schon für die Hospitaliter bestanden. Allgemein gilt Johannes der Täufer als Namensgeber.

Diesem Johanniterorden fiel nun die Aufgabe zu, Stütze des Königreiches Jerusalem zu sein – in der Verwaltung und für die Verteidigung. Damit wurde der Aufgabenkreis des Ordens erheblich erweitert und vor allen Dingen entscheidend verändert. Er wurde zum »Ritterlichen Orden St. Johanni vom Hospital zu Jerusalem«.

Er blieb ein Mönchsorden mit den Grundregeln von Armut, Keuschheit und Gehorsam. Die üblichen Ordensregeln der Benediktiner paßten jedoch nicht mehr. Sie mußten erheblich geändert werden. Das Kloster trat ganz zurück zugunsten kleinerer Häuser, die zu Provinzen zusammengeschlossen wurden, so daß ein Provinzialsystem als völlig Neues für das Ordenswesen entstand.

Zu der Organisation in Palästina kam noch eine Heimatorganisation hinzu. Der Orden bekam im Abendland zahlreiche Schenkungen an Liegenschaften, die verwaltet werden mußten, wofür Ordenshäuser errichtet wurden. Hier konnten auch Ritter und sonstige Brüder dem Orden beitreten, um dann zum Einsatz nach Palästina gebracht zu werden. Auf solchen Nachschub war der Orden angewiesen. Eine Abordnung von Mönchen, wie vorher bei den Hospitalitern, gab es, seitdem der Orden selbständig geworden war, nicht mehr.

Das Ordensgewand der Ritter war ein roter Mantel mit dem achtzackigen weißen Kreuz. Sein erster Meister wurde Gerhard, vermutlich ein Dominikanermönch aus Amalfi. Der Ritterorden in seiner neuen Form wurde erst 1113 von Papst Paschalis II. anerkannt. Gerhard starb 1120. Sein Nachfolger als Großmeister war Raimond du Puy (1120–58). Er gab dem Ritterorden endgültig die Form, die ihn zur Stütze des Königreiches Jerusalem befähigte.

Im Jahre 1119 kam es zur Gründung eines weiteren Ritterordens. Einigen französischen Rittern war der Johanniterorden militärisch nicht effizient genug. So traten kurz nach Regierungsantritt König Balduins II. (1119–31) etwa sechs bis sieben französische Ritter unter Führung von Hugo de Payens (Paginis) an ihn heran und schlugen ihm die Bildung einer mönchischen Gemeinschaft vor, die als seine Palastwache fungieren könnte. Der König war einverstanden, und so kam es zur Errichtung eines Ordens, der zu den üblichen Gelübden Armut, Keuschheit und Gehorsam noch ein viertes hinzufügte: Schutz der Pilger. Damit war seine Aufgabe eindeutig als militärische Streitmacht gekennzeichnet. Der König wies dem Orden als Domizil einen Flügel des Jerusalemer Königspalastes zu, der sich in der früheren El-Aksa-Moschee auf dem ehemaligen Tempelplatz befand, dort, wo der von König Salomo erbaute Tempel gestanden hatte, der nach Niederschlagung des jüdischen Aufstandes im Jahre 70 von den Römern zerstört worden war. Die neue Gemeinschaft nannte sich »Milites Christi und des Tempels Salomons«, woraus sich bald die Abkürzungen Tempelherren, Tempelritter, Templerorden oder kurz Templer bildeten. König Balduin bemühte sich selbst um eine passende Regel für diesen Orden und bat den Abt Bernhard von Clairvaux, eine solche auszuarbeiten. Der Abt kam dem Wunsche nach. Auf der Kirchenversammlung von Troyes im Jahre 1128 wurde die neue Ordensregel – neben einigen Äußerlichkeiten des mönchischen Aufbaues eine rein militärische Kampfregel – von Papst Honorius II. bestätigt und der Orden damit genehmigt.

In Frankreich gewann der Templerorden große Beliebtheit. Bald nach der Gründung traten ihm etwa 300 Ritter mit Gefolge bei und zogen nach Palästina. Ähnlich wie beim Johanniterorden bildete sich auch eine Heimatorganisation, die durch erhebliche Spenden bald zu großem Reichtum kam. Vom Johanniterorden wurde dann noch das Ordensgewand der Ritter nachgebildet. Statt rotem Mantel mit weißem Kreuz wurde jedoch ein weißer Mantel mit rotem achtzackigem Kreuz getragen.

Der Templerorden wurde nun die Hauptstreitmacht des Königreiches Jerusalem. Obwohl er formell dem Papst und nicht dem König unterstand, wurde er dessen militärische Stütze.

Nach dem Vorbild des Templerordens ist eine ganze Reihe von Ritterorden im Abendland gegründet worden, vorwiegend in Spanien, nach 1145 nicht weniger als sieben. Das hatte seinen Grund darin, daß die Araber (Mauren) seit 711 Spanien erobert hatten und seitdem nur teilweise zurückgedrängt worden waren. Noch bestand das große selbständige Reich von Córdoba (Omajjaden), als im 11. Jahrhundert die Rückeroberung (reconquista) einsetzte.

Als König Balduin II. von Jerusalem, der letzte Führer der Kreuzfahrer, im Jahre 1131 starb, kam es zu heftigen Auseinandersetzungen. Er hatte nur Töchter, die Erben der Krone waren und deren Ehemänner die Königswürde erlangten. Ansprüche erhoben aber auch andere Edle, und so kam es zu heftigen Kämpfen untereinander.

Dies veranlaßte einen 2. Kreuzzug, der aber ein völliger Mißerfolg wurde. Überdies wuchs in den islamischen Reihen ein Führer heran, der bald eine ernsthafte Gefahr für den Kreuzfahrerstaat wurde: Saladin.

Saladin (Salah ad-Din Jusuf ibn Ajub – Wahrheit des Glaubens) wurde der größte und bedeutendste Führer der islamisch-arabischen Welt. Intelligent und hochgebildet, mehr Diplomat und Staatsmann als Krieger und Heerführer, von edler Wesensart und ausgeprägtem Gerechtigkeitssinn, war er selbst bei seinen Gegnern geschätzt. Sogar im Abendland, wo man jeden »Ungläubigen« als minderwertig und verachtungswürdig ansah, errang er Bewunderung und Anerkennung.

Saladin, 1138 geboren, war kurdischer Abstammung, kam aber schon in frühester Jugend nach Syrien, von wo aus es ihm gelang, Einfluß auf Ägypten auszuüben, eine Machtposition aufzubauen, sich der Stadt Damaskus zu bemächtigen und sich selbst zum Sultan zu machen. Damit war er Herrscher von Syrien und Ägypten, und das Königreich Jerusalem war von seinem Herrschaftsbereich eingekreist. Eine kriegerische Auseinandersetzung mit Jerusalem im Jahre 1177 brachte ihm allerdings zunächst eine Niederlage ein.

Im Jahre 1174 wurde Balduin IV. König von Jerusalem. Er war erst 14 Jahre alt und litt überdies an Aussatz. Saladin glaubte, leichtes Spiel mit ihm zu haben, sah sich aber bitter getäuscht. Balduin erwies sich trotz seiner Jugend und seiner Krankheit als erstaunlich tüchtiger und umsichtiger Herrscher und als hervorragender Stratege. Es gelang ihm, den Sultan zu überrumpeln und empfindlich zu schlagen.

Saladin hielt sich daraufhin zurück. Als er dann aber 1182 Beirut besetzen wollte, rückte ihm Balduin wieder entgegen. Saladin wich aus. Er wollte keine weitere Niederlage riskieren. Dafür gelang ihm aber 1183 die Einnahme von Aleppo, womit er der mächtigste islamische Fürst wurde.

Als Balduin IV. 1185 erst 24jährig starb, wurde seine Schwester Sibylle Thronerbin und ihr Ehemann, Guido von Lusignan, König, was zu inneren Kämpfen im Königreich führte.

Saladin nutzte die Gelegenheit. Am 3. Juli 1187 kam es zu der Schlacht bei Hittim (in der Nähe von Tiberias am See Genezareth), die mit einer vollständigen Niederlage des christlichen Heeres endete. Saladin konnte fast ganz Palästina widerstandslos besetzen. Am 30. September 1187 fiel nach schwachem Widerstand die Stadt Jerusalem. Nur ein schmaler Streifen am Mittelmeer verblieb dem Königreich.

Mit am wichtigsten war, daß auch die Stadt Akkon verlorenging, damals der bedeutendste Hafen von Palästina. König Guido machte sich daher 1189 daran, wenigstens diese zurückzuerobern. Es kam jedoch nur zu einer Belagerung, die zwei Jahre dauerte.

Diese Ereignisse erregten im Abendland selbstverständlich Aufsehen und Bestürzung. Die Kreuzzugsidee belebte sich wieder. Papst Gregor VIII., der zu einem neuen Kreuzzug aufrief, fand Gehör und Bereitschaft. König Heinrich II. von England, König Philipp II. August von Frankreich und vor allem Kaiser Friedrich I. Barbarossa konnten gewonnen werden.

Aber erst 1189 begann der Aufbruch der Kreuzfahrer. König Heinrich II. von England war inzwischen gestorben. Sein Sohn Richard I. (Löwenherz) und Friedrich Barbarossa einigten sich auf einen gemeinsamen Zug nach Palästina, Richard zur See und Friedrich zu Lande: Der 3. Kreuzzug begann.

Für Friedrich war es bereits der zweite, denn er hatte als Herzog von Schwaben schon am 2. Kreuzzug teilgenommen. Er sammelte sein Heer in Regensburg. Es war ein stattliches Aufgebot. Friedrichs ältester Sohn, Herzog Friedrich V. von Schwaben, Landgraf Hermann I. von Thüringen und Hessen sowie eine ganze Reihe weiterer Markgrafen, Grafen und auch Bischöfe aus allen deutschen Landen gehörten zu seinem Gefolge, insgesamt mehr als 100000 Mann.

Der Zug war von Unheil begleitet. Der Kaiser verunglückte tödlich. Als man nach Durchzug durch Anatolien das Taurusgebirge überquert hatte, ertrank er am 10. Juli 1190 in den Fluten des Flusses Kalykadnos, auch Salef genannt (heute Gök-Su). Es ist ungeklärt geblieben, wie es geschah: Ist er vom Pferd gestürzt und dabei ertrunken, oder hat er ein erfrischendes Bad nehmen wollen und ist in den kalten Wassern des Flusses einem Herzschlag erlegen? Immerhin war er fast 70 Jahre alt. Man weiß es nicht. Als die Hauptmasse des Zuges den Fluß erreichte, lag er bereits tot am Ufer.

Der Tod des Kaisers löste eine Panik aus. Das führerlose Heer drohte auseinanderzulaufen. Des Kaisers Sohn, Herzog Friedrich von Schwaben, gelang es jedoch, das Heer größtenteils zusammenzuhalten. Er übernahm die Führung und zog weiter nach Süden. Es gelang ihm auch, mit Richard Löwenherz Verbindung aufzunehmen, der per Schiff über Sizilien nach Palästina unterwegs war.

Inzwischen war schon im Herbst 1189 ein Heerhaufen unter Führung des Grafen Adolf von Holstein nach Palästina gesegelt und vor Akkon eingetroffen, wo er sich den Belagerern anschloß, aber noch nichts Wesentliches ausrichten konnte. Unter den Deutschen kam es aber zu Verlusten. Die Verwundeten konnten nur schwer versorgt werden.

Am 7. Oktober 1190 traf Herzog Friedrich von Schwaben mit den Kreuzfahrern ein, etwa gleichzeitig die Kreuzfahrerflotte mit Richard Löwenherz. Der Kampf um Akkon entbrannte, wobei die Zahl der Verwundeten stark anstieg. In diesem Zusammenhang kam es zur Gründung des dritten und letzten der geistlichen Ritterorden in Palästina: des Deutschen Ordens.

Die Kämpfe um Akkon zogen sich noch bis Juli 1191 hin, ehe die Stadt in die Hände der Kreuzfahrer fiel. Ein Versuch, noch weiterzuziehen und auch Jerusalem zurückzugewinnen, blieb ergebnislos.

Am 2. September 1192 kam es zu einem Abkommen mit Saladin, das im Namen der Kreuzfahrer und des Königreiches Jerusalem von Richard Löwenherz geschlossen wurde, zu einem Waffenstillstand, der für drei Jahre Gültigkeit haben sollte. Daraus wurde sogar ein dauerhafter Frieden.

Dem Königreich Jerusalem verblieb neben dem schmalen Streifen am Mittelmeer nur noch Akkon mit seiner näheren Umgebung. Pilger durften weiterhin die Heiligen Stätten ungehindert besuchen und römisch-katholische Priester am Heiligen Grabe in Bethlehem und Nazareth die Messe lesen.

Als Ausgang des Dritten Kreuzzuges war dieses Ergebnis sehr hinter den Erwartungen zurückgeblieben. Das einzig Bleibende war der Deutsche Orden.

Entstehung, Aufbau und erste Jahre des Deutschen Ordens

Die Entstehung des Deutschen Ordens ist zunächst einmal Legende. Zur Zeit des 1. Kreuzzuges lebte in Jerusalem ein wohlhabender deutscher Kaufmann, kinderlos verheiratet. Das Ehepaar erlebte die Einnahme der Stadt durch die Kreuzfahrer (1099). Bald darauf fanden sie auf der Straße einen verwundeten deutschen Ritter, nahmen ihn mit in ihr Haus, pflegten und versorgten ihn. Weitere verletzte Ritter kamen hinzu. Die beiden alten Leute fanden so viel Gefallen an ihrer Tätigkeit, daß sie beschlossen, sich selbst und ihr Vermögen diesem Werk ganz zu widmen.

Dies mußte natürlich in der Form einer festen Organisation geschehen. Es wurde daher ein Hospital gegründet. Der Patriarch von Jerusalem gab seine Zustimmung und auch dazu, daß bei diesem Hospital ein Bethaus errichtet wurde, welches unter den Schutz der Jungfrau Maria gestellt wurde.

Es fanden sich Brüder, die dieses Hospital betreuten, das nunmehr »Hospital zu Sankt Marien der Deutschen zu Jerusalem« genannt wurde. Es wurde formell dem Johanniterorden unterstellt, welcher nach einem angeblichen Erlaß des Papstes Cölestin II. vom 9. 12. 1143 einen Prior zu stellen hatte, der ein Deutscher sein mußte.

Das alles ist – wie gesagt – Legende. Es gibt keinerlei schriftliche Belege, auch keine privaten Aufzeichnungen, etwa Briefe, darüber. Insbesondere ist die Geschichte von dem Stiftereehepaar nicht eindeutig zu belegen, ebensowenig ist der erwähnte Erlaß des Papstes aufzufinden.

Erst viel später, als während des 5. Kreuzzuges 1229 Jerusalem wieder unter christliche Herrschaft kam, forschte man nach und machte die Ruinen eines größeren Gebäudekomplexes aus, in welchem das Hospital zu Sankt Marien bestanden haben konnte. Erst seit dieser Zeit entstanden Berichte im Sinne der genannten »Legende«.

In neuerer Zeit sind weitere Nachforschungen und vor allem Ausgrabungen erfolgt, die die eindeutige Bestätigung erbracht haben, daß das Marien-Hospital tatsächlich in Jerusalem bestanden hat. Dies muß den Kreuzfahrern des 3. Kreuzzuges bekannt gewesen sein, zumal Friedrich I. Barbarossa als junger Mann bereits am 2. Kreuzzug teilgenommen hat und es besucht haben wird. Mit Wehmut wird er von der Eroberung Jerusalems und auch von dem Verlust des Hospitals erfahren und beschlossen haben, es auf dem von ihm geplanten Kreuzzug wieder auferstehen zu lassen, diesmal als selbständigen Orden. Zumindest seinem ältesten Sohn, Herzog Friedrich von Schwaben, der ihn auf dem Kreuzzug begleitete, wird er es mitgeteilt haben. Infolge seines Todes war es ihm

nicht beschieden, selbst das Werk zu vollenden. Sein Sohn Friedrich hat es gleichsam als ein »Vermächtnis« des Vaters erfüllt.
Mitte 1190 sollen Kaufleute aus Lübeck und Bremen zu Schiff vor Akkon eingetroffen sein und mit den unter dem Grafen Adolf von Holstein kämpfenden Deutschen Verbindung aufgenommen haben, indem sie die Segel ihrer Schiffe abmontierten und zur Einrichtung eines provisorischen Feldspitals zur Verfügung stellten. Diese Geschichte beruht auf der sogenannten »Narratio«, einer Schrift, die in lateinischer Sprache und mittelhochdeutscher Übersetzung erhalten ist, aber nur von einem Schiff und einem gestifteten Segel spricht. Es soll ein gewisser Sibrand, »von dem man außer dem Namen nichts weiß«, überbracht haben, das provisorische Feldspital eingerichtet und betreut haben. Dies hat zu der »Legende« geführt, Lübecker und Bremer Kaufleute seien die Gründer des »Deutschen Ordens« gewesen und Sibrand sein erster Betreuer.

Der Historiker Leopold von Ranke führte in seinen »Neun Büchern Preußischer Geschichte« (1847/48) dazu aus, daß man diese schöne und rührende Sage nicht gerade verwerfen wolle, er könne ihr aber nur einen untergeordneten Wert beimessen, da man die vor Akkon erfolgte Neugründung als Fortsetzung des Marien-Hospitals betrachtete.

Zu einer Ordensgründung gehört schließlich mehr als die Einrichtung eines Feldspitals, mindestens die Unterrichtung der staatlichen und kirchlichen Instanzen und die Einholung der Genehmigung des Papstes. Hiervon ist bei Sibrand auch nicht das mindeste erkennbar.
Anders Friedrich von Schwaben, der Oktober 1190 vor Akkon eintraf, das Feldspital übernahm und umgehend mit dem König von Jerusalem Guido von Lusignan ein Abkommen über Zuweisung eines Grundstückes in Akkon nach dessen Eroberung traf. Weiterhin unterrichtete er seinen Bruder, Kaiser Heinrich VI., Nachfolger des Kaisers Barbarossa. Dieser bat seinerseits den Papst Klemens III. (1187–91) um Zustimmung, der sie am 6.2.1191 zunächst provisorisch erteilte, bald darauf aber starb. Sein Nachfolger Papst Cölestin III. (1191–98), stellte sie zunächst zurück, da es zu Differenzen mit Heinrich VI. kam.
Wie sehr man den neuen Orden als Fortsetzung des alten Marien-Hospitals betrachtete, kam in der Namensgebung zum Ausdruck. Man wählte nämlich den alten Namen und stellte nur das Wort Orden voran: »Orden des Hospitals zu Sankt Marien der Deutschen zu Jerusalem«. Dies war der offizielle Name des Ordens. Er hieß also gar nicht »Deutscher Orden«. Dies ist erst ein Kürzel aus späterer Zeit.
Als ersten Prior soll Herzog Friedrich seinen Kaplan Konrad eingesetzt haben, was jedoch nicht bestätigt ist. Als 1191 Akkon erobert wurde, konnte der Orden das ihm vom König von Jerusalem zugeteilte Haus beziehen. Friedrich überlebte es nicht lange. Er verstarb noch im gleichen Jahre und wurde in diesem »ersten Ordenshause« beigesetzt.

1193 wird als Prior ein Heinrich genannt, offensichtlich Heinrich Walpot von Passenheim, ein deutscher Ritter, der dem Johanniter-Orden angehörte. Wann genau er das Amt antrat, ist nicht bekannt. Es geschah vermutlich aus dem Grunde, weil er als Johanniter-Ritter schon einige Erfahrung hatte, zumal man den Hospitaliterorden in einen geistlichen Ritterorden umwandeln wollte. Wann dies geschah, ist auch nicht sicher bekannt. Es könnte bereits 1193 oder 1196 gewesen sein, möglicherweise aber erst später, als Kaiser Heinrich VI. zu einem »Kreuzzuge« aufbrechen wollte und Kreuzfahrer bereits vorausschickte, 1197 aber plötzlich verstarb.

Im Jahre 1198 wurde der Orden von Papst Innozenz III. (1199–1216) als Geistlicher Ritterorden endgültig bestätigt. Dieses Jahr wird offiziell als Gründungsjahr des Ordens gezählt.

Vom Standpunkt des Ordens aus gesehen, fiel seine Gründung in eine günstige Zeit. Das Rittertum stand gerade in seiner höchsten Blüte. Da bereits zwei geistliche Ritterorden bestanden, konnte man auf deren Erfahrungen zurückgreifen und Fehler vermeiden.

Der Deutsche Orden ähnelte am meisten dem Johanniterorden. Auch er war zunächst rein karitativer Natur, wenn auch diese Phase wesentlich kürzer war als bei den Johannitern. Auch die Ordensregel war nach johannitischem Vorbild gestaltet, also im wesentlichen die der Benediktiner. Für die Ritterschaft des Ordens wurde die Regel des Templerordens als Vorbild genommen.

Die Ordensbrüder gliederten sich in Ritter, dienende Brüder und Priesterbrüder, alle an die üblichen Gelübde geistlicher Orden gebunden: Armut, Keuschheit und Gehorsam.

Es mag überraschen, daß es im Orden auch Priesterbrüder gab. Die beiden anderen Orden, Johanniter und Templer, hatten sie ursprünglich nicht. Sie empfanden es aber bald als großen Nachteil, daß sie in der geistlichen Fürsorge der Ordensangehörigen wie auch anderer, die dem Orden unterstanden, auf Fremde angewiesen waren. Die Johanniter führten daher 1154, die Templer 1162 die eigenen Priesterbrüder ein.

Beim Deutschen Orden wurde durch eine Bulle des Papstes von 1220 bestimmt: »Priester- und Klerikerbrüder müssen in Ehren gehalten und mit dem Notwendigen vor den anderen versorgt werden.« Damit waren sie den Ritterbrüdern zwar im wesentlichen gleichgestellt, waren jedoch von den Stellungen der Hohen Ordensgebieter, besonders des Meisters, ausgeschlossen. Diese blieben allein den Rittern vorbehalten.

Neben den Brüdern gab es auch noch die zahlenmäßig recht starke Klasse der Halbbrüder, die dem Orden angehörten, ohne an sämtliche Gelübde gebunden zu sein, und doch seine Vorrechte in bezug auf die Exemption teilten. So war eine Möglichkeit geschaffen, daß breitere Kreise dem Orden beitreten konnten, sogar Verheiratete. Damit hatte der Orden einen weiten Spielraum und ergebene Anhänger.

Ebenso gab es schließlich noch Ordensschwestern und entsprechend den Halbbrüdern auch Halbschwestern.

Unter den geistlichen Ritterorden hatten nur noch die Johanniter weibliche Mitglieder. Alle anderen Ritterorden, also die Templer und die, die nach dem gleichen Muster errichtet wurden, nahmen weibliche Mitglieder nicht auf.

Für die Ordensschwestern heißt es in der Ordensregel: »Wir verordnen, daß Frauen zur vollen Gemeinschaft des Ordens nicht aufgenommen werden, da das männliche Gemüt durch weibliche Vertraulichkeit häufig schädlich erweicht wird. Da sich aber verschiedene Dienste bei Kranken und Tieren durch das weibliche Geschlecht besser verrichten lassen, dürfen Frauen zu solchen Diensten aufgenommen werden, jedoch so, daß solchen Frauen eine Wohnstätte außerhalb der Wohnung der Brüder bereitet werde.« Später haben sich besonders in der Heimatorganisation des Ordens selbständige Schwesternhäuser entwickelt.

Das Ordensgewand der Ritter war der weiße Mantel mit einfachem schwarzen Kreuz, also nicht ein achtzackiges Kreuz wie bei den Johannitern und Templern. Für die dienenden Brüder, Halbbrüder und Ordensschwestern war das schwarze Kreuz auf der üblichen Kleidung angebracht, die dunkelblau, braun oder grau sein konnte.

Das schwarze Kreuz hat in viel späterer Zeit als Vorbild für eine militärische Auszeichnung gedient. Als es 1813 zum Befreiungskrieg gegen Napoleon kam, beschloß König Friedrich Wilhelm III. von Preußen, eine Auszeichnung zu stiften und beauftragte den berühmten preußischen Baumeister Karl Friedrich Schinkel mit dem Entwurf »eines Ordens für Verdienste im wirklichen Kampf mit dem Feinde oder außerdem im Felde oder daheim in Beziehung auf diesen großen Kampf um Freiheit und Selbständigkeit«. Schinkel wählte als Vorbild das schwarze Kreuz des Deutschen Ordens und schuf das Eiserne Kreuz. Das erste Kreuz verlieh der König posthum seiner 1810 verstorbenen Gattin, der Königin Luise. Im deutsch-französischen Krieg 1870/71 und in den beiden Weltkriegen ist die Auszeichnung erneuert worden.

An der Spitze des Ordens stand als oberster Gebieter ein Meister (magister). Bei den Johannitern hieß er Großmeister, bei den Templern Herrenmeister. Beim Deutschen Orden kam die Bezeichnung Hochmeister auf. Wann genau sich dies aus der zunächst einfachen Bezeichnung Meister entwickelte, ist unbekannt.

Der Hochmeister hatte praktisch die Stellung eines absoluten Herrschers, wenn auch formell eine demokratische Form die Regel war. Dem Meister stand nämlich noch eine Überwachungs- und Beratungsinstanz zur Seite: das Ordenskapitel. Es hatte recht weitreichende Befugnisse: Wahl eines neuen Hochmeisters im Falle der Vakanz, Überwachung der Amtsführung des Meisters, Aufnahme von Rittern und Priestern in den Orden, Ernennung und Absetzung der sonstigen Gebieter.

Ein solches Kapitel haben an sich alle mönchischen Organisationen. Ihm gehören sämtliche Brüder bzw. Schwestern an. So war es theoretisch auch bei den geistlichen Ritterorden, wo natürlich als dem Kapitel angehörige Brüder nur die Ritter in Betracht kamen, nicht etwa dienende Brüder oder Schwestern, schon gar nicht Halbbrüder oder Halbschwestern.

Wenn Brüder in einem festen Stift zusammen wohnten, war es einfach, sie sämtlich zu einer Sitzung des Kapitels einzuberufen. In einem Orden, dessen Brüder zerstreut in Einzelposten leben und tätig sind, ist so etwas schon schwieriger, wenn nicht sogar ganz unmöglich. Mönchsorden, die wie z. B. die Zisterzienser auf mehrere einzelne Klöster verteilt waren, trugen einer solchen Situation insofern Rechnung, als die einzelnen Klöster ihr eigenes Kapitel hatten und alle in einem Generalkapitel zusammengefaßt waren.

Ähnlich verhielten sich nun auch die Ritterorden. Die Verhältnisse waren jedoch insofern anders, als es nicht einzelne Klöster gab, sondern viele oft sehr weit zerstreute Einzelposten, Ritter auch häufig, mit Sonderaufgaben betraut, unterwegs waren. Es wurde daher ein Generalkapitel gebildet, das praktisch auf das Haupthaus beschränkt war. So verfuhren vor allem zunächst einmal die Templer, und der Deutsche Orden ist diesem Vorbild gefolgt.

Bei dieser Handhabung ist es verständlich, daß die Bedeutung des Kapitels hinter der Persönlichkeit des Hochmeisters erheblich zurücktrat. Wenn die Hochmeister sich auch befleißigten, ganz besonders wichtige Entscheidungen dem Kapitel vorzulegen, so ist doch nicht zu übersehen, daß von einer dauernden Überwachung keine Rede sein konnte. Dem Kapitel blieb schließlich kaum mehr als die Befugnis der Wahl eines neuen Hochmeisters.

Neben dem Hochmeister standen fünf weitere Großgebieter an der Spitze des Ordens: Großkomtur, Ordensmarschall, Spittler, Trapier und Treßler. Der Großkomtur (Magnus Commendatur – Präceptor) war nächst dem Hochmeister der bedeutendste Gebieter. Bei dessen Abwesenheit war er sein Statthalter oder Vertreter.

Nicht minder bedeutend war die Stellung des Ordensmarschalls (mittelhochdeutsch: Mareskalk). Er war für das gesamte Militär- und Kriegswesen zuständig, bei einem militanten Ritterorden natürlich besonders wichtig. Er war sozusagen der höchste General – für eine starke Persönlichkeit oft eine einflußreichere Stellung als die des Großkomturs.

Der Spittler (hergeleitet von Hospital) trat demgegenüber in der Bedeutung etwas zurück. Gemäß dem ursprünglichen rein karitativen Charakter des Ordens, der auch weiterhin eine große Rolle spielte, hatte er jedoch eine hohe Stellung. Er war für das gesamte Hospitalwesen zuständig.

Der Trapier (von Traparius – Tuchmacher) war für die Bekleidung der Ordensbrüder und -schwestern zuständig, ein Amt, das sich in späteren

Zeiten auf die gesamte innere Verwaltung des Ordens, vor allem auch auf das Bauwesen ausdehnte.

Schließlich der Treßler (von Tressel – Schatz), der Schatzmeister des Ordens. Die Bezeichnung spricht für sich.

Daneben gab es je nach Bedarf von Fall zu Fall Statthalter, Provisoren und ähnliche Posten.

Von großer Wichtigkeit war auch die untere Organisation des Ordens. Das Gebiet des Königreiches Jerusalem wurde in Bezirke eingeteilt, in welchen je ein größeres Ordenshaus errichtet wurde. Da es vor allen Dingen auch zu Verteidigungszwecken dienen mußte, war es jeweils eine Burg. Man sprach daher im allgemeinen auch nicht von einem Ordenshaus, sondern schlicht von der Burg. An der Spitze einer Burg stand ein Komtur (Commendatur) mit zwölf Rittern und entsprechendem Personal. Bei kleineren Burgen fungierte ein Pfleger (Provisor) oder ein Vogt mit entsprechend geringerer Zahl von Rittern und sonstigem Personal. Der Titel Komtur, der in der unteren Organisation des Ordens schon eine gewisse Gebieterposition bedeutete, wurde teilweise auch Verwaltern anderer Häuser zugeteilt. So war zum Beispiel der Verwalter des Haupthauses der Haus-Komtur.

Das Haupthaus des Ordens, wo der Hochmeister mit seinen Gebietern den Sitz nahm, wurde in Akkon eingerichtet, daneben fünf weitere Burgen in Gaza, Jaffa, Ascalon, Rama und Zansi, dies alles bis 1196, also noch vor der Bestätigung des Ordens durch den Papst. Nachdem in späterer Zeit dem Orden eine größere Liegenschaft nördlich von Akkon als Schenkung zukam, wurde hier eine besonders große und schöne Burg errichtet. Sie erhielt den Namen Montfort (Starkenburg) und wurde nach Fertigstellung (1224) Haupthaus des Ordens und Sitz des Hochmeisters, bis sie etwa 1275 in die Hand der Araber fiel und vollständig zerstört wurde. Das Haupthaus wurde dann wieder nach Akkon zurückverlegt.

Wie bei vielen anderen Orden, hat sich neben dieser Organisation des Ordens in Palästina auch eine Organisation im Reich und darüber hinaus im gesamten christlichen Mittelmeerraum entwickelt. Das lag daran, daß dem Deutschen Orden, der sich bald eines hohen Ansehens und großer Beliebtheit erfreute, zahlreiche Geschenke insbesondere an Liegenschaften zuflossen. Manche Ritter, die dem Orden beitraten, brachten ihr ganzes Vermögen mit ein. Dies alles mußte natürlich verwaltet werden, und es wurden zu diesem Zweck ebenfalls Ordenshäuser eingerichtet, die denen in Palästina in etwa entsprachen. Auch wurde dadurch die Möglichkeit eröffnet, daß Ritter und sonstige Ordensbrüder und -schwestern dem Orden in der »Heimatorganisation« beitreten konnten, um je nach Gelegenheit gemeinsam nach Palästina zu reisen.

Diese »Heimatorganisation« – um einmal bei dieser Bezeichnung zu bleiben – unterstand auch dem Hochmeister. Sie wurde aber bald so groß, daß der Hochmeister keine Übersicht mehr hatte. Es wurde daher im Laufe der Zeit eine weitere Meisterstelle geschaffen, also eine höchste Gebieterstelle mit großer eigener Verantwortung, zwar ebenfalls dem Hochmeister untergeordnet, aber doch mit erheblicher Selbständigkeit. Daraus wurde der Deutschmeister.

Der Bereich der Heimatorganisation war unterteilt in Provinzen, die Balleien genannt wurden. An ihrer Spitze stand ein Landkomtur, der in der Hierarchie eine mittlere Position einnahm. Noch zwei weitere Meisterstellen wurden geschaffen für die Landmeister in Preußen und in Livland. Der Orden hatte damit zu gewissen Zeiten sogar bis zu vier Meister.

Wenn man nun glauben sollte, der neue Orden wäre in Palästina und besonders von den beiden älteren Orden freudig begrüßt worden, so sieht man sich arg getäuscht.

Vor allem die Templer sahen in den »Lieblingen der Kaiser«, wie man die deutschen Brüder abfällig nannte, nur Rivalen. Sie ließen nichts aus, sich am Deutschen Orden zu reiben und ihm Schwierigkeiten zu bereiten, selbst in Nebensächlichkeiten. So machten sie dem Orden den weißen Mantel der Ritter streitig. So etwas stehe doch nur ihnen, den Tempelherren, zu.

Tatsächlich hatte auf Drängen der Templer Papst Innozenz III. dem Deutschen Orden 1210 den weißen Mantel verboten, dieses Verbot aber alsbald wieder aufgehoben. Es wurde aber immer wieder gefordert, so daß Papst Honorius III. sich 1220 veranlaßt sah, dem Deutschen Orden den weißen Mantel ausdrücklich zu bestätigen und außerdem 1222 den Templern noch eine besondere Zurechtweisung zu erteilen. Die Templer blieben stets erbitterte Feinde des Deutschen Ordens.

Die Johanniter wiederum sahen den Deutschen Orden als eine Art Ableger an, weil er zunächst einem von den Johannitern gestellten Prior unterstand. Dieser Prior, Heinrich Walpot von Passenheim, stammte vom Niederrhein aus einer angesehenen Familie. Mehr ist über ihn nicht bekannt, auch nicht, aus welchem Grunde es gerade zu seiner Einsetzung gekommen ist.

Da er sich aufopfernd bemüht hat, den Deutschen Orden zu einer Zeit aufzubauen, als er noch gar nicht vom Papst bestätigt worden war, war es bald selbstverständlich, daß er nach der Bestätigung 1198 zum ersten Hochmeister gewählt wurde.

Ob er bereits den Titel Hochmeister geführt hat, ist nicht ganz sicher. Die Bezeichnung hat sich erst zu einem späteren nicht mehr genau zu belegenden Zeitpunkt entwickelt. Er könnte zunächst nur schlicht »Magister« genannt worden sein, beziehungsweise »Magister Hospitalis Sanctae Mariae Theutonicorum«, um die Abgrenzung vom Johanniterorden zu betonen. Daraus hat sich dann »Magister Generalis« – Hochmeister –

entwickelt. Jedenfalls wird Heinrich Walpot als erster Hochmeister des Ordens gezählt. Lange lebte er allerdings nicht, er starb im Jahre 1200.

Auch der zweite Hochmeister, Otto von Karpen (1200–1206 oder 1208), war vorher Johanniter. Es ist sonst nichts über ihn bekannt, weder sein Alter noch seine Herkunft, oder die Gründe, warum die Wahl gerade auf ihn fiel. Selbst seine Amtszeit steht nicht genau fest. Das mag damit zusammenhängen, daß er sich offenbar im Deutschen Orden nicht einleben konnte und 1206 zum Johanniterorden zurücktrat, ohne sein Hochmeisteramt offiziell niederzulegen. Ob seine Abwahl in Erwägung gezogen wurde, ist nicht überliefert.

Verstorben ist Karpen 1208, womit sich die Angelegenheit vermutlich zur Erleichterung beider Orden von selbst geregelt hat.

Der dritte Hochmeister des Deutschen Ordens war Heinrich Bard, der erste, der nicht vorher Johanniter war. Er stammte vermutlich aus Thüringen. Mehr weiß man von ihm nicht, auch nicht, wann genau er gewählt wurde. Die Wahl hat wahrscheinlich bereits 1206 stattgefunden, als sein Vorgänger zum Johanniterorden zurückging. Da dieser 1208 starb, wird dieses Jahr als Amtsbeginn für Bard gezählt.

Unter Bard hat der Deutsche Orden offensichtlich seine endgültige Konsolidierung erfahren. Dies war auch wohl darauf zurückzuführen, daß er einen besonders tüchtigen Mann zur Seite hatte, der dann 1210 sein Nachfolger werden sollte: Hermann von Salza.

Hermann von Salza

Hermann von Salza, der vierte und hervorragendste Hochmeister des Deutschen Ordens (1210–39), darüber hinaus eine der bedeutendsten Persönlichkeiten der damaligen Zeit, hat den Orden entscheidend beeinflußt und geprägt. Von hoher staatsmännischer und diplomatischer Begabung, hat er auch dem Kaiser unschätzbare Dienste geleistet und vor allen Dingen zwischen ihm und den Päpsten geschickt und hilfreich vermittelt.

Diese Vermittlung hatte nicht den Sinn irgendeiner pazifistischen Milderung der Gegensätze um des Friedens willen, sondern er wollte die Einheit der beiden großen Gewalten des Abendlandes, damit die geistliche und die weltliche Macht wachse, die das Erdrund beherrschen sollten. Dies war seine Absicht, die ihn in das selbstvernichtende Ringen zwischen Kaiser und Papst eingreifen ließ. An dieser Aufgabe ist aber Hermann letzten Endes gescheitert. Mit der Einheit von Kaiser und Papst war es bald vorbei. Vielleicht war die Zeit dafür auch bereits abgelaufen. Dagegen hat Hermann von Salza den Deutschen Orden zu seiner höchsten Blüte geführt: Er wurde der Gründer Preußens.

Hermann von Salza stammte aus Thüringen, wie schon sein Name ausweist. Vermutlich war er der Sohn eines in Langensalza (etwa 30 km nordöstlich von Eisenach gelegen) ansässig gewesenen Herrschergeschlechtes. Sein Geburtsjahr ist nicht bekannt. Im allgemeinen wird es mit 1178/79 angenommen, da er 1239 im Alter von etwa 60 Jahren verstorben ist.

Aus der Jugendzeit Hermanns ist nichts überliefert, lediglich, daß er sehr früh an den Hof der Landgrafen von Thüringen und Hessen auf die Wartburg kam.

Die Landgrafen waren ein hochangesehenes Fürstengeschlecht, als sehr fromm, aber auch vor allem als sehr musisch interessiert bekannt. Häufig sind Minnesänger bei ihnen zu Gast gewesen. Im Jahre 1207 soll der berühmte »Sängerkrieg auf der Wartburg« stattgefunden haben. An diesem Hofe erfuhr Hermann eine ritterliche Erziehung und seine ganz besondere Prägung. Hier wird man seine hohe Intelligenz und Begabung alsbald erkannt haben.

Die Landgrafen waren auch besondere Förderer des Deutschen Ordens. Landgraf Hermann I. (1190–1217) hatte am 3. Kreuzzug teilgenommen und 1190 in Akkon bei der Gründung des Deutschen Ordens mitgewirkt. Eine große Anzahl von Angehörigen des Landgrafenhauses war dem Orden beigetreten und hat auch hohe Ämter darin bekleidet.

Vermutlich wird man auch Hermann von Salza zum Beitritt in den Orden veranlaßt haben. Der Orden erfreute sich bereits eines großen Ansehens. Für junge Ritter der damaligen Zeit eröffnete er eine angemessene und erstrebenswerte Laufbahn, vor allen Dingen für nachgeborene Söhne, die nicht wie der Erstgeborene das Familienvermögen geerbt hatten.

Hermann wird 1196 erstmalig als Ordensbruder genannt, also schon in recht jungen Jahren. Er hat in Palästina das zusammengeschrumpfte Königreich Jerusalem besucht und sich Kenntnis von Land und Leuten verschafft. Im Jahre 1210 wurde er Hochmeister. Dem Königreich Jerusalem stand Hermann alsbald recht skeptisch gegenüber. Von dem stolzen Kreuzfahrerstaat war nach den Eroberungen Saladins nur ein ganz schmaler Küstenstreifen am Mittelmeer übriggeblieben. In den Kämpfen des 3. Kreuzzuges war im wesentlichen nur das Gebiet um Akkon dazugekommen. An eine Rückgewinnung der Stadt Jerusalem war nicht zu denken. Aber selbst wenn ganz Palästina mit Jerusalem und den Heiligen Stätten in den Besitz des Königreiches Jerusalem zurückgelangen könnte, schien es Hermann ausgeschlossen, den Staat auf Dauer halten zu können. Die Bevölkerung war überwiegend islamisch und dem Christentum gegenüber feindlich eingestellt. Die herrschende, aus dem Abendlande stammende Schicht war klein. Die Ritterorden, das Verwaltungs- und Verteidigungsrückgrat des Staates, hatten wegen ihrer zölibatären Struktur keinen natürlichen Nachwuchs, sondern waren auf dauernden Nachschub aus dem Abendland angewiesen. Damit war es zeitweilig spärlich geworden. Zwar hatte der Stauferkaiser Heinrich VI. 1197 einen Kreuzzug begonnen, und Truppenteile hatten auch bereits Akkon erreicht. Aber da Heinrich, der noch nicht bei seinen Kreuzfahrern war, plötzlich verstarb, löste sich der Zug unverrichteter Dinge wieder auf. Er wird daher gar nicht offiziell als Kreuzzug gezählt und von vielen Historikern noch nicht einmal erwähnt. Der dann offizielle 4. Kreuzzug (1199–1204) wurde von dem über 90 Jahre alten Dogen von Venedig abgefälscht und nach Konstantinopel gelenkt. Die Stadt wurde erobert, die byzantinische Dynastie abgesetzt und durch ein lateinisches Kaisertum ersetzt. Nur nach Palästina kamen keine Kreuzfahrer.

Eine gewisse Kreuzzugsmüdigkeit trat ein, und auch der Zustrom einzelner Ritter nach Palästina ließ zu wünschen übrig. Das konnte sich eigentlich nur noch verschlechtern. Es ist daher nicht verwunderlich, daß ein so realistisch denkender Mann wie Hermann von Salza nicht an einen Bestand des Königreiches Jerusalem glaubte.

Er meinte daher, sich rechtzeitig nach einem anderen Betätigungsfeld des Ordens umsehen zu sollen und nach einer neuen Heimstätte, möglichst in einem eigenen Staatswesen unter eigener Herrschaft, vor allen Dingen nicht unter lokaler kirchlicher Herrschaft, wohl unter dem Papst, aber nicht unter der Herrschaft etwa eines Bischofs.

Man brauchte nicht lange zu warten. Bereits im Jahre 1211 erreichte den Orden ein Hilferuf des ungarischen Königs Andreas II., ihm im Kampf gegen die aufsässigen Burzen zu helfen. Der König hatte seine Tochter Elisabeth (die spätere heilige Elisabeth) auf die Wartburg an den Hof der Landgrafen von Thüringen und Hessen verbracht. Sie war für den jungen Ludwig, den Erben der Landgrafschaft, als Gattin bestimmt. Der König wird dort von Hermann von Salza gehört haben und auch von seinen Plänen, einen anderen Einsatz für den Deutschen Orden zu suchen. Es lag also sehr nahe, daß gerade er sich an Hermann wandte.

Das Burzenland, etwa Siebenbürgen entsprechend (heute rumänisch: Transilvania), ein im Osten und Süden von den Karpaten umgebenes Land, gehörte zu Ungarn. Nur oberflächlich dem christlichen Glauben gewonnen, machten die Burzen dem ungarischen König erhebliche Sorgen. Außerdem bedrängten die südlich aus der Walachei heranströmenden Kumanen das Land mit dem Ziel, es zusammen mit den Burzen von Ungarn abzutrennen. Der König war außerstande, allein mit der Bedrohung fertig zu werden. Er entschloß sich daher, das »Gebiet an der Burza« dem Orden zu schenken, »wenn er es von der Gefahr befreie und befriede«. Ob dies als privatrechtliche Schenkung oder als Abtretung eines Landes zur Begründung einer eigenen Herrschaft anzusehen war, ist unklar. Hermann von Salza hat jedenfalls das letztere geglaubt und auch durchzusetzen versucht.

Nachdem Hermann die Zustimmung des Papstes (Innozenz III., 1198–1216) eingeholt hatte, ging er auf das Angebot von König Andreas ein und schickte ein Ordensaufgebot in das Burzenland, dem es in kürzester Zeit gelang, Ruhe und Ordnung wiederherzustellen, vor allem die eingedrungenen Kumanen zu vertreiben. Sodann ging der Orden daran, sich im Lande niederzulassen. Die ungarische Geistlichkeit hatte sich mit der Sonderstellung des Ordens abgefunden, daß er nicht dem Bischof von Siebenbürgen unterstehen sollte.

Der Orden errichtete Burgen wie in Palästina und baute diese als Verwaltungsmittelpunkte mit einem Komtur an der Spitze aus. Im Bannkreis der Burgen wurden Siedlungen angelegt, wobei deutsche Siedler herangezogen wurden.

Als die Siedlungstätigkeit bereits weit vorangeschritten war, ließ sich Hermann von Salza 1222 die Schenkung durch den ungarischen König nochmals bestätigen. Der König verlieh der Bruderschaft des Ordens aufs neue das Burzenland und paßte die Bestimmungen der ersten Schenkung der veränderten Lage an. Statt wie bisher nur hölzerne Burgen durfte der Orden nunmehr steinerne Burgen bauen und selbst für sich und die Bevölkerung die Richter wählen.

Noch im selben Jahre 1222 genehmigte der Papst (jetzt Honorius III., 1216–27) die erneute Schenkung durch eine Urkunde, in welcher es hieß: »Ihr batet mich, das Burzenland in Recht und Eigen des Apostolischen

Stuhles zu nehmen, mit der Versicherung, daß die Gläubigen lieber in Eure Kolonie kommen würden.« Es war die Bildung eines eigenen Staates unter der Lehnshoheit des Papstes.

Das war Bela IV., dem Sohn von König Andreas II., und auch dem ungarischen Adel zuviel. Sie verlangten vom König die Rückgängigmachung der Schenkung und die Vertreibung des Ordens, was dieser auch tat.

Zu schwach, sich zu wehren, mußte der Orden 1225 das Land endgültig verlassen. Alle Proteste dagegen sind wirkungslos geblieben. Das Unternehmen Burzenland war damit ein Fehlschlag für den Orden. Es gibt nur wenig, was noch daran erinnert, im wesentlichen nur einige Ortsnamen, beispielsweise Hermannstadt, nach Hermann von Salza benannt.

Hermann von Salza hat einige Versuche unternommen, sich gegen die Vertreibung zur Wehr zu setzen. Noch 1231 ist er nach Ungarn gereist, um eine Rückgabe des Landes an den Orden zu erreichen – vergeblich. Inzwischen waren andere Ereignisse eingetreten, die das Interesse am Burzenland in den Hintergrund drängten. Eines davon war das Zusammentreffen von Hermann von Salza mit Friedrich II. anläßlich dessen Königskrönung 1215 in Aachen, das zu einer engen Freundschaft führte, woraus sich völlig andere Perspektiven ergaben.

Um diese Entwicklung zu verstehen, muß etwas weiter zurückgegriffen werden.

Im 11. Jahrhundert waren Normannen in Unteritalien (Apulien, Kalabrien und Sizilien) eingedrungen und hatten einen eigenen Staat gegründet. Abkömmlinge der Wikinger, waren sie von Skandinavien in den Nordwesten des Frankenreiches eingewandert, in die Landschaft, die heute noch nach ihnen Normandie heißt. Dort verblieben sie über 100 Jahre und nahmen dabei französische Kultur und vor allem die französische Sprache an, ehe sie dann ans Mittelmeer nach Unteritalien weiterzogen. Es waren die »französisch sprechenden Normannen«, die am 1. Kreuzzug teilgenommen hatten.

Das Königreich Sizilien zeichnete sich durch eine für die damalige Zeit ganz ungewöhnliche Toleranz aus. Die Normannen rotteten die auf Sizilien entstandene Kultur, die aus byzantinischen und sarazenischen Elementen bestand, nicht aus und entwickelten sie weiter. Griechisch-orthodoxe Christen wurden genauso toleriert wie römisch-katholische, ebenso Juden und Mohammedaner. Eine zentrale königliche Gewalt wurde entwickelt, eine bereits von den Sarazenen geübte Verwaltung wurde ausgebaut und vollendet und trug einen vom mittelalterlichen Lehnswesen völlig abweichenden Charakter, der selbst bei Anlegung heutiger Maßstäbe als modern anzusprechen war. Ein zahlreiches, wohlgeschultes Beamtentum entfaltete alle Mittel fiskalischer Politik, eine kodifizierte Gesetzgebung bildete eine strenge Regelung. Palermo, die Hauptstadt des Königreiches, wurde zu einem bedeutenden Kulturzentrum Europas.

Unter König Roger II. (1130–54) erreichte es seine höchste Blüte und wurde zu einem Machtfaktor ersten Ranges.

Die Lage wurde für den Papst bedrohlich, als der staufische Kaiser Friedrich I. (Barbarossa) zur Unterstützung seiner Italienpolitik eine familiäre Verbindung mit dem normannischen Herrscherhaus anstrebte. Der Gedanke dazu kam ihm, als er Konstanze, die Tochter von König Roger II., kennenlernte, die seit dem Tode ihres Vaters (1154) zurückgezogen in Mailand lebte. Um sie warb Friedrich für seinen ältesten Sohn und Nachfolger Heinrich bei König Wilhelm II. von Sizilien, einem Enkel von Roger II.

Diese Verbindung fand nicht die Billigung des Papstes (Urban III., 1185–87), denn er fürchtete eine Umklammerung des Kirchenstaates durch eine staufische Herrschaft.

Daß Friedrich Barbarossa eine Ausdehnung der staufischen Herrschaft auf Süditalien beabsichtigt hat, ist kaum anzunehmen. Allerdings war Konstanze die nächste Thronanwärterin von Sizilien. König Wilhelm II., Sohn des einzigen legitimen und früh verstorbenen Sohnes von Roger II., hatte zwar noch keine Nachkommen, aber er war ein junger Mann und hatte eine noch jüngere Frau, so daß durchaus an Nachkommenschaft zur Erhaltung der normannischen Thronfolge zu denken war.

Am 27. 1. 1186 fand die Hochzeit Heinrichs mit Konstanze in Mailand statt. Eine Liebesheirat war es nicht. Vorher hatten sich die Brautleute überhaupt nicht gesehen. Heinrich war erst 20, Konstanze 31 Jahre alt.

In Palästina war inzwischen Sultan Saladin gegen den Kreuzfahrerstaat vorgegangen und hatte 1187 die Stadt Jerusalem erobert und das Königreich Jerusalem auf einen schmalen Streifen am Mittelmeer zurückgeworfen. Das hatte den 3. Kreuzzug ausgelöst, der 1189 begann und von Kaiser Friedrich Barbarossa und König Richard I. Löwenherz von England angeführt wurde.

Da ereignete sich Ende 1189 das, womit niemand gerechnet hatte: Wilhelm II. von Sizilien starb überraschend ohne Hinterlassung legitimer Nachkommen. Damit war nun Konstanze die einzige legitime Thronanwärterin. Der sizilianische Adel aber wollte sie und vor allen Dingen ihren staufischen Ehemann Heinrich nicht auf dem Thron sehen und wählte Tancred, einen illegitimen Sohn Rogers II., nach altem normannischem Recht zum König. Tancred war auch noch jung und die normannische Thronfolge schien jetzt endgültig gesichert.

Jedenfalls glaubte der Papst (jetzt Coelestin III., 1191–98) die Gefahr der Umklammerung des Kirchenstaates durch die Staufer endgültig gebannt. Als 1190 Kaiser Friedrich Barbarossa während des Kreuzzuges tödlich verunglückte, trug er keine Bedenken, dessen Sohn Heinrich VI. und Konstanze zum Kaiser und zur Kaiserin zu krönen.

Aber wieder kam es anders. 1194 starb auch Tancred in jungen Jahren, und jetzt erhob Heinrich VI. energisch als Gatte der Thronerbin Konstanze den Anspruch auf den sizilianischen Königsthron. Den normannischen Adligen, die sich ihm gegenüber so ablehnend verhalten hatten, versprach er Verzeihung, so daß diese schließlich zustimmten.

In der Woche vor Weihnachten 1194 fand die Krönung Heinrichs VI. zum König von Sizilien im Dom von Palermo statt. Konstanze war nicht anwesend. Auf der Reise nach Sizilien war sie in Apulien zurückgeblieben. Dort gebar sie am 2. Weihnachtstag 1194 ihr erstes und einziges Kind: Friedrich, den späteren Kaiser Friedrich II.

Mit der Krönung zum König von Sizilien war für die Staufer die höchste Machtfülle erreicht. Heinrich hat sie schlecht verwaltet. Entgegen seinem Versprechen an den sizilianischen Adel ordnete er ein Strafgericht an, das er am 2. Weihnachtstag mit unglaublicher Grausamkeit durchführen ließ und bei dem er fast den gesamten Adel ausrottete. Das führte naturgemäß zu Aufständen, die sogar Konstanze unterstützt haben soll, deren sich Heinrich kaum erwehren konnte.

Die Ereignisse hatten zur Folge, daß Papst Coelestin III. dem inzwischen in Akkon gegründeten Deutschen Orden seine Zustimmung verweigerte. Lange hat Heinrich nicht überlebt. Er starb – erst 32 Jahre alt – im Spätsommer 1197. Sein Sohn Friedrich, noch keine 3 Jahre alt, war nunmehr der legitime Erbe der sizilianischen Krone.

Im Reich wählten die deutschen Fürsten als Heinrichs Nachfolger einen jüngeren Sohn von Friedrich Barbarossa, Philipp von Schwaben (1198–1208). Die Wahl war nicht unumstritten. Einige Fürsten wählten einen Gegenkandidaten: Otto von Braunschweig, Sohn Heinrichs des Löwen aus dem Hause der Welfen. Dadurch kam es zu einem Zwist der Anhänger von Staufen und Welfen (hie Welf – hie Waibling) und zu unsicheren Zeiten im Reich, die viel Schaden anrichteten.

Im Jahre 1198 starb Papst Coelestin III., 92 Jahre alt. Sein Nachfolger wurde der erst 37jährige Innozenz III. (1198–1216), ein überaus energischer und politisch orientierter Mann, der die Idee vom Primat des Papstes am stärksten vertreten hat.

Um sich der Herrschaft der Staufer zu entledigen, verweigerte Papst Innozenz III. König Philipp von Schwaben die Kaiserkrönung (er wird dennoch in der offiziellen Liste der Kaiser gezählt), unterstützte vielmehr seinen Gegenkandidaten Otto von Braunschweig. Aber auch ihn krönte er vorerst nicht.

Konstanze war eine kluge Frau. Sie übersah durchaus nicht die Schwierigkeiten der Staufer mit den Päpsten und trug die Vormundschaft über ihren kleinen Sohn Friedrich Papst Innozenz III. an. Sie glaubte, damit am ehesten die sizilianische Erbschaft bewahren zu können. Sie hatte sich nicht getäuscht. Der Papst sah eine Chance, den Jungen in seinem Sinne erziehen zu lassen und nahm das Angebot an. Am Pfingstsonntag 1198 krönte er den dreijährigen Friedrich in Palermo zum König von Sizilien. Am gleichen Tage bestätigte er den Deutschen Orden.

Papst Innozenz III. hat sich zwar sehr für sein Mündel eingesetzt, sich aber wenig persönlich um es gekümmert. Er setzte einen Legaten ein, der seine Schulstunden zu überwachen hatte. Das war auch nötig, denn bereits 1198 starb Konstanze, Friedrichs Mutter.

Mit Vollendung des 14. Lebensjahres wurde Friedrich nach normannischem Recht volljährig. Am selben Tage, dem 26. 12. 1208, endete damit die Vormundschaft des Papstes und auch seine Regentschaft über Sizilien, die Friedrich nun selbst in die Hand nahm, wobei er sogleich Umsicht und Geschick zeigte, Menschenkenntnis bewies und seine Untergebenen, soweit sie ihre Sache nach seiner Auffassung ordentlich machten, gewähren ließ.

Der Papst hatte sich schon lange Gedanken darüber gemacht, Friedrich zu verheiraten, um ihn ganz für seine Pläne einsetzen zu können. Es mußte eine Frau sein, deren Familie der Kirche und den Päpsten sehr ergeben war und die einen entsprechenden Einfluß auf Friedrich erwarten ließ, vor allem aber keine deutsche Prinzessin. Der Papst fand diese Frau in Konstanze von Aragón. Es kam 1209 zur Eheschließung.

Auffallend ist die Ähnlichkeit der Ehen Friedrichs und seiner Eltern. Beide Frauen, die Mutter und die Ehefrau, hießen Konstanze, beide waren 11 Jahre älter als ihre Ehemänner. Aber während die Ehe von Friedrichs Eltern nicht zuletzt des Wütens Heinrichs VI. in Sizilien wegen sehr schlecht war, wurde die Ehe von Friedrich selbst eine der glücklichsten unter Fürsten.

Inzwischen war 1208 Philipp von Schwaben ermordet worden. Papst Innozenz III. hatte den welfischen Gegenkönig zum Kaiser gekrönt. Er hoffte, der staufischen Herrschaft im Reich endlich ledig zu sein. Er hat sich bitter getäuscht, denn kaum war Otto IV. gekrönt, setzte er die Kaiserpolitik der Staufer unbeirrt fort. Vor allem beanspruchte er Sizilien und rückte mit starken Truppen in die festländischen Gebiete des Königreiches ein, die er bis 1211 besetzt hatte, um nunmehr nach Sizilien selbst überzusetzen.

Der Papst reagierte sofort. Bereits ein Jahr nach der Krönung sprach er den Bann über Otto aus. Darüber hinaus veranlaßte er die deutschen Fürsten, Otto abzuwählen und sein ehemaliges Mündel Friedrich als römischen König zu wählen. Dies geschah auch 1212 auf dem Fürstentag zu Nürnberg, und umgehend wurde eine Gesandtschaft zu Friedrich nach Palermo geschickt, ihn zur Krönung nach Deutschland einzuladen. Er war gerade 17 Jahre alt.

Nach einiger Überlegung nahm Friedrich, besonders von seiner Gattin Konstanze bestärkt, die Wahl an. Auf diese Nachrichten hin zog sich Otto aus den von ihm besetzten Gebieten in Unteritalien zurück und versuchte, Friedrich an der Fahrt nach Deutschland zu hindern, was jedoch nicht gelang.

Friedrichs Zug nach Deutschland vollzog sich so abenteuerlich, daß es kaum zu schildern ist; es dauerte daher auch fast ein Jahr, bis er schließlich Frankfurt erreichte. Hier tagten am 5. 12. 1212 die deutschen Fürsten. Sie bestätigten die Abwahl Ottos IV. und die Wahl Friedrichs zum römischen König.

Am 9. 12. 1212 wurde Friedrich in Mainz feierlich zum römischen König gekrönt, vorerst provisorisch, denn seit Karl dem Großen war es zwar nicht Gesetz, aber unumstößlicher und verbindlicher Brauch, daß der römische (deutsche) König in Aachen gekrönt werden mußte. Den Weg dorthin versperrte aber noch Otto IV. mit seinen starken Truppen.

Als ersten außenpolitischen Erfolg gelang es Friedrich, Verbindung mit dem König von Frankreich, Philipp II. August (1180–1223), aufzunehmen. Dieser war mit den Welfen verfeindet, weil sie mit dem Hauptfeind Frankreichs, England, enge Verbindungen hatten. Er erreichte ein Bündnis mit dem französischen König, der Friedrich eine erhebliche Geldsumme und vor allem eine größere Truppe zur Verfügung stellte. 1214 kam es zur Schlacht bei Bouvines in Nordfrankreich, in welcher Otto eine vernichtende Niederlage erlitt, von der er sich nicht mehr erholt hat. 1218 starb er kaum 36 Jahre alt in Harzburg.

Der Weg nach Aachen war nunmehr frei. Am 25. Juli 1215 fand dort die feierliche Krönung statt. Jetzt war der 21jährige Friedrich II. der rechtmäßige römische König, der nun auch Anspruch auf die Kaiserkrone hatte. Von diesem Zeitpunkt an wird die offizielle Regierungszeit Friedrichs gezählt.

Bei der Krönung in Aachen war der Hochmeister Hermann von Salza zugegen und soll bei dieser Gelegenheit ihm erstmalig begegnet sein. Beide Männer fanden sofort Gefallen aneinander. Es war, als wenn der eine die Bedeutung des anderen erkannt hätte. Es entwickelte sich eine lebenslange Freundschaft und ein sehr enges Vertrauensverhältnis. Hermann wurde in Friedrichs Hofrat aufgenommen. Bereits 1216 wird er offiziell als Teilnehmer an einem Hoftag in Nürnberg erwähnt. Er hat dann schwierigste diplomatische Missionen für Friedrich durchgeführt und wurde einer der wichtigsten Berater. Zu der Frage, wie es dazu kam, gibt eines der wenigen von Hermanns Hand noch vorhandenen Schreiben Auskunft: »Dadurch, daß ich ihm die verschiedenen Vernunftgründe aufzeigte, veranlaßte ich ihn ...«

Diese Funktion Hermanns ergab sich aus der Notwendigkeit, zwischen Friedrich und dem jeweiligen Papst zu vermitteln, und zwar schon bald nach der Krönung. Friedrich hatte einen eklatanten Fehler gemacht.

Unmittelbar nach der Krönungszeremonie verkündete er, daß er einen Kreuzzug in das Heilige Land unternehmen werde und daß er erwarte, daß sich die Fürsten des Reiches ihm anschließen würden.

Es ist viel darüber gerätselt worden, wie Friedrich zu diesem Zeitpunkt zu solch einer Ankündigung gekommen ist. Es ist denkbar, daß Papst Innozenz III. anläßlich der Durchreise seines ehemaligen Mündels durch Rom die Frage eines Kreuzzuges zumindest angeschnitten hat. Es gibt jedoch Stimmen, die behaupten, die Kreuzzugverkündigung sei selbst dem Papst ungelegen gekommen, was insofern nicht ganz auszuschließen ist, als der Papst als kluger Beurteiler der Lage erkannt hat, daß Friedrichs Stellung noch lange nicht konsolidiert war und die deutschen Fürsten, auf die er angewiesen war, nach den Wirren der vorangegangenen Zeit nicht bereit waren, an einem Kreuzzug teilzunehmen. Zunächst erstrebte Friedrich die Kaiserkrönung. Der Papst hat dann auch auf dem Laterankonzil im November 1215, mit dem er seinen größten Triumph erlebt hat, den Kreuzzug zwar angemahnt, aber Friedrichs Anspruch auf die Kaiserkrone voll und ganz unterstrichen. Und er sollte sie auch bekommen, allerdings erst unter dem nächsten Papst. Innozenz III. verstarb 1216, nur 55 Jahre alt.

Als Nachfolger wurde Honorius III. (1216–27) gewählt, ein älterer, schon gebrechlicher Mann, der »lieber mit Milde verfahren als mit Strenge regieren« wollte. Nach dem Machtpolitiker Innozenz hatten die Kardinäle einen »religiösen« Papst folgen lassen. Er war Friedrich auch sehr zugetan. Als früherer päpstlicher Legat in Sizilien hatte er den minderjährigen Friedrich zeitweise betreut. Aber obwohl er ihn sehr schätzte, bewies er einen festen Standpunkt, was die Durchführung des gelobten Kreuzzuges betraf.

Hier war es nun Hermann von Salza, der sich ständig um Vermittlung zwischen dem Papst und Friedrich bemühte. Er war auch bei der Kurie hoch angesehen, und es gelang ihm schließlich, den Papst davon zu überzeugen, daß zunächst die Kaiserkrönung erfolgen müßte, um Friedrich das Ansehen zu verschaffen, einen Kreuzzug ausrichten zu können.

Die Verhandlungsbasis für Hermann war insofern schwierig, als es 1218 schon zu einem »Kreuzzug« gekommen war, und zwar unter Leitung von Herzog Leopold v. Österreich mit einigen Franzosen, Friesen und Italienern. Er wird nicht offiziell als Kreuzzug gezählt, wandte sich auch gar nicht nach Palästina. Der König von Jerusalem, Johann von Brienne, hatte nämlich vorgeschlagen, nach Ägypten zu ziehen, um dort die Mohammedaner zu zwingen, ganz Palästina wieder an das Königreich Jerusalem abzutreten.

Ein derartiger Gedanke existierte schon längere Zeit. Nach dem Tode Saladins (1193), der in Damaskus residiert hatte, hatte sich der Schwerpunkt der islamischen Welt nach Kairo verschoben. Dort residierte El-Adil, ein Bruder Saladins, der nach dessen Tode die Macht ergreifen konnte.

Man segelte also nach Damiette, dem einzigen Hafen an der Nilmündung, wo eine fahrbare Rinne des Nil das Meer erreichte. Dorthin kamen aus Palästina auch Teile der drei Ritterorden mit ihren Meistern. Ob auch Hermann von Salza dabei war, ist ungewiß.

Kurz nach Eintreffen der Kreuzfahrer in Damiette starb Sultan El-Adil. Sein Nachfolger wurde sein Sohn El-Kamil. Aber anstatt diesen Wechsel auszunutzen und vorzustoßen, blieb man abwartend liegen. Es wurde nämlich noch ein weiteres Heer erwartet, das sich in Brindisi gesammelt hatte, um von dort nach Ägypten zu segeln. Diesem Heer hatte Papst Honorius III. einen Prälaten mitgegeben, den Spanier Pelagius von Santa Lucia. Dieser war mit einem Empfehlungsschreiben ausgestattet, das für ihn den schuldigen Gehorsam forderte und ihm die volle geistliche Gewalt übertrug. Damit sollte Pelagius nicht etwa der militärische Oberbefehl erteilt werden. Als er aber in Damiette ankam, verlangte er herrisch die Führung. Das hatte einen heftigen Streit innerhalb des Heeres zur Folge und dessen Untätigkeit, denn Pelagius war völlig unfähig und hatte weder von militärischen noch diplomatischen Dingen eine Ahnung.

Im Jahre 1219 machte Sultan El-Kamil ein Friedensangebot, in welchem er gegen Abzug der Truppen die Abtretung der Stadt Jerusalem und des größten Teiles von Palästina versprach. Johann von Brienne und eine Reihe weiterer Führer des Heeres waren für die Annahme dieses Angebotes, denn damit wäre der Zweck des Unternehmens ganz und gar erreicht gewesen. Aber Pelagius lehnte ab. Er wollte sich mit den »Ungläubigen« nicht friedlich verständigen, er wollte den Kampf und setzte sich schließlich durch.

Ende 1219 begann der Kampf und es gab sogar Anfangserfolge. Damiette wurde erobert, weiter aber nichts. Dennoch machte der Sultan 1220 ein nochmaliges Angebot. Auch das lehnte Pelagius ab, bis es dann endlich, 1221, zu einer Verständigung kam. Gegen Rückgabe von Damiette wurden die Gefangenen freigegeben. Das war alles. Eine glänzende Gelegenheit war vertan.

Das Desaster in Ägypten wurde natürlich in Europa und vor allem dem Papst bekannt. Er drang immer mehr darauf, daß sich Friedrich dem »Kreuzzug des Pelagius« anschließen solle, um zu retten, was noch zu retten war. Das wollte Friedrich schon ganz und gar nicht. Wenn er einen Kreuzzug unternahm, wollte er von Anfang an das Heft in der Hand halten, ganz abgesehen davon, daß er noch gar keine Streitmacht zur Verfügung hatte, mit der Entscheidendes hätte ausgerichtet werden können. Er wollte zunächst einmal zum Kaiser gekrönt werden.

Schließlich sah der Papst auch ein, daß Friedrich nicht zuzumuten war, die verfahrene Situation vor Damiette noch zu retten. Er hätte seinen eigenen Prälaten Pelagius bloßstellen müssen. Mit einer Gesandtschaft, die unter der Leitung von Hermann von Salza stand, wurden die Krönungsmodalitäten festgelegt.

Am 22. November 1220 erfolgte die feierliche Krönung Friedrichs II. und seiner Gattin Konstanze zum Römischen Kaiser und zur Kaiserin in der Peterskirche in Rom durch den Papst.

Bei der Kaiserkrönung gelobte Friedrich, im Jahre 1221 den versprochenen Kreuzzug zu unternehmen. Es kam nicht mehr dazu, denn gerade war Pelagius mit seinem Unternehmen in Ägypten gescheitert. Der Papst sah ein, daß jetzt kein geeigneter Termin für einen neuen Kreuzzug war.

In den Jahren 1222 und 1223 kam es zu persönlichen Treffen Friedrichs mit dem Papst, wobei es immer wieder um Aufschub des Kreuzzugs ging. Hermann von Salza, der diese Treffen arrangierte, hatte dabei keinen leichten Stand, denn der greise und kränkliche Papst drängte sehr. Schließlich war auch das Prestige der Kirche in Gefahr, wenn der nun schon mehrfach verschobene Kreuzzug nicht durchgeführt wurde. Dennoch gelang es, einen Aufschub bis 1225 zu erreichen.

Im übrigen war Friedrich, als 1220 seine Krönung erfolgte, 8 Jahre von seinem Königreich Sizilien abwesend gewesen. Es drängte ihn, zunächst einmal dorthin zurückzukehren. Es war auch dringend notwendig, hier nach dem Rechten zu sehen. Hermann von Salza begleitete ihn. Seine Stellung wurde so geregelt, daß er, falls er sich am Hofe aufhielt, zum Hofstaat, »zur Familie«, gehörte. Zwei Ordensritter durften ständig am Hofe weilen.

Für Hermann von Salza war der Aufenthalt im Königreich Sizilien insofern ein großer Gewinn, als er und vor allem auch seine Ritter hier ein modernes, gut funktionierendes Verwaltungssystem kennenlernen konnten.

Es ist überliefert, daß Friedrich selbst gute Verwaltungskenntnisse hatte. Bei seinem achtjährigen Deutschlandaufenthalt hielt er sich bevorzugt in Hagenau/Elsaß auf. Dort befand sich nicht nur die Hauptverwaltung der Hausgüter der Staufer, sondern auch die Hofkammer des schwäbischen Herzogtums, zu welchem das Elsaß damals gehörte. Bei dieser Gelegenheit unterzog er die seit längerer Zeit unbeaufsichtigt gewesene Hofkammer persönlich einer strengen Kontrolle und deckte dabei große Unterschlagungen des Rentmeisters Wölfflin auf. Friedrichs energisches Eingreifen und natürlich auch die Bestrafung des Rentmeisters durch den damals erst 18jährigen Friedrich erregten weit über das Herzogtum hinaus Aufsehen. Er richtete daraufhin eine straffe Verwaltung ein, wobei erstmalig in Deutschland nach sizilianischem Muster verfahren wurde. Daß auch die Deutschordensritter in Sizilien etwas gelernt hatten, beweist die Tatsache, daß Friedrich später den Ordensritter Berthold von Tannenrode in Hagenau zur Verwaltung seiner elsässischen Besitzungen einsetzte. Dieser wurde später (1243) Deutschmeister.

Friedrich schätzte die Tüchtigkeit der Ritter des Deutschen Ordens und machte sie sich gern zunutze. Es kam in diesem Zusammenhang die etwas bissige Behauptung auf, das Reich werde durch eine Handvoll Deutschordensritter regiert.

Im Juni 1222 verstarb Konstanze, Friedrichs Gattin. Schon bald kam es zu Spekulationen über eine Wiederheirat. Hermann von Salza befürwortete eine Heirat mit der Thronerbin des Königreichs Jerusalem. Er sah darin eine Gelegenheit, Friedrich mehr für das Königreich Jerusalem zu interessieren und dann endlich auch einen Kreuzzug dorthin zu unternehmen.

Die Thronfolge der Könige von Jerusalem hatte sich recht merkwürdig entwickelt. Das Herrscherhaus derer von Bouillon war längst im Mannesstamme ausgestorben, mehrere weitere Könige hatten auch keine männlichen Nachkommen, so daß oft weibliche Erbfolge eintrat. So war, seit 1205, schließlich erbberechtigt Maria von Montferrat, damals erst 13 Jahre alt. Damit das Land wieder einen König bekam, mußte man für sie einen Ehemann suchen. Es fand sich erst 1210 ein französischer Ritter aus der Champagne, Johann von Brienne, empfohlen vom französischen König Philipp II. August, der ihm eine hohe Mitgift verschaffte. Johann von Brienne, bereits 60 Jahre alt, heiratete die inzwischen 19jährige Maria und wurde dann zum König von Jerusalem gekrönt. Maria starb schon nach 2 Jahren. Sie hinterließ eine einzige Tochter, die nach ihrer Großmutter Isabella hieß, allgemein aber Jolande genannt wurde.

Dies war nun die Thronerbin, an die Hermann von Salza als Gattin für Friedrich dachte. Er nahm Verbindung zu ihrem Vater auf, der bald einverstanden war. Der Papst war begeistert. Er dachte ebenso wie Hermann, daß es nun endlich zum Kreuzzug kommen werde. Nur Friedrich zeigte sich zurückhaltend. Als ihm Hermann aber die Vorteile einer solchen Verbindung klarmachte, die vor allem in dem Erwerb des Königstitels von Jerusalem lagen, gab auch er endlich seine Zustimmung.

Im Jahre 1225 kam es zur Eheschließung Friedrichs mit der gerade 14jährigen Jolande. Sie wurde zunächst mit einem Stellvertreter des Kaisers vom Erzbischof Simon von Tyrus in Akkon getraut, dann mit Friedrich selbst nach der Überfahrt der Braut nach Italien am 2.11.1225 in der Kathedrale zu Brindisi. Hierbei nahm Friedrich den Titel »König von Jerusalem« an.

Damit kam er zunächst in Konflikt mit seinem Schwiegervater Johann von Brienne. Er war ja noch der rechtmäßige gekrönte König von Jerusalem und protestierte heftig, wurde aber von niemandem unterstützt.

Jolande hat nicht lange gelebt. Am 25.4.1228 gebar sie einen Sohn: Konrad. Eine Woche danach verstarb sie, noch keine 17 Jahre alt.

Konrad war das Kind des Kaisers, das er am meisten und sehr zärtlich liebte. Er wurde als Konrad IV. Nachfolger seines Vaters als Kaiser des Heiligen Römischen Reiches (1250–54), da Heinrich, einziger Sohn Friedrichs aus seiner ersten Ehe, vorher verstorben war.

Im Jahre 1223 war es noch zu einer ganz besonderen Vermittlungstätigkeit durch Hermann von Salza gekommen. Die Dänen hatten unter ihrem König Waldemar II. (1202–41) den Plan gefaßt, ihren Einfluß auf den gesamten Ostseeraum auszudehnen. Zu diesem Zweck besetzten sie weit entfernt liegende Gebiete wie Estland und Finnland. Da diese eine noch heidnische Bevölkerung hatten, wurden die Eroberungen mit einer Missionierung verbunden, was die Sympathie der Päpste sicherte. Weiterhin nutzte der König aber auch die Welfen-Staufer-Wirren nach dem Tode Kaiser Heinrichs VI. aus, besetzte die Ostseerandgebiete des Reiches (Holstein, Mecklenburg, Pommern) und zwang deren Fürsten in die Lehnsuntertänigkeit. Auch dies sahen die Päpste nicht ungern, da es eine Schwächung der nicht geliebten Staufer bedeutete.

Weniger gern sahen dies aber die norddeutschen Fürsten und Städte, obwohl auch sie eher mit den Welfen sympathisierten als mit den Staufern. Sie wollten deshalb aber nicht unter dänische Herrschaft geraten, konnten sich allerdings nicht dagegen wehren. In dieser Lage gelang es plötzlich 1223 einem der neuen Vasallen, dem Grafen von Schwerin, König Waldemar II. in seine Gewalt zu bringen und in Gefangenschaft zu halten. Dies war dem Papst außerordentlich peinlich. Aber auch Friedrich II., inzwischen Kaiser des Reiches, wollte es sich weder mit dem König noch mit dem Papst verderben. So kam es schließlich dazu, daß Kaiser und Papst einen Vermittlungsversuch vereinbarten und Hermann von Salza damit beauftragten. Eine gewiß eigenartige Situation, daß die beiden, zwischen denen bisher vermittelt werden mußte, gemeinsam denselben Vermittler nun bei einem Dritten beanspruchten.

Die Verhandlungen Hermanns fanden im September 1223 in Nordhausen mit den dänischen Bevollmächtigten statt. Es wurde die Freilassung des Königs vereinbart, wogegen dieser die besetzten Länder des Reiches herauszugeben hatte. Gehalten hat sich der König an die Abmachungen nicht, so daß es doch noch zu kriegerischen Auseinandersetzungen mit den norddeutschen Fürsten und Städten kam, in welchen König Waldemar II. 1227 in der Schlacht von Bornhöved (bei Kiel) eine entscheidende Niederlage erlitt, womit die dänischen Pläne der Beherrschung der Ostsee ein endgültiges Ende fanden. Diese Ereignisse sollten in späteren Jahren noch eine erhebliche Rolle spielen.

Das Jahr 1225 brachte für den Deutschen Orden einen entscheidenden Wendepunkt. Zum Jahreswechsel 1226 erreichte Hermann von Salza der Ruf des Herzogs Konrad von Masowien, Fürst eines polnischen Teilfürstentums, ihm gegen die ihn bedrängenden Pruzzen (Preußen) zu helfen. Dieser Ruf kam Hermann äußerst gelegen. Gerade hatte der Einsatz des Ordens im Burzenland ein unrühmliches Ende gefunden. Sich damit abzufinden war um so leichter, als sich mit Preußen eine ungleich bedeutendere Unternehmung bot. Hermann war sofort bereit, auf den Hilferuf Konrads einzugehen. Aber die Erfahrungen mit dem Einsatz im Burzenland hatten ihn vorsichtig gemacht. Ein nochmaliges Fiasko dieser Art sollte es nicht geben, daher dauerten die Verhandlungen noch bis 1231, ehe es zu dem Einsatz des Ordens in Preußen gekommen ist.

Die Unternehmung des Deutschen Ordens in Preußen, die Voraussetzungen dafür, Vorgeschichte, Vorbereitungen und Durchführung, die Entstehung und Entwicklung des Ordensstaates Preußen, seine Blütezeit, sein Niedergang und sein Ende bilden den Hauptteil dieses Buches. Sie werden im II. Teil (Der Orden in Preußen) eingehend behandelt und dargestellt.

Im Jahre 1225 sollte nun endlich auch der von Friedrich gelobte Kreuzzug stattfinden. Dieses Jahr war aber dem Papst ungelegen, so daß es zu einer weiteren, zweijährigen Verschiebung kam.

Papst Honorius III. erlebte ihn jedoch nicht mehr. Er verstarb am 18. 3. 1227. Bereits am folgenden Tag erfolgte die Wahl seines Nachfolgers: Gregors IX. (1227–41). Er war nicht von einer solchen Milde wie sein Vorgänger. Er verlangte sofort und energisch von Friedrich den Aufbruch zu dem versprochenen Kreuzzug.

Tatsächlich waren die Vorbereitungen Friedrichs so weit gediehen, daß ein genügend großes Heer zusammengezogen werden konnte, das sich dann in Brindisi sammelte, wo Schiffe bereitgestellt waren, um damit nach Palästina zu segeln.

Aber über dem Unternehmen stand ein Unstern. Im Sammlungsraum Apulien herrschte besonders große Hitze und Wasserknappheit. Es brach im Heer eine fiebrige Seuche aus, die sich rasch ausbreitete und viele Opfer forderte, auch unter den Führern des Heeres. Das prominenteste Opfer war Landgraf Ludwig IV. von Thüringen und Hessen, ältester Sohn und Nachfolger von Landgraf Hermann I., der am 3. Kreuzzug teilgenommen hatte, verheiratet mit Elisabeth, der Tochter von König Andreas II. von Ungarn, die später heiliggesprochen worden ist.

Ludwig war mit einem besonders großen Aufgebot zu den Kreuzfahrern gestoßen und war trotz seiner Krankheit in See gestochen. Friedrich, der selbst auch erkrankt war, hatte sich mit gesund gebliebenen Kreuzfahrern ebenfalls eingeschifft, um endlich mit dem Kreuzzug zu beginnen. Kurz nach der Ausfahrt aus Brindisi erlag Ludwig, den Friedrich als seinen Stellvertreter vorgesehen hatte, der Seuche und starb. Dem durch diesen Tod zusätzlich belasteten und erschütterten Friedrich rieten die Ärzte, die Kreuzfahrt bis zu seiner Genesung aufzuschieben, was er auch befolgte.

Der Papst, der eine Entschuldigungsdelegation des Kaisers gar nicht empfing, sprach über Friedrich den Kirchenbann aus. Mehrere Rechtfertigungsschreiben des Kaisers, Angebote zu einer besonderen Kirchenbuße und auch mehrere Vermittlungsversuche des Hochmeisters Hermann von Salza, der von der Seuche verschont geblieben war, hatten keinerlei Erfolg. Der Papst zeigte sich unversöhnlich. In seiner Enzyklika heißt es, »Friedrich habe das christliche Heer im Stich gelassen, das Heilige Land den Ungläubigen preisgegeben und sei zu seinen gewohnten Schwelgereien zurückgekehrt.«

Nach einem halben Jahr, am Gründonnerstag 1228, erneuerte der Papst den Bann sogar noch. Allerdings rief er damit auch einige Empörung hervor, denn inzwischen war bekannt geworden, daß eine Seuche ausgebrochen war, viele Opfer gefordert und auch den Kaiser nicht verschont hatte. In Rom selbst kam es zu Unruhen und Störungen des österlichen Gottesdienstes. Der Papst zog es vor, Rom zu verlassen.

Jetzt empörte sich Friedrich gegen das »ungebührliche Vorgehen« des Papstes und trieb, da er inzwischen genesen war, die weiteren Vorbereitungen zügig voran und brach trotz des gegen ihn verhängten Bannes am 28.6.1228 nach Palästina auf. Der Papst erklärte dazu: »Wir wissen nicht, wessen törichtem Rate er da folgte oder besser, welche teuflische List ihn verführte, ohne Buße und ohne Absolution den Hafen von Brindisi insgeheim zu verlassen, ohne daß man mit Sicherheit wüßte, wohin er ging.«

Der Entschluß des Kaisers, als vom Papst Gebannter einen Kreuzzug zu unternehmen, galt als ein ungeheuerlicher Vorgang. Friedrich hielt aber fest daran, sein Gelübde als Kaiser und oberster Schutzherr der Christen erfüllen zu müssen, hoffte auf sein Glück und setzte alles auf eine Karte. Er meinte, er habe sich »glücklich nach Syrien gewandt und reise mit Eile unter glückhaftem Wind, mit Christus, dem Führer«.

Im September 1228 in Akkon angekommen, wurde Friedrich allseits freudig begrüßt. Seine Ankunft vereinte alle in der Hoffnung auf die Befreiung Jerusalems, Rivalitäten schienen vergessen, auch die unter den Ritterorden. Selbst der Patriarch von Jerusalem, Gerold, Bischöfe und Kleriker ehrten den Kaiser, wenn sie ihm auch mit Hinweis auf ihre schwierige Lage gegenüber dem Exkommunizierten den Bruderkuß verweigerten. Patriarch Gerold schlug dem Kaiser vor, eine Delegation zum Papst nach Rom zu senden und um Lösung vom Bann zu bitten.

Dies geschah auch. Der Erzbischof von Bari reiste nach Rom, völlig erfolglos. Der Papst erließ sogar noch einen Befehl an die Kreuzritter, den Anordnungen Friedrichs nicht zu folgen. Die kirchlichen Stellen wurden angewiesen, gegen ihn zu predigen.

Das hatte einen völligen Umschwung zur Folge. Der Patriarch, die Templer und Johanniter, zahlreiche Pilger und Kleriker nahmen eine feindselige Haltung gegen Friedrich ein. Allein die Deutschritter und einige kleinere Einheiten aus Italien hielten dem Kaiser die Treue.

An ein militärisches Vorgehen gegen die Araber war nun nicht mehr zu denken. Friedrich mußte sich aufs Verhandeln verlegen.

Die Situation war im Grunde genommen dieselbe, wie sie bei dem Unternehmen des Prälaten Pelagius gegen Damiette in Ägypten bestanden hatte. Damals hatte der Sultan El-Kamil ein Friedensangebot gemacht und die Rückgabe von Jerusalem und weiterer Gebiete von Palästina angeboten. Wäre Pelagius nicht so ablehnend gewesen, weil er von den »Ungläubigen« nichts im Verhandlungswege haben wollte, so wäre der ganze Kreuzzug überflüssig gewesen. Man hätte erreicht, was die christliche Welt wünschte.

Jetzt blieb Kaiser Friedrich gar nichts anderes mehr übrig, als zu verhandeln. Es entsprach an sich auch seiner Natur. Nur: War es dafür jetzt nicht zu spät? Konnte Sultan El-Kamil, nachdem seine früheren Angebote so schnöde mißachtet worden waren, noch darauf zurückkommen? Friedrich und El-Kamil waren einander nicht unbekannt. Bereits 1226 war es zu Gesandtschaften gekommen. Handelsbeziehungen bestanden zwischen Ägypten und Sizilien ohnehin. Bei einer solchen Gelegenheit hatte Friedrich erfahren, daß immer noch erhebliche Streitigkeiten zwischen den Söhnen Saladins und El-Kamil, dessen Vater jene verdrängt hatte, bestanden. Der Sultan ließ jetzt durchblicken, daß an eine Rückgabe der Stadt Jerusalem und weiterer Gebiete gedacht werden könne, wenn Friedrich ihm gegen Saladins Söhne Hilfestellung leisten würde.

Selbstverständlich griff Friedrich dies mit Freuden auf. Die Zeit drängte, denn Friedrichs Gegner im Lande gewannen immer mehr an Einfluß und machten ihm Schwierigkeiten. Friedrich hatte Glück. Als er El-Kamil um Verhandlungen bitten ließ, schickte dieser als Verhandlungsführer den Emir Far ed-Din. Diesen hatte Friedrich anläßlich einer Gesandtschaft in Italien kennen- und schätzengelernt. Der kluge und hochgebildete Emir und Friedrich, der fließend arabisch sprach, hatten bei ihren Gesprächen viele gemeinsame Interessen festgestellt. Es war geradezu zu einer gewissen Freundschaft gekommen. Friedrich hatte jetzt den idealen Verhandlungsführer, denn Far ed-Din war ebenso an einem baldigen Erfolg der Verhandlungen interessiert, weil El-Kamil mit seinem Heer vor Damaskus lag und gegenüber seinen feindlichen Neffen keine guten Aussichten hatte.

Die klugen Ratschläge Far ed-Dins halfen sowohl Friedrich wie auch El-Kamil. Am 11.2.1229 konnten konkrete Vorschläge des Sultans überreicht werden. Am 18.2.1229 war bereits ein endgültiger Vertrag unterschrieben.

Durch diesen Vertrag, für den der Kaiser und der Sultan persönlich bürgten, wurden Bethlehem, Nazareth und das ganze westliche Galiläa, sowie das Gebiet um Sidon vor allem die Stadt Jerusalem mit Ausnahme einiger Heiliger Stätten der Mohammedaner an das Königreich Jerusalem zurückgegeben. Fast ganz Palästina war wieder in christlicher Hand.

Damit hatte dieser 5. Kreuzzug ohne einen Schwertstreich und ohne jegliches Blutvergießen, allein auf dem Verhandlungsweg, ein derartig großes Gebiet eingebracht.

Wenn man aber glauben sollte, daß die Christen in Palästina über diesen großartigen Erfolg, der keinerlei Opfer gekostet hatte, glücklich und zufrieden sein würden, sah man sich getäuscht. Man war genauso verbohrt wie seinerzeit Pelagius und bezeichnete es als Feigheit, daß der Kaiser »nur« verhandelt hatte und nicht, wie es sich gehört hätte, in einen heldenhaften Kampf gezogen war. Insbesondere der Patriarch Gerold von Jerusalem wütete gegen den »Feind des Papstes«. Er nannte Friedrich

»tückisch und trügerisch«, er bezichtigte ihn der »offensichtlichen Bosheit«, der »Falschheit, Niederträchtigkeit und Betrügerei«. Vor allem verbot er dem Kaiser, Jerusalem, die heilige Stadt, zu betreten und bedrohte jeden, der es wagen sollte, mit dem Exkommunizierten in Jerusalem einzuziehen, mit Strafen. Hermann von Salza versuchte vergeblich, eine Versöhnung herbeizuführen.

Friedrich wollte es sich aber nicht nehmen lassen, der erste Kaiser zu sein, der in der Heiligen Stadt Jerusalem die Krone empfing und trug.

Am Samstag, den 17. März 1229 bekam er von dem Kadi Schams ed-Din im Auftrag des Sultans die Schlüssel der Stadt, und Kaiser Friedrich II. zog in Jerusalem ein. Es war eine tote Stadt. Viele hatten sie verlassen, von den Zurückgebliebenen traute sich kaum jemand auf die Straße.

Das Gefolge des Kaisers war dennoch groß. Ihm folgten die Erzbischöfe von Palermo und Capua, sizilianische und englische Bischöfe, die kaiserlichen Würdenträger, der Hochmeister Hermann von Salza mit den Deutschordensrittern, Ordensbrüdern und Ordensschwestern und auch deutsche Pilger.

Da der Patriarch für eine Krönung nicht in Betracht kam, er sogar über Jerusalem durch den Erzbischof von Caesarea das Interdikt aussprechen ließ, äußerte Friedrich den Wunsch, daß einer der ihn begleitenden Erzbischöfe oder Bischöfe die Krönung vornehmen möge. Dazu wäre sicher einer von ihnen bereit gewesen. Doch Hermann von Salza riet davon ab, eine kirchliche Krönungsfeier vorzunehmen. Das wäre ein nicht gutzumachender Frevel, ein so rigoroser Bruch der Kirchengesetze gewesen, daß auch die letzte Chance einer Versöhnung mit dem Papst vertan gewesen wäre. Diesem weisen Rat des Hochmeisters ist der Kaiser gefolgt.

Am Tag darauf, Sonntag Oculi, den 18. März 1229 fand zunächst ein feierliches Hochamt mit Dankgottesdienst statt, an dem er als Exkommunizierter nicht teilnahm. Als Friedrich dann anschließend die Grabeskirche betrat, erstrahlte sie im Glanze zahlloser Kerzen. Versammelt war das gesamte Gefolge des Kaisers, die ihm ergebenen Erzbischöfe und Bischöfe, aber nur wenige Kleriker, keine Templer und Johanniter, nur die Deutschordensritter. Keine priesterliche Handlung, kein Gottesdienst. Friedrich stand im roten Krönungsmantel am Altar. Die Krone des Königreichs Jerusalem wurde hereingetragen und auf den Altar gelegt. Friedrich trat vor, hob sie vor den Anwesenden empor und setzte sie sich selbst aufs Haupt.

Dann sprach Friedrich zu den Versammelten. Seine Rede in Lateinisch war erfüllt von Versöhnungsbereitschaft und bewegte die Zuhörer in ungewöhnlicher Weise. Er rief Gott zum Zeugen an, richtete eine versöhnliche Grußadresse an den Papst, versicherte ihn seiner Demut, beteuerte, daß Gott allein ihn erhöht und das Wunder der Befreiung Jerusalems bewirkt habe.

Hermann von Salza wiederholte die Rede in deutscher und französischer Sprache.

Dennoch fand Friedrich im Heiligen Land wenig Anklang. Die Angriffe des Patriarchen Gerold gingen weiter. Bettelmönche predigten öffentlich gegen den gebannten Friedrich. Es war eine beschämende Demonstration der Uneinigkeit unter den Christen. Der Papst ging sogar so weit, das Gerücht auszustreuen, der Kaiser sei tot.

Ganz anders in Deutschland. Als dort die Nachrichten über den Erfolg Friedrichs und des 5. Kreuzzugs eintrafen, machte dies einen großen Eindruck nicht nur beim Volk, sondern auch bei den Fürsten und bei den kirchlichen Würdenträgern. Ohne einen Schwertstreich, ohne Blutvergießen und ohne Opfer einen solchen Zug zu beenden und einen derartigen Erfolg zu erzielen, hat das Ansehen des Kaisers gewaltig gehoben.

Nachdem Friedrich die Verwaltungsverhältnisse des Königreiches Jerusalem geregelt und verläßliche Männer als seine Statthalter und Truppenbefehlshaber eingesetzt hatte, segelte er Anfang Mai von Akkon nach Italien zurück und erreichte Brindisi im Juni 1229.

Die Nachricht von der Rückkehr des Totgesagten wirkte wie ein Wunder. Die Stimmung schlug auch hier zu seinen Gunsten um. In kürzester Zeit konnte Friedrich die aufrührerische Situation entschärfen und vor allem von päpstlichen Truppen besetzte und abtrünnige Gebiete wieder in die Hand bekommen.

Der Papst konnte schließlich nichts mehr gegen ihn tun und sah sich genötigt, den Bann gegen den Kaiser aufzuheben und vor allem auch das Verhalten des Patriarchen Gerold von Jerusalem zu tadeln. Immerhin ließ er sich dafür noch ein Jahr Zeit. Wieder mußte der erfahrene Hochmeister Hermann von Salza vermitteln, damit der Papst und die Kurie nicht an Achtung einbüßten. Dank seiner Vermittlung erklärten sich die Reichsfürsten bereit, dafür zu bürgen, daß Friedrich den Frieden nicht brechen werde. Erst nach dieser Erklärung (Vertrag von San Germano) war der Papst zum Einlenken bereit. Am 28. August 1230 wurde der Kaiser öffentlich und feierlich vom Bann losgesprochen. Bei einem gemeinsamen Mahl, bei dem nur noch Hermann von Salza zugegen war, kam es auch zur persönlichen Versöhnung des Papstes mit dem Kaiser, der nunmehr wieder »unser geliebter Sohn der Kirche« genannt wurde.

Der Erwerb des Titels »König von Jerusalem« durch Kaiser Friedrich II. und seine Krönung sind rein rechtlich nicht unbedenklich. Wenn man das Vererbungsrecht des Königstitels betrachtet, so war nach dem Tode der thronberechtigten Königin Jolande nicht Friedrich der Thronerbe, sondern Friedrichs und Jolandes Sohn Konrad. Dennoch war die Krönung nach den Auffassungen der damaligen Zeit dann rechtmäßig und wirksam, wenn sie öffentlich mit den dazu bestimmten echten Insignien vorgenommen worden war, auch bei Selbstkrönungen. Außerdem hat, besonders nachdem die Aussöhnung mit dem Papst erfolgt war, dem Kaiser niemand mehr den Titel »König von Jerusalem« bestritten.

Nach Kaiser Friedrich II. haben sämtliche Kaiser des Heiligen Römischen Reiches neben ihren vielen Titeln auch den Titel »König von Jerusalem« getragen. Als der letzte Kaiser, Franz II. von Habsburg, im Jahre 1806 mit der formellen Auflösung des Römischen Reiches den Römischen Kaisertitel niederlegte und als Franz I. den Titel eines Kaisers von Österreich annahm, übernahm er die sonstigen Titel des Römischen Kaisers, darunter auch den »König von Jerusalem«. Ihn haben dann noch sämtliche österreichischen Kaiser getragen, bis er 1918 mit dem Ende der k. u. k. Monarchie ebenfalls unterging.

Der Vertrag von San Germano, der sämtliche Streitpunkte zwischen Papst und Kaiser beigelegt hat, ist völlig über die lombardische Frage hinweggegangen. Sie wird in dem Vertrag überhaupt nicht erwähnt, ob vergessen oder mit Absicht, ist nicht mit Sicherheit erkennbar. Mit den Lombarden, insbesondere mit Mailand hatte schon Friedrichs Großvater, Kaiser Friedrich I. (Barbarossa) große Schwierigkeiten gehabt. Trotz verschiedener Abkommen wurde die Lombardenfrage nie ganz gelöst. Auch von Friedrich II. nicht.

Friedrich mußte auch im Reich eingreifen, wo sein Sohn aus seiner ersten Ehe mit Konstanze von Aragón als Heinrich VII. inzwischen zum römischen König gekrönt worden war. Er hatte sich gegen den Vater gestellt und war deswegen von ihm hart bestraft worden. Heinrich fand 1242 bei einem Sturz vom Pferd den Tod.

Im Jahre 1237 berief Friedrich einen neuen Ordensritter in seinen Regentschaftsrat: Heinrich von Hohenlohe. Etwa um 1200 geboren, war er 1235 Leiter der Heimatorganisation des Deutschen Ordens geworden mit dem Titel Deutschmeister. Man darf als sicher annehmen, daß Hermann von Salza Hohenlohe zum Regentschaftsrat vorgeschlagen hat. Möglicherweise hat er ihn als seinen Nachfolger in kaiserlichen Diensten aufbauen wollen. Hermann war nicht mehr der Jüngste und auch kränklich geworden.

1237 spitzten sich die Ereignisse dramatisch zu. Es kam in der Lombardei zu Kämpfen, die Friedrich im Spätherbst mit einem Sieg bei Cortenuova für sich entscheiden sollte, was jedoch die Beziehungen zum Papst entscheidend verschlechterte. Durch ungeschicktes Verhalten Friedrichs wurden sie mehr und mehr belastet.

Hermann von Salza, der unzählige Male erfolgreich zwischen dem Kaiser und dem Papst vermittelt hatte, stand nicht zur Verfügung. Er war schwer erkrankt und lag mit Fieber in Barletta (Apulien). Ob er noch hätte erfolgreich sein können oder ob die Zeit für Versöhnung vorbei war, steht dahin.

Friedrich, der selbst vorausgeahnt hat, was ihm bevorstehen könnte, hat an die Kardinäle noch ein ernstes Warnschreiben gerichtet. Er wußte, daß einige von ihnen der Kaiserfeindlichkeit des Papstes ablehnend gegenüberstanden.

Papst Gregor IX. kam allem zuvor. Am Palmsonntag, dem 20.3.1239, verkündete er in Rom erneut die Exkommunikation des Kaisers und ließ sie ihm auch umgehend mitteilen, ohne – wie sonst üblich – bis zum Gründonnerstag zu warten.

Am gleichen Tage starb Hermann von Salza.

Das Ende des Ordens in Palästina

Nachfolger von Hermann von Salza nach seinem unerwarteten Tod im Jahre 1239 wurde Conrad Landgraf von Thüringen und Hessen. Mit seiner Wahl zum Hochmeister wollte man offenbar die Landgrafenfamilie ehren, die so viel für den Orden getan hatte. Lange hat Conrad nicht überlebt. Etwa 1207 geboren, ist er 1240 gestorben, als er kurz nach seiner Wahl eine Reise zu Kaiser Friedrich II. nach Sizilien angetreten hatte.

Die Wahl des folgenden Hochmeisters Gerhard von Mahlberg (1241–43) ist als absoluter Mißgriff zu bezeichnen und, wenn überhaupt, nur aus der feindlichen Einstellung des Templerordens zum Deutschen Orden zu erklären.

Man hat wahrscheinlich Anstrengungen gemacht, die Beziehungen zu den Templern zu verbessern, wofür wohl Mahlberg geeignet schien. Über seine Herkunft, sein Alter, seinen Werdegang und den Zeitpunkt seines Eintritts in den Orden ist nichts bekannt. Es werden ihm Beziehungen zu den Templern nachgesagt, ob er vorher sogar Ritter dieses Ordens gewesen war, ist nicht belegt.

Umgekehrt ist aber auch denkbar, daß Mahlberg von den Templern in den Deutschen Orden eingeschleust worden ist, um diesen von innen her zu unterhöhlen. Mahlberg, unter welchen Gesichtspunkten seine Wahl zum Hochmeister auch immer gesehen werden mag, war für das Amt der völlig falsche Mann. Er war, gelinde gesprochen, ein »Luftikus«, wenn nicht sogar ein abgefeimter Betrüger. Er lebte in Saus und Braus und machte riesige Schulden. Die Verhältnisse wurden so untragbar, daß man schließlich 1243 Mahlberg drängte, das Hochmeisteramt niederzulegen und auch aus dem Orden auszuscheiden. Es ist nicht bekannt, was dann aus ihm geworden ist. Angeblich soll er zu den Templern übergetreten sein.

Im Jahre 1238 war El-Kamil, der mit Kaiser Friedrich II. die Abtretung von Jerusalem und weiterer Teile von Palästina an den Kreuzfahrerstaat vereinbart hatte, verstorben. Sein Tod löste Machtkämpfe unter seinen Söhnen aus, die jahrelang dauerten, das arabische Lager erheblich schwächten und Außenseiter ermunterten, das entstandene Chaos zu nutzen. Türken aus dem nordwestlichen Persien waren in Syrien eingefallen und im Juli 1244 plündernd nach Palästina weitergezogen. Dort griffen sie Jerusalem an, das nach nur einmonatiger Belagerung in ihre Hände fiel (23.8.1244). Damit ging die Stadt endgültig wieder verloren.

Jerusalem befand sich kaum in einem Verteidigungszustand. Der Rückerwerb der Stadt hatte im Königreich nicht jene Freude und Begeisterung ausgelöst wie im Abendland, besonders in Deutschland. Die friedliche Erwerbung durch Friedrich II. auch noch verteidigen zu müssen, wurde als demütigend empfunden.

Der sodann gewählte Hochmeister Heinrich von Hohenlohe (1244–49) fand also ein Königreich Jerusalem vor, das – wie vor dem 5. Kreuzzug – auf einen schmalen Landstrich am Mittelmeer beschränkt war. Hohenlohe, der vorher als erster Leiter der Heimatorganisation mit dem Titel Deutschmeister und zudem von Kaiser Friedrich II. in seinen Regentschaftsrat berufen worden war, muß ein besonders gewandter und integerer Mann gewesen sein. Vermutlich hätte Hermann von Salza ihn gern als seinen unmittelbaren Nachfolger im Hochmeisteramt gesehen, damit er, mit dem Ansehen dieses Amtes ausgestattet, eine Vermittlungstätigkeit für Kaiser Friedrich II. und den Papst hätte ausüben können. Tatsächlich ist er auch 1245 zu einem Vermittlungsversuch zu Papst Innozenz IV. (1243–54), der in Lyon die Absetzung des Kaisers betrieb, gereist, jedoch völlig ohne Erfolg.

Etwa im Jahre 1200 geboren, war Hohenlohe noch jung, als er 1244 Hochmeister wurde. Die Kämpfe in Palästina hatten mit der Einnahme Jerusalems aufgehört, so daß er sich ganz der Reorganisation des Ordens, der durch die Affäre Mahlberg gelitten hatte, widmen konnte.

Sehr bald kam jedoch eine andere Aufgabe auf ihn zu. Die Nachrichten aus Preußen waren beunruhigend. Dort hatte im Jahre 1231 die Arbeit des Ordens begonnen, wie bereits angedeutet. Nach anfänglichen Fortschritten war es dann zu Rückschlägen gekommen und 1241 zu einem Aufstand, der immer bedrohlicher wurde. Hohenlohe entschloß sich daher im Jahre 1246, selbst nach Preußen zu reisen, um dort einzugreifen. Auf der Rückreise ist er 1249 in Prag gestorben, noch keine 50 Jahre alt.

Wenn die Eroberer von Jerusalem 1244 nicht weiter zogen, so lag das daran, daß Gerüchte um einen neuen Kreuzzug aufkamen. Tatsächlich hatte Papst Cölestin IV. (25. 10.–10. 11. 1241) während seines kurzen Pontifikates als fast einzige Amtshandlung zu einem Kreuzzuge zwecks neuerlicher Eroberung der Stadt Jerusalem aufgerufen. Von seiten des Reichs aber, wo der Kampf zwischen Kaiser und Papst (Innozenz IV.: 1243–54) erbittert tobte, und auch von England aus war nicht an einen Kreuzzug zu denken.

Der einzige europäische Machthaber, der dazu imstande war, war König Ludwig IX. von Frankreich. Da er 27 Jahre nach seinem Tod heiliggesprochen wurde, wird er allgemein »Ludwig der Heilige« genannt. Er war 25 Jahre alt, als er sich 1244 für den Kreuzzug entschloß. Aber erst 1248 brach er auf. Er segelte von dem in der Rhonemündung eigens angelegten Hafen Aigues-Mortes in Richtung Osten, aber nicht nach Palästina, sondern wie Pelagius 30 Jahre vorher nach Damiette an der Nilmündung in Ägypten. Er sah in dem Sultan von Ägypten seinen Hauptgegner und wollte ihn in seinem eigenen Lande schlagen. Nach einigen Erfolgen erlitt er aber, wie seinerzeit Pelagius, eine völlige Niederlage, geriet 1249 in Gefangenschaft, aus der er sich erst 1250 mit einem erheblichen Lösegeld freikaufen konnte. Im Anschluß daran segelte er mit dem Rest seiner stark zusammengeschrumpften Flotte weiter nach Akkon, wo er zwar nichts ausrichten konnte, aber dennoch vier Jahre blieb, ohne nennenswerte Beachtung zu finden.

Das war der 6. Kreuzzug, in welchen der an sich völlig ereignislose Aufenthalt in Akkon einbezogen wird, so daß seine Dauer offiziell von 1248–1254 gerechnet wird.

Für die Zeit von 1250–52 fehlt in den Chroniken des Deutschen Ordens jeder Hinweis auf einen Hochmeister. Erst in neuester Zeit sind Totenbücher des Ordens aufgefunden worden, in welchen ein Hochmeister Günther von Wallersleben als im Jahre 1252 verstorben aufgeführt ist. Er scheint in dieser Zeit Hochmeister gewesen zu sein.

Die Wahl der beiden folgenden Hochmeister bildet insofern eine Besonderheit, als daß Ritter gewählt worden sind, die vorher in Preußen beziehungsweise in Livland tätig waren und dort sogar hohe Ämter bekleidet hatten, die sie aus nicht erkennbaren Gründen haben aufgeben müssen.

Poppo von Osterna, aus der Gegend von Nürnberg stammend, 1228 in den Orden eingetreten, kam 1233 nach Preußen, wo er 1244–46 das Amt des Landmeisters bekleidete. Wie es dann 1253 zur Wahl zum Hochmeister kam, ist nicht bekannt. 1264 legte er auch dieses Amt nieder, möglicherweise aus Altersgründen.

Anno von Sangershausen (1264–73), aus Thüringen stammend, begegnet uns erstmalig als Landmeister von Livland (1254–57). Warum er hier ausschied und wie es zur Wahl zum Hochmeister kam, ist auch bei ihm nicht ersichtlich. Er machte sich dadurch bei den Brüdern mißliebig, daß er sich kaum in Palästina aufhielt, sondern in Thüringen und in Venedig, wo er ein besonders großes Ordenshaus schuf. Der Orden besaß hier eine Kirche: Trinitatis, an der Einfahrt in den Canale Grande, wo sich heute die Kirche Santa Maria della Salute befindet.

Auch der nächste Hochmeister, Hartmann von Heldrungen (1273–83), stammte aus Thüringen. Er bekleidete eine Reihe von Ämtern und wurde 1766 Großkomtur. Bei seiner Wahl zum Hochmeister 1273 war er fast 60 Jahre alt. Auch er hat sich vorwiegend nicht mehr in Palästina aufgehalten, sondern wie sein Vorgänger hauptsächlich in Thüringen.

Die Tatsache, daß mehrere Hochmeister nach ihrer Wahl kaum noch in Palästina waren, hat unter den Brüdern zu Unruhe geführt. Es wurde der Ruf laut, die Hochmeister sollten an eine Residenzpflicht gebunden sein.

Inzwischen hatte sich die Lage des Königreiches Jerusalem weiterhin verschlechtert. Im islamischen Lager war ihm ein neuer gefährlicher Gegner entstanden: Baibars (Rukn ed-Din Baibars Bundukdari). Dieser Mann war als ehemaliger türkischer Sklave von der Krim nach Syrien gekommen und in die mameluckische Leibwache des Sultans eingestellt worden. Hier zeigte sich, daß der intelligente Mann einer der besten Krieger war, so daß er alsbald zum Führer der Leibwache und schließlich zum Kommandeur des Heeres aufstieg, mit welchem er einen entscheidenden Sieg erkämpfen sollte.

Aus Innerasien waren Anfang des 13. Jahrhunderts die Mongolen in Europa eingefallen, wo sie bei Liegnitz in Schlesien aufgehalten werden konnten. Sie wandten sich dann über Mittel- und Südrußland nach Persien und weiter im Nahen Osten nach Syrien und Palästina, eroberten Bagdad, Aleppo und Damaskus. Als sie im Sommer 1260 in Palästina eindrangen, kam es bei Ein Galud in Galiläa (heute Ein Harod) zu einer Schlacht mit den Mamelucken unter Baibars, wobei das Mongolenheer völlig vernichtet wurde. Durch diesen Sieg wurde die Mongolengefahr endgültig abgewendet, und die Mamelucken wurden zur Hauptmacht im Nahen Osten.

Nach Ein Galud eroberte Baibars innerhalb eines Monats Damaskus und Aleppo, und als er dann Sultan Kutuz eigenhändig das Schwert in den Rücken gestoßen hatte, zog er als Sultan Baibars in Kairo ein.

Drei Jahre später beschloß er, den Rest des Königreiches Jerusalem endgültig zu zerschlagen. Zwar scheiterten Angriffe auf Akkon. Jedoch fiel eine Reihe anderer Städte: Caesarea, Haifa, Toron, Jaffa und vor allem Antiochia.

Danach gab es zunächst Ruhe, da das Gerücht aufkam, daß König Ludwig IX. von Frankreich einen neuen Kreuzzug plane, was tatsächlich der Fall war. Das führte dazu, daß Baibars den Kampf gegen den Kreuzfahrerstaat zunächst abbrach.

König Ludwig hatte erneut ein Kreuzfahrerheer in Aigues-Mortes gesammelt und stach 1270 von dort aus in See, nicht ohne Schwierigkeiten, denn während der 20 Jahre seit dem 6. Kreuzzug war der Hafen so stark versandet, daß die Schiffahrt erheblich behindert war.

Die Flotte segelte auch jetzt nicht nach Palästina, sondern nach Tunis, da Ludwig glaubte, den Emir von Tunis gegen Sultan Baibars gewinnen zu können. Kaum in Tunis an Land gegangen, erkrankte er jedoch und starb. Damit war das Unternehmen beendet, ehe es recht begonnen hatte. Dennoch wird es offiziell als Kreuzzug gezählt. Es war der 7. und letzte.

Baibars, der nunmehr kein fremdes Eingreifen mehr befürchtete, führte 1271 seine Eroberungszüge fort. Er eroberte vor allen Dingen eine Reihe von Burgen, darunter die Burg Montfort des Deutschen Ordens, die bisher das Haupthaus beherbergt hatte, das danach wieder nach Akkon verlegt wurde.

1272 ergab sich nochmals ein Aufschub. Prinz Eduard, Sohn König Heinrichs III. von England, traf mit etwa 1000 Mann in Akkon ein. Dieses Unternehmen hätte eigentlich die Bezeichnung »Kreuzzug« verdient, wird aber nicht als solcher gezählt. Zu schweren Kämpfen kam es nicht, denn Baibars zog es vor, zunächst einmal einen Waffenstillstand abzuschließen, da er noch einen anderen Einsatz plante.

Er hat das Ende dann nicht mehr erlebt, er starb 1277. Bei seinem Tod bestand das Königreich Jerusalem nur noch aus Akkon, Tyros, Sidon, Tripolis, einigen kleineren Orten und zwei Burgen.

Der zwischen Baibars und dem Königreich Jerusalem geschlossene Waffenstillstand bewirkte zunächst einmal, daß in diesem ein großer Streit ausbrach. Im Reich hatte der Kampf zwischen Papst und Kaiser zum Ende der staufischen Herrschaft geführt. Kaiser Friedrich II. und sein Sohn und Nachfolger Konrad IV. waren verstorben. Dessen einziger Sohn und Erbe Konradin fand 1268 den Tod auf dem Schafott. Damit war der Titel eines Königs von Jerusalem, den strenggenommen Konrad IV. von seiner Mutter Jolande, von ihm dann Konradin geerbt hatte, erloschen. So glaubten wenigstens einige Interessenten, die gemäß der natürlichen Erbfolge recht hatten. Jedenfalls wurde der »König von Jerusalem« als Titel von einigen Herren angenommen. Zeitweilig gab es zwei »Könige«. Sie haben alle nichts bewirkt. Niemand hat sich für sie noch interessiert, denn das Königreich Jerusalem lag bereits sichtbar in den letzten Zügen. Dieser Meinung war jedenfalls der nächste Hochmeister des Deutschen Ordens, Burchard von Schwanden (1283–90). Er stammte aus Bern (Schweiz), trat 1270 in den Orden ein, wurde 1275 Komtur des Ordenshauses Könitz bei Bern, 1277–79 Landkomtur in Thüringen und 1283 Hochmeister. Wie es zu dieser Wahl kam, ist nicht bekannt.

Burchard schätzte die Lage des Königreiches Jerusalem durchaus realistisch ein. Bei dem nächsten größeren Angriff der Mamelucken mußte es zugrunde gehen, die vorhandenen Kräfte hätten zu einer Abwehr nicht mehr ausgereicht. Er entschloß sich dennoch, einen Versuch zu machen, Verstärkung zu bekommen.

1288 begab er sich in das Reich und suchte dort den Deutschmeister auf, den er persönlich um Unterstützung bat. Es war damals Konrad von Feuchtwangen. Er stammte aus der Gegend von Ansbach/Dinkelsbühl, war Landkomtur von Österreich und dann sogar Landmeister von Preußen und Livland. Diesem Doppelposten glaubte er sich nicht gewachsen und trat daher von beiden zurück (1280). Er wurde dann Landkomtur von Franken und schließlich 1287 Deutschmeister.

Feuchtwangen zeigte sich den Wünschen des Hochmeisters sofort aufgeschlossen. Er zog aus mehreren Balleien im Reich Ritter und Hilfsmannschaften zusammen. Es sollen an die 6000 Mann gewesen sein. Mit diesem Aufgebot und dem Hochmeister zusammen segelte er von Venedig nach Akkon.

Das Ende des Ordens in Palästina

Es war buchstäblich in letzter Minute, als man in Akkon eintraf. Sultan Kalawan von Kairo, ein Nachfolger Baibars, hatte sich entschlossen, endgültig dem Königreich Jerusalem, das jetzt im wesentlichen nur noch aus Akkon allein bestand, ein Ende zu machen. Er brach mit seinem Heer von Kairo auf, starb aber bereits einige Tage später. Sein Sohn El-Aschraf-Kalil setzte den Feldzug unverzüglich fort.

Das Heer der Mamelucken soll nach arabischen Angaben etwa 240000 Mann betragen haben. Wenn das auch stark übertrieben sein mag, so hatte der Kreuzfahrerstaat dem bei weitem nicht so viel entgegenzusetzen.

An sich war Akkon leicht zu verteidigen, denn es war mit hohen und sehr starken Mauern versehen, hatte einen sicheren Hafen und konnte über See gut mit Nachschub versorgt werden, was die Mamelucken kaum verhindern konnten, da es ihnen an einer dafür geeigneten Flotte fehlte.

Das Heer der Mamelucken führte jedoch riesige Katapulte mit sich, die zentnerschwere Steine und auch Töpfe mit Brandmischungen gegen die Mauern und in die Stadt schleudern konnten, Neuerungen der damaligen Zeit. Dem konnten die Verteidiger, an sich tüchtige und kampfbereite Ritter mit ihren Hilfstruppen, die aber nur den unmittelbaren Kampf Mann gegen Mann gewohnt waren, ganz und gar nichts entgegensetzen. Die Mamelucken konnten mit ihren Maschinen breite Breschen in die Mauern schießen, durch das in die Stadt hineingeschleuderte Feuer verheerenden Schaden anrichten und die Kampfkraft der Verteidiger untergraben.

Das Aufgebot des Deutschen Ordens wurde vom Hochmeister angeführt. Bevor jedoch der Sturm des Feindes auf die Stadt einsetzte, erklärte jener den Rücktritt von seinem Amt und konnte durch keinerlei Argumente davon abgehalten werden.

Dieses Verhalten war um so merkwürdiger, als sich Schwanden doch vorher beim Deutschmeister so erfolgreich um Unterstützung bemüht hatte.

Es ist bis heute ein Rätsel geblieben, weshalb der Hochmeister dies getan hat. Selbst der älteste Ordenschronist weiß nichts darüber anzugeben. In späterer Zeit hat man Vermutungen angestellt und die Meinung vertreten, er habe sich für den Kampf nicht für tüchtig genug gehalten. Andere meinen, der Hochmeister habe sich vor Beginn des Kampfes um eine Vereinigung der drei Ritterorden zwecks Erhöhung der Schlagkraft bemüht, dann aber resigniert, als er keinerlei Anklang finden konnte, womit insbesondere bei der Einstellung der Templer auch gar nicht zu rechnen war.

Schließlich wird behauptet, Schwanden sei zum Johanniterorden übergetreten, um mit diesem rechtzeitig fliehen zu können. Er habe auch überlebt und sei später Johanniterkomtur in Buchsee (Schweiz) gewesen. Zu beweisen ist es nicht. Sein Bruder war allerdings Abt des Klosters Einsiedeln (Schweiz).

Der Befehl über das Ordensaufgebot ging jedenfalls auf den erwählten Statthalter des Hochmeisters, Heinrich von Bouland, über. Über diesen Mann ist sonst nichts bekannt. Er ist im Kampf gefallen. Die Führung übernahm daraufhin der Deutschmeister Konrad von Feuchtwangen. Die Mamelucken traten am 18. Mai 1291 zum Sturm auf Akkon an. Die Lage der Verteidiger war aussichtslos. Trotz heftiger Gegenwehr konnten sie nicht verhindern, daß der Feind mit seinen gesamten Kräften eindrang und in kürzester Frist Straße um Straße eroberte. Am Abend war Akkon in der Hand der Mamelucken.

Nur wenige konnten sich auf Schiffe retten und entkommen. Feuchtwangen gelang es, sich aus einer bereits erfolgten Umzingelung freizukämpfen, mit einigen seiner Leute ein Schiff zu erreichen und zu entkommen. Das war das Ende des Königreiches Jerusalem.

Die Flüchtlinge segelten überwiegend nach Zypern, insbesondere die Reste der drei Ritterorden. Zypern war damals ein selbständiges Königreich unter einem französischen König, verwandt mit früheren Königen von Jerusalem. Dieser sah das Kommen der Orden mit recht gemischten Gefühlen. Einerseits hatten sie Besitz auf Zypern und konnten dem Königreich hilfreich sein, andererseits bestand die Gefahr einer zu starken Einflußnahme.

Zunächst blieben die Johanniter und Templer auf Zypern. Sie machten sogar noch einen gemeinsamen Vorstoß nach Palästina, der jedoch völlig ergebnislos blieb. Die Mamelucken hatten die gesamte Küstenregion gründlich zerstört.

Der Deutsche Orden, der keinen Hochmeister hatte, entschloß sich, von Zypern aus weiterzuziehen, und zwar nach Venedig, wo ein sehr großes Ordenshaus bestand und der Orden auch sonst sehr begütert war. Man hatte auch Rom als Domizil in Erwägung gezogen, wo der Orden gleichfalls Güter hatte, befürchtete aber, dort zu stark unter den Einfluß des Papstes und der Kurie zu geraten.

In Venedig trat das Ordenskapitel zusammen und wählte einen neuen Hochmeister: Konrad von Feuchtwangen.

2. Teil
Der Orden in Preußen

Der Ruf nach Preußen

Zur Jahreswende 1225/26 richtete der Herzog Konrad von Masowien an Hermann von Salza ein Ersuchen, der Deutsche Orden möge ihm gegen die aufsässigen Pruzzen (auch Prussen genannt), die ihn hart bedrängten, zu Hilfe kommen. Wie ist es zu einem derartigen Hilferuf gekommen? Um dies und die sich daraus ergebenden Folgen verständlich schildern zu können, ist zunächst die politische und religiöse Lage im östlichen Mitteleuropa darzustellen.

In das anfangs von Kelten besiedelte Mitteleuropa drangen seit dem 4. Jahrhundert v. Chr. von Osten und Norden her germanische Stämme ein und besetzten das Land bis etwa an den Rhein im Westen und an die Donau im Süden. Rund 700 Jahre blieben sie seßhaft, bis sie vom 4. Jahrhundert n. Chr. an erst vereinzelt, dann in großen Schüben erneut weiter nach Westen wanderten. Es war die Zeit der Völkerwanderung, die bis zum 11. Jahrhundert andauerte und zur Folge hatte, daß das Land etwa östlich der Elbe größtenteils verlassen wurde. In die verlassenen Landstriche drangen westslawische Volksstämme nach.

Es bildeten sich unter Stammesfürsten einzelne slawische Herrschaftsgebiete, die teilweise zu größeren staatlichen Einheiten zusammenwuchsen. Im 10. Jahrhundert setzte eine germanische, besser gesagt, eine nunmehr deutsche Rückwanderung ein, die unter dem Namen »deutsche Ostsiedlung« bekannt geworden ist. Eine besonders rege Kontaktaufnahme erfolgte zwischen slawischen und deutschen führenden Schichten, unter denen es zu vielen gemischten Eheschließungen kam. Oft heirateten slawische Fürsten deutsche Frauen und umgekehrt, wobei die deutschen Frauen Gesinde, Handwerker und auch sonstiges Gefolge mitnahmen. Hand in Hand damit ging die Slawenmission, die Bekehrung zum Christentum. Deutsche Missionare, Mönche und Priester zogen nach Osten über die Elbe. Klöster und Pfarrsprengel wurden gegründet, zunächst ausschließlich von Deutschen besetzt. Ihnen folgten, von den slawischen Fürsten lebhaft gefördert, deutsche Bauern und Handwerker. Das führte im Laufe der Zeit dazu, daß besonders die westlichen Gebiete, die von slawischen Stämmen dünner besiedelt worden waren als der Osten, nach und nach rein deutsch wurden: Mecklenburg, Pommern, die Mark Brandenburg und Schlesien, wobei sich das durch Einheirat ebenfalls deutsch gewordene ehemalige slawische Fürstenhaus der Obotriten in Mecklenburg bis 1918 gehalten hat.

In Böhmen, wo die slawischen Tschechen eingewandert waren, entstand ein slawischer Staat unter den Przymysliden. Ihnen schlossen sich ebenfalls deutsche Siedler an, die sich jedoch auf die Randgebiete Böhmens beschränkten. Ein weiteres slawisches Gebiet, das Großmährische Reich, hielt sich nicht lange und wurde zum großen Teil mit Böhmen vereinigt. Trotz der überwiegend slawischen Bevölkerung erkannten die Przemysliden die Lehnshoheit des Reiches an und wurden 950 Reichsfürsten, 1198 dann sogar Könige von Böhmen, neben den römischen Königen die einzigen im Reich.

Die übrigen slawischen Gebiete wurden Ende des 10. Jahrhunderts mit Polen vereinigt, und zwar durch das kleine Volk der Polanen, aus dem eine besonders tüchtige und rührige Herrscherfamilie stammte, die Piasten. Sie breitete sich über das ganze neu entstandene Polen aus und gründete eine Reihe polnischer Teilfürstentümer, in Schlesien bis zu 20. Das hatte zur Folge, daß diese oft Selbständigkeitsbestrebungen zeigten, wie besonders Masowien (an der mittleren Weichsel), das im weiteren Verlauf des Geschehens noch eine Rolle spielen sollte.

Der erste eindeutig feststehende Piastenfürst und Gründer des polnischen Staates (963) ist Mieczko (960–992). Kerngebiet des Staates war Großpolen (Wielkopolska – Gebiet an der Warthe und Pilica) mit den Hauptorten Posen und Gnesen, zu denen Kujawien, Masowien, Kleinpolen (Małopolska) mit dem Hauptort Krakau sowie Schlesien hinzukamen, wobei die letzten beiden als Teile des früheren Großmähren Ursache für einen dauernden Streit mit Böhmen abgaben.

Mieczko, der 966 mit seinem Volk zum Christentum übertrat, schaltete sich sogar in die Reichspolitik der ottonischen Kaiser ein und unterstützte sie gegen die damals noch heidnischen Liutitzen in der späteren Mark Brandenburg. Kaiser Otto III. (983–1002) huldigte er als seinem »König und Herrn«, was aber nicht dazu führte, daß Polen wie Böhmen ein Lehen des Reiches wurde. Dagegen hatte es später die Folge, daß im Jahre 1000 das Erzbistum Gnesen gegründet wurde (aus dem Erzbistum Magdeburg ausgegliedert), wovon sich der Kaiser versprach, daß sich Polen doch noch dem Reich zuwenden würde; er bewirkte damit jedoch genau das Gegenteil, nämlich ein größeres polnisches Selbstbewußtsein. Mieczko, der übrigens noch nicht den Königstitel trug, streckte nun die Hand nach Gebieten nordöstlich seines Landes aus, obwohl diese nicht slawisch besiedelt waren.

Diese Gebiete östlich der unteren Weichsel entlang der Ostseeküste bis zum Finnischen Meerbusen wichen in bezug auf die Bevölkerung vom übrigen östlichen Mitteleuropa völlig ab. Hier hatten weder Kelten, noch Germanen und auch nicht Slawen gesiedelt, sondern nur Balten, Volksstämme, deren Herkunft und etwaige Einwanderungszeit überhaupt nicht bekannt ist. Dabei war gerade der westlichste Teil dieses Gebiets zwischen Weichsel und Memel, das Land der Pruzzen (Preußen), im Altertum von allen Ländern des Ostens und Nordens am meisten bekannt. Das lag ganz offensichtlich am Vorkommen des hochbegehrten Bernsteins, der schon seit mindestens 1000 v. Chr. von dort in die Länder des vorderen Orients verbracht wurde. Die baltische Bevölkerung im Gesamtgebiet war zahlenmäßig gering, das Land sehr dünn besiedelt, vielfach Sumpfgebiet mit dichten Wäldern, daher schwer zugänglich und abweisend. Zu einer Staatenbildung war es hier noch nicht gekommen. Stammes- und Gaufürsten herrschten in den weit zerstreuten Siedlungen. Die Religion bestand im wesentlichen in einer Verehrung der Natur in heiligen Hainen.

Dieses Baltengebiet, vorzüglich das Pruzzenland, faßte Mieczko ins Auge. Da es noch heidnisch war, sollte der Erwerb mit einer Mission verbunden werden. Hierfür wurde 983 Adalbert von Prag, der dort Bischof geworden war, sich aber viel mehr für Missionierung interessierte, gewonnen.

Das Unternehmen gelang nicht. Adalbert, der offiziell als ein Sendbote der Polen auftrat, fiel in die Hände der Pruzzen und wurde am 23. April 997 von diesen ermordet. Angeblich soll der Mörder Rache für einen Bruder genommen haben, der in den Kämpfen mit den Polen gefallen war.

Damit waren das polnische Missionsunternehmen und auch der Versuch, das Pruzzenland zu erwerben, vorerst gescheitert.

Adalbert (polnisch Wojciech) aber ist durch seinen Tod der Märtyrer der Polen geworden, obwohl er gar kein Pole war. Er ist später, als man an seine Leiche gelangen konnte, im Dom von Gnesen beigesetzt worden. Er wird als Schutzpatron Polens angesehen. Fast jede polnische Stadt hat eine Straße nach ihm benannt: Ulica Wojciechowa.

Erster Erzbischof des neu gegründeten Erzbistums Gnesen wurde ein Bruder Adalberts: Radim Gaudentius.

Ein weiterer Missionsversuch im Jahre 1009 durch Bruno von Querfurt aus dem Herrscherhause der Welfen blieb ebenfalls erfolglos.

Etwa 200 Jahre blieb das baltische Land dann völlig unbehelligt und fast vergessen. Erst im 13. Jahrhundert kam es erneut zur »Baltenmission«, diesmal im Norden des Landes, in Estland, beginnend durch die Dänen. Etwa zur gleichen Zeit kam es zu einer weiteren Mission im Dünastromgebiet durch norddeutsche Missionare, die 1186 zur Gründung des Bistums Livland führte und zur Gründung der Stadt Riga 1201. Bischof Albert von Riga erreichte es 1207 bei Kaiser Philipp von Schwaben, daß ihm Livland als Reichslehen verliehen und er selbst Reichsfürst wurde. Er hatte außerdem einen eigenen Orden begründet, den Schwertritterorden, mit dem er seit 1210 auf einen Schiedsspruch des Papstes Innozenz III. hin die Landesherrschaft teilen mußte, wovon ihm zwei und dem Orden ein Drittel zufielen, näher beschrieben im Kapitel »Baltikum« (sogenanntes livländisches Muster).

Hier ist diese Entwicklung zunächst nur insofern von Bedeutung, als daß durch sie der Abt Christian des Zisterzienserklosters Lekno in Großpolen veranlaßt wurde, seinerseits auch »Baltenmission« zu betreiben. Er wandte sich an den Herzog Konrad von Masowien und veranlaßte ihn, gleichzeitig mit militärischem Einsatz das Pruzzenland zu besetzen.

Masowien, Gebiet an der mittleren Weichsel mit dem damaligen Hauptort Płock (später Warschau), südlicher Nachbar des Pruzzenlandes, gehörte formell zu Polen. Seine Fürsten aus dem Herrscherhause der Piasten besaßen jedoch stets eine große Selbständigkeit. Anfang des 13. Jahrhunderts war es ein fast selbständiges Fürstentum. Herzog Konrad von Masowien (1202–47) war von Christians Plänen begeistert. Man einigte sich darauf, zunächst im sogenannten Culmer Land vorzugehen.

Dieses Culmer Land, so nach seinem Hauptort Culm benannt, sollte in der Zukunft noch eine bedeutende Rolle spielen. Es war der Südwestzipfel des alten Pruzzenlandes, im Weichselknie gelegen. Die von Osten her fließende Weichsel macht einen Knick und wendet sich nach Norden, bildet somit die Süd- und die Westgrenze. Die östliche Begrenzung bildet die Drewenz, ein rechtes Nebenflüßchen der Weichsel. Nach Norden geht das Culmer Land in das übrige Pruzzengebiet über.

1222 besetzte Herzog Konrad es ohne wesentliche Schwierigkeiten. In seiner Begleitung befand sich Christian, der sogleich auch mit der Missionstätigkeit begann und beim Papst (Honorius III.) erreichte, daß ein Bistum Preußen geschaffen und er zum ersten preußischen Bischof bestimmt wurde.

Da es sich nun schon um die dritte Baltenmission handelte, setzte der Papst den Bischof Wilhelm von Modena »im Hinblick auf die Missionserfolge in Livland und Preußen« als Legaten ein, um die Vorhaben zu koordinieren.

Politisch ging das Culmer Land in den Besitz des Herzogs Konrad über, wobei nicht ersichtlich ist, wie er zu diesem Besitztitel kam, ob durch Abmachungen mit Pruzzenfürsten oder durch Annexion. Jedenfalls sprach man jetzt von einem polnischen Landgebiet, obwohl es ein baltisches Gebiet mit rein baltischer Bevölkerung war.

Es konnte jedenfalls nicht gehalten werden. Das Vorgehen Konrads und Christians rief das gesamte Pruzzenland auf den Plan, das 1224 zum Generalangriff antrat und die Eindringlinge aus dem Lande vertrieb. Die Pruzzen rückten dann weiter nach Masowien vor, das schwer verwüstet wurde. Der Hauptort Płock, übrigens auch Bischofssitz, konnte kaum gehalten werden.

Man sollte nun meinen, daß die gesamte Verwandtschaft der Piasten-Fürsten dem bedrängten Konrad zu Hilfe gekommen wäre, insbesondere der Herrscher von Polen. Für diesen wäre es ja eine glänzende Gelegenheit gewesen, das schon lange abtrünnig gewordene Masowien wieder fest an den polnischen Staat zu binden. Aber kein einziger aus dem weitverzweigten Piasten-Clan dachte auch nur im entferntesten daran, Konrad zu unterstützen.

Und was sollte Konrad von Masowien nun noch zu seiner Rettung unternehmen? Er rief den Deutschen Orden zu Hilfe.

Vorbereitungen für den Einsatz in Preußen

Hermann von Salza war sogleich bereit, dem Hilferuf des Herzogs Konrad von Masowien zu folgen. Dennoch zogen sich die Verhandlungen darüber noch mehrere Jahre hin. Nach den Erfahrungen des gerade erst gescheiterten Einsatzes im Burzenland wollte er sichergehen. Es sollte sich nicht wieder ereignen, daß der Orden nach Bezwingung der Pruzzen vertrieben wurde. Deshalb erstrebte Hermann die Garantien der maßgeblichen Mächte, neben Konrad von Masowien die des Papstes und des Kaisers.

Der Papst (damals Honorius III.) hatte den Einsatz des Ordens im Burzenland stark gefördert, hatte aber seine Vertreibung im Jahre 1225 trotz aller Bemühungen nicht verhindern können. Auf der anderen Seite hatte er bei dieser Gelegenheit Hermann eingehend kennengelernt und seine Gedanken und sein Vorgehen gebilligt. Er war jetzt auch bereit, den Erwerb des Pruzzenlandes zu fördern und hatte eingesehen, daß der Besitz des Landes dem Orden garantiert werden müsse.

Man kam überein, daß Herzog Konrad von Masowien dem Orden das Culmer Land bedingungslos abtreten müsse. Es war zwar zweifelhaft, wie er in den Besitz des Landes gekommen war, aber er hatte einen Besitztitel erworben. Auf diesen hätte er pochen und dann doch den Orden des Landes wieder verweisen können.

Es ist ungewiß, ob auch über etwaige Herrschaftsrechte des Bischofs Christian gesprochen wurde. Immerhin hatte Papst Cölestin III. selbst das Bistum Preußen geschaffen und Christian als Bischof bestimmt. Dem schwebte aber das »livländische Muster« vor, daß er zu zwei Dritteln und der Orden nur zu einem Drittel Landesherr werden solle. Das wollte Hermann von Salza aber nicht. Er wollte keinem Bischof unterstellt werden, wie er es ja auch im Burzenland nicht war. Es ist daher anzunehmen, daß zunächst diese Frage nicht berührt worden ist, weil Hermann meinte, diesen Punkt erst später regeln zu müssen.

Die geringsten Schwierigkeiten ergaben sich für Hermann von Salza hinsichtlich einer Zustimmung und Selbständigkeitsgarantie durch Kaiser Friedrich II., dem Hermann so oft unschätzbare Dienste geleistet hatte. Friedrich zweifelte nicht daran, daß ihm das Recht zustand, das Unternehmen des Deutschen Ordens in Preußen zu garantieren. Nach den Vorstellungen der damaligen Zeit war der Kaiser der Herr der Welt. Auch ein Land wie Preußen gehörte unter die Monarchie des Imperiums, selbst wenn eine faktische Herrschaft bisher darüber nicht bestanden hatte. Friedrich hielt sowohl den Deutschen Orden wie vor allem sein

Oberhaupt für das Unternehmen geeignet. Hermann von Salza hatte sein unbegrenztes Vertrauen, daß er mit allem Ernst und mit aller Kraft daran gehen und, nachdem er einmal angefangen habe, nicht wieder davon absehen werde. Er zögerte daher nicht, dem Orden für alle Eroberungen, die er machen würde, fürstliche Prärogation zuzusichern und alle Regalien, Jurisdiktionen und Gerechtsamen, die ein Reichsfürst ausübt, zu verleihen.

Im März des Jahres 1226 hielt sich der Kaiser in Rimini auf. Dorthin berief Hermann von Salza das Ordenskapitel ein und erwirkte einen formellen Beschluß darüber, daß ein Einsatz des Ordens in Preußen erfolgen und der Kaiser gebeten werden sollte, das Vorhaben zu garantieren.

Kaiser Friedrich erließ daraufhin eine Urkunde, in welcher es unter anderem wörtlich heißt:

»Dazu hat Gott unser Imperium über die Könige des Erdkreises erhöht und die Grenzen unserer Macht durch die verschiedenen Weltzonen erweitert, damit unsere Fürsorge sich auf die Mehrung seines Namens in der Welt und die Verbreitung des Glaubens unter den Heiden richte, wie er das Heilige Römische Reich zur Predigt des Evangeliums bereitet hat, damit wir nicht minder die Unterwerfung wie die Bekehrung der Heiden erstreben.«

Diese Urkunde ist unter dem Namen »Goldene Bulle von Rimini« in die Geschichte eingegangen.

Sie hat die allgemeine Zustimmung der damaligen Zeit gefunden, auch die der Päpste, und gilt als die Geburtsurkunde des Ordensstaates Preußen, eine Auffassung, die damals wohl nicht, in späterer Zeit aber besonders von Staatsrechtlern bestritten worden ist. Man meint, daß zu einer Staatsgründung die Belehnung gehöre sowie die Eidesleistung und Huldigung des Belehnten. Tatsächlich ist so etwas in der Bulle nicht vorgesehen, auch später nicht etwa nachgeholt worden. Sie sei daher lediglich als ein Aktionsprogramm anzusehen, eine Absichtserklärung, einen neuen Staat in den eroberten Gebieten garantieren zu wollen.

Es ist nicht zu leugnen, daß die Goldene Bulle an einigen Stellen ungenau und lückenhaft erscheint. So wird kein Wort über die Stellung von Bischof Christian gesagt, ebenso nicht, daß Rechte Dänemarks berührt sein könnten. Hermann von Salza selbst hatte ja mit dem dänischen König ein Abkommen vermittelt, daß er auf besetzte Reichsgebiete verzichte, nicht aber auf baltische Gebiete wie das Pruzzenland.

Diese Ungenauigkeit dürfte auf Hermann zurückzuführen sein. Es ist zwar nirgendwo festgelegt, aber doch wahrscheinlich, daß er zumindest einige Passagen der Bulle den Schreibern der kaiserlichen Hofkanzlei in die Feder diktiert hat. Er ist bewußt unklar geblieben, um nicht von vornherein Widerstände hervorzurufen und damit das Werk zu gefährden. Als der Orden dann in Preußen einrückte und vom ersten Tage an gleich wie der Landesherr auftrat, konnte ihm die Herrschaft nicht mehr streitig gemacht werden.

Der Hochmeister wurde in den Reichsfürstenstand erhoben. Auch dies ergibt sich aus der Urkunde nicht ganz klar und hat anfangs zu Zweifeln Anlaß gegeben, wie er gegenüber anderen Würdenträgern einzuordnen sei. Durch einen besonderen kaiserlichen Erlaß erhielt er aber das Recht, den Reichsadler im Wappen zu führen, allerdings abgewandelt schwarz auf weißem Grund und nicht auf goldenem Grund. Dies gemäß den Ordensfarben Schwarz/Weiß – schwarzes Kreuz auf weißem Mantel. Sie wurden später die Farben und das Wappen des Herzogtums und des Königreiches Preußen.

Die größten Schwierigkeiten bezüglich der Vorbereitung des Unternehmens des Ordens ergaben sich merkwürdigerweise mit Herzog Konrad von Masowien, gerade mit dem, der den Orden um Hilfe gerufen hatte, und dies wegen des Culmer Landes. Dazu erklärte sich Konrad von Masowien nicht eindeutig. Es sah geradezu so aus, als ob er dieses Land, das er kurz vorher erobert, dann sehr schnell wieder verloren hatte, als eine Art Prestigeobjekt betrachtete, obwohl gerade die Besetzung des Culmer Landes die besonders heftige Reaktion der Pruzzen hervorgerufen, ihn an den Rand des Ruins getrieben und den Hilferuf an den Orden veranlaßt hatte.

Die Verhandlungen über das Culmer Land begannen 1226. Hermann von Salza hatte den Komtur Philipp der Kommende Halle (des ältesten Ordenshauses im Reich) damit beauftragt. Aber sie kamen nur schleppend voran. Erst 1228 erhielt Philipp als Ergebnis von Konrad eine Urkunde, in welcher der Besitz des Culmer Landes dem Orden zugesichert wurde. Dies reichte Hermann von Salza nicht aus. Er bestand auf einer formellen Abtretung.

Weitere Verhandlungen wurden dann insofern erschwert, als Hermann Kaiser Friedrich auf dem 5. Kreuzzug (1227–29) nach Palästina begleitete. Indessen verstärkten sich die Angriffe der Pruzzen gegen Masowien immer mehr, so daß Konrad in allergrößte Bedrängnis geriet. Er zweifelte schon daran, daß ihm der Deutsche Orden überhaupt noch zu Hilfe kommen würde, Zweifel, die wohl berechtigt waren.

Konrad kam schließlich auf den Gedanken, einen eigenen Ritterorden zu gründen, der ihn im Kampf gegen die Pruzzen unterstützen könnte, wahrscheinlich von Bischof Christian animiert, der die Berufung des Deutschen Ordens ohnehin ungern gesehen hatte.

Da einige Ritter sich zu einer solchen Ordensgründung bereit fanden, erreichte Christian schließlich 1228 die Genehmigung des Papstes (jetzt Gregors IX.), und es kam wirklich zur Gründung eines Ordens, der wie der Schwertritterorden in Livland dem Templerorden nachgebildet wurde, auch den gleichen Namen erhielt, nämlich »milites Christi« (Ritter

Vorbereitungen für den Einsatz in Preußen

Christi) mit einem Zusatz, der nicht genau überliefert ist. Er lautete etwa »milites Christi de Prussia«, wegen der Zuweisung der Ortschaft Dobrzyn an der Drewenz (Grenzflüßchen zwischen Culmer Land und Masowien) mit umfangreichen Liegenschaften als »Hauptort« auch »milites Christi fratres de Dobrin« oder »Dobrzyner Orden«, schließlich kurz auch »Polnischer Orden«.

Irgendeine Rolle hat dieser Orden nicht gespielt, was bei der geringen Zahl der Ritter (einschließlich eines Meisters nur 15 Ritter) wohl auch gar nicht möglich gewesen ist. In Dobrzyn existiert nichts, nicht die geringste Spur, die daran erinnern könnte, daß hier einmal der Sitz eines Ritterordens war.

Dennoch wird in neuerer Literatur recht aufwendig gerade über diesen Orden berichtet, auf die großen Besitzungen verwiesen, nicht aber, daß er irgend etwas zu den Kämpfen gegen die Pruzzen beigetragen hat.

Der »Polnische Orden« ist schließlich völlig unbeachtet 1237 im Deutschen Orden aufgegangen, was keine besonderen Schwierigkeiten machte, denn die Ritter, denen keinerlei Sonderrechte eingeräumt wurden, waren ohnehin alle Deutsche. Lediglich um die Besitzungen, die dem Orden von Konrad von Masowien und vom Bischof von Płock vermacht worden waren, entbrannte noch ein kurzer Streit, der sich durch Verzicht des Deutschen Ordens bald erledigte.

Nach seiner Rückkehr vom 5. Kreuzzug ließ Hermann von Salza die Verhandlungen mit Konrad von Masowien wieder aufnehmen. Er übermittelte dem Komtur Philipp einen Vertragsentwurf über die Abtretung des Culmer Landes, den Konrad nur noch zu unterschreiben brauchte, was er schließlich auch tat.

Dies war der Vertrag von Kruschwitz aus dem Jahre 1230, über dessen Echtheit alsbald Zweifel aufkamen. Tatsächlich ist das Original, das dem Papst eingereicht worden war, verschwunden. Auch eine Abschrift ist nicht erhalten. Der Vertrag wird lediglich in der päpstlichen Genehmigungsbulle von Rieti des Jahres 1234 erwähnt, wo im übrigen Bischof Christian mit Stillschweigen übergangen wird. Dieser war inzwischen in pruzzische Gefangenschaft geraten und galt als tot.

Hiermit wird den Ereignissen aber bereits vorgegriffen. Der Vertrag von Kruschwitz erreichte Hermann, als er gerade 1230 in San Germano über die Aufhebung des Kirchenbannes über Kaiser Friedrich II. verhandelte. Er legte die Vertragsurkunde Papst Gregor IX. vor und erhielt dabei die mündliche Genehmigung, den Orden nunmehr gegen die Pruzzen einzusetzen. Der Papst erließ damals noch einen Aufruf an die »Preußenfahrer«, sich an den Rat von »Bischof Christian und der Deutschritter, die mit ihm die Sache des Glaubens auf sich genommen haben«, zu halten.

Die Vertragsurkunde von Kruschwitz wird vermutlich doch echt gewesen sein, denn Bischof Christian sah sich veranlaßt, den Hochmeister 1231 persönlich aufzusuchen und mit ihm das Abkommen von Rabenicht (Österreich) zu schließen, in welchem er auch auf seine Rechte bezüglich des Culmer Landes verzichtete, sich aber seine Ansprüche auf weitere eroberte Gebiete des Pruzzenlandes vorbehielt.

Daran störte sich Hermann von Salza nun nicht mehr und ordnete den Einsatz in Preußen an.

Anfang in Preußen

Mit der Durchführung des Einsatzes in Preußen beauftragte der Hochmeister Hermann von Salza den Ordensritter Hermann Balk. Er ernannte ihn zum »Landmeister in Preußen«. Persönlich hat sich Hermann von Salza an dem Unternehmen nicht beteiligt. Dazu war er auch nicht in der Lage, denn eine ganze Reihe wichtiger Aufgaben hielt ihn im Reich zurück, vor allem die Verhandlungen über die Aufhebung des über Kaiser Friedrich II. verhängten Kirchenbannes.

Dennoch wird er selbst das Unternehmen Preußen eingehend vorbereitet und vor allen Dingen mit größter Sorgfalt den Mann ausgesucht haben, dem er diese wichtige Aufgabe übertragen konnte. Es handelte sich schließlich nicht um einen beliebigen militärischen Einsatz, sondern es sollte für den Orden ein Land gewonnen werden, in welchem der Orden staatsrechtlich der Souverän sein sollte. Besonders diese Frage und darüber hinaus die Einrichtung der Verwaltung in dem Lande wird der Hochmeister mit dem neuen Landmeister eingehend besprochen haben. Hierauf kam es in der Hauptsache an, nicht auf den militärischen Einsatz. Bei diesem waren technische und örtliche Gegebenheiten zu beachten, und getrost konnte man Einzelheiten einem auch nur annähernd gewandten Ritter überlassen. Bei der geplanten Staatsgründung ging dies nicht.

Weder die Herkunft noch das Geburtsjahr von Hermann Balk sind bekannt. Es deutet einiges darauf hin, daß er ebenso wie Hermann von Salza aus Thüringen stammte, von woher sich beide Männer schon lange gekannt haben könnten. Ob sie auch etwa gleichaltrig waren, ist nicht mit Sicherheit zu sagen. Fest steht nur, daß beide im selben Jahre verstorben sind (1239). Das Geburtsjahr von Hermann von Salza steht gleichfalls nicht fest. Es wird im allgemeinen mit 1178 angegeben. Wenn Hermann Balk im gleichen Alter gewesen sein sollte, wäre er zu Beginn des Preußen-Einsatzes etwa 50 Jahre alt gewesen. Das mag als zu alt erscheinen. Aber Hermann von Salza wird gerade mit Absicht einen älteren Mann genommen haben, wenn er nur das erforderliche Wissen, die Erfahrung und vor allen Dingen sein Vertrauen hatte. Darauf kam es an. Wenn er die gleiche körperliche und geistige Vitalität wie der Hochmeister hatte, so ist seine Wahl keineswegs als etwas Besonderes anzusehen.

Ob Hermann Balk auch am Hofe Kaiser Friedrichs II. in Palermo war, wo sich ständig zwei Ordensritter aufhalten durften, ist nicht bekannt und auch nirgendwo erwähnt. Es ist aber fast mit Sicherheit anzunehmen. Dort in Sizilien hatten der Hochmeister und auch seine Ritter Gelegenheit, die in der damaligen Zeit bereits sehr moderne Verwaltung kennenzulernen. Diese Verwaltung sollte für den zu bildenden Ordensstaat (damals noch Burzenland) Vorbild sein. Es wäre daher nur zu verständlich, wenn Hermann von Salza einen Ritter ausgewählt hätte, der diese an Ort und Stelle persönlich kennengelernt hatte und womöglich mit ihr bestens vertraut gewesen wäre.

In den Ordensunterlagen wird Hermann Balk erstmalig 1219 genannt, ohne daß etwas Näheres über seine Persönlichkeit mitgeteilt wird und ohne daß auch seine Aufgabe näher erkennbar ist. Sie hing aber offenbar mit der Heimatorganisation des Ordens zusammen, an deren Spitze seit 1216 – auch erstmalig erwähnt – ein »Meister und Generalprokurator« stand, der seit 1235 die Bezeichnung »Deutschmeister« führte. Ob nun sogar Hermann Balk hier der erste Meister gewesen ist, ist nicht sicher.

Die Ernennung eines Landmeisters in Preußen zeigt, welche Bedeutung auch ganz allgemein Hermann von Salza diesem Posten beigemessen hat. Sie war insofern eine Besonderheit, als es die Institution, welcher der Landmeister vorstehen sollte, nämlich den Ordensstaat, noch gar nicht gab und sie erst vom Landmeister geschaffen werden mußte.

Mit der Auswahl des Ritters Hermann Balk als Landmeister in Preußen hat Hermann von Salza eine besonders glückliche Hand gehabt. Er hat einen hervorragenden Mann gefunden, der die ihm gestellte Aufgabe sicher und ausgezeichnet gelöst hat.

Hermann Balk war es, der die ersten Schritte zum Erwerb Preußens getan und dann faktisch den Ordensstaat für seinen Orden, für den Hochmeister, gegründet hat. Er war sozusagen der erste Preuße.

Und doch ist Hermann Balk merkwürdig unbekannt geblieben. Selbst Kenner der Ordensgeschichte wissen kaum etwas von ihm. Auch viele Schilderungen erwähnen gerade einmal seinen Namen. Aber selten wird er hinreichend gewürdigt.

Diese Unbekanntheit dürfte darauf zurückzuführen sein, daß es beim Orden nicht üblich war, einzelne Männer, selbst solche mit großen Leistungen, besonders hervorzuheben. Nach seinen Quellen erbrachte der Orden als solcher eine Leistung, der einzelne Ritter blieb anonym. Es ist daher oft von bedeutenden Hochmeistern und sonstigen Ordensgebietern wenig bekannt. Wenn man diese, wie beispielsweise Hermann von Salza, dennoch gut beurteilen kann, so beruht dies weniger auf Unterlagen des Ordens als auf anderen zeitgenössischen Quellen.

Im Sommer 1231 traf das Ordensheer unter Führung Balks in der Landschaft Kujawien auf dem linken (südlichen) Ufer der hier in westlicher Richtung fließenden Weichsel ein. Gegenüber am anderen Ufer lag das pruzzische Culmer Land, das zwar formell an Masowien abgetreten, von den Pruzzen jedoch zurückerobert worden war.

Anfang in Preußen

Das Aufgebot des Ordens war selbst für die damalige Zeit gering. Einschließlich des Landmeisters bestand es nur aus acht Rittern, die sonstige Truppe zählte allenfalls gut 1000 Mann.

Wegen ihrer Kleinheit erregte die Truppe bei den Zeitgenossen Spott und Gelächter.

Die Streitkräfte der Pruzzen waren zahlenmäßig bei weitem überlegen. Im Culmer Land kamen drei pruzzische Pomesanenfürsten als erste Gegner in Betracht. Jeder einzelne von ihnen verfügte über eine größere Streitmacht, als es das Ordensheer war.

Selbstverständlich erkannte dies auch Hermann Balk. Weniger Militär als Diplomat und Staatsmann, der er war, tat er das einzig Richtige, was in einem solchen Falle zu tun ist. Er verlegte sich aufs Verhandeln, zumal er ohnehin mit dem Vorsatz angetreten war, mit möglichst friedfertigen Mitteln vorzugehen.

Es gelang auch, mit den drei Pomesanenfürsten Verbindung aufzunehmen und mit zwei von ihnen so etwas wie Stillhalteabkommen zu schließen.

Als dies erreicht war, setzte das Ordensheer in einer dunklen Nacht über die Weichsel. Am gegenüberliegenden Ufer des Culmer Landes befand sich eine uralte Eiche. Sie diente als erster Brückenkopf. Das Ordensheer konnte sich formieren und wurde sofort in schwere Kämpfe verwickelt. Die Pruzzen griffen in mehreren Wellen an und versuchten, den Orden zurückzutreiben. Auf beiden Seiten wurde erbittert gekämpft. Aber der überlegenen Taktik und Kampferfahrung der Ordensritter gelang es, die Pruzzen zurückzuschlagen und in ihre Verschanzungen einzudringen. Es wurde ein vollständiger Sieg. Der Pomesanenfürst geriet in die Gefangenschaft des Ordens. Er unterwarf sich, schloß ein Abkommen mit dem Landmeister und half nun seinerseits, gegen die anderen Fürsten vorzugehen.

Der Orden fand auch keinen weiteren nennenswerten Widerstand mehr und versäumte keine Zeit, das gesamte Culmer Land in Besitz zu nehmen. Ein weiteres Vorgehen verbot sich zunächst. Abgesehen davon, daß das Ordensheer bei den schweren Kämpfen auch erheblich gelitten hatte und zunächst der Ruhe bedurfte, lag im Norden und Nordosten des Landes ein riesiges Waldgebiet, das vom Gegner leicht zu verteidigen und schwierig zu durchstoßen war. Auf der anderen Seite bot es zunächst auch einmal Schutz vor plötzlichen Angriffen des Gegners, für den ein Durchbrechen genauso schwierig war.

An der Stelle, wo das Ordensheer am Weichselufer gelandet war und einen Brückenkopf gebildet hatte, wurden bald eine Burg und in ihrem Bannkreis eine Siedlung errichtet. Sie erhielt den Namen Thorn und bereits im Jahre 1232 Stadtrechte.

Über die Herkunft des Namens Thorn gibt es verschiedene Versionen. Die seltsamste Deutung ist wohl die, daß der Name aus den abfälligen Bemerkungen gegenüber den Rittern (Ihr Thoren!) abgeleitet sei. Auch die Namenserklärung nach den angeblich vielen Toren der Burg und des Ortes, die ja noch gar nicht zu erkennen waren, ist verfehlt. Schließlich taucht sogar die Behauptung auf, der Name sei polnischen Ursprungs. Davon kann keine Rede sein. Der Ort liegt auf pruzzischem Gebiet. Weder eine einzige Landschaftsbezeichnung noch ein Gemarkungsname ist erkennbar, der zu dem Namen geführt haben könnte, auch nicht am gegenüberliegenden kujawischen Ufer, von dem die Unternehmung ausgegangen ist. Umgekehrt: Der polnische Name Toruń ist dem deutschen Thorn nachgebildet. Er stammt höchstwahrscheinlich von Toron in Palästina, einer Besitzung des Ordens.

In manchen Darstellungen ist zu lesen, der Deutsche Orden habe bei seiner Unternehmung als ersten Ort die Stadt Thorn erobert. Das ist zumindest in dieser Form nicht richtig. An der fraglichen Stelle, die das Ordensheer zunächst erreichte und besetzte, befand sich nichts, keine einzige Ansiedlung, erst in einiger Entfernung eine Verschanzung der Pruzzen, um die dann der Kampf entbrannt war.

Thorn ist eine Neugründung des Ordens, und zwar die erste in Preußen überhaupt.

Der Landmeister nahm seinen Sitz oder, besser gesagt, sein provisorisches Hauptquartier zunächst in Culm. Dies war der Hauptort des Landes, von dem sich auch der Name herleitet. Es war an sich nur eine bescheidene Ansiedlung, denn größere Ansiedlungen oder gar Städte gab es im gesamten Pruzzenlande nicht. Auch eine Burg Culm hatte bestanden. Um diese waren noch Kämpfe entbrannt, bei der sie zerstört wurde.

Wenn von pruzzischen Burgen die Rede ist, darf man sich darunter keine festen Plätze oder gar Steinbauten vorstellen. Die »Burgen« waren Erdwälle mit Holzverschanzungen und Holzbauten, die in den vielen Sumpfgebieten durchaus ihren Zweck erfüllten und schwer anzugreifen waren.

Bereits im Jahre 1232 errichtete der Orden auch in Culm eine feste Burg und in ihrem Bannkreis eine Ansiedlung, die sich zu einem ansehnlichen Städtchen entwickelte. Sie wäre fast Universitätsstadt geworden.

Im späteren kgl. preußischen Kulm (Provinz Westpreußen) wurde am 13. 10. 1893 Kurt Schumacher geboren, der Erste Vorsitzende der SPD nach dem 2. Weltkriege. Seit 1920 kam die Stadt an Polen und führt den Namen Chełmno.

Hier in Culm wurde dann im Jahre 1233 die Rechtsgrundlage für das neue Ordensland Preußen durch den Landmeister in einer Urkunde festgelegt, in der sogenannten »Culmer Handfeste«.

Diese »Culmer Handfeste« kann als die Verfassung oder als das Grundgesetz des neuen Ordensstaates bezeichnet werden, obwohl keines dieser Worte in der Urkunde vorkommt. Es wird nur von den erworbenen und den weiterhin zu erwerbenden Gebieten und den Rechten der Bevölkerung gesprochen.

Die Culmer Handfeste trägt als einziges Dokument die Überschrift »Hermann von Salza«. Dies hat einige Historiker zu der Behauptung veranlaßt, er habe sie persönlich in Culm verkündet. Das ist mit Sicherheit nicht richtig. Hermann war niemals in Preußen. Die Urkunde ist von Hermann Balk sozusagen in seinem Gepäck mitgeführt und von ihm verkündet worden. Im übrigen wird Hermann sie auch nicht allein ausgearbeitet, sondern geeignete Ritter bei der Abfassung hinzugezogen haben.

In der Handfeste wird zunächst bestimmt, daß das Magdeburgische Recht gelten solle, aber auch das Lübische Recht gewählt werden könne. Das Bemerkenswerte ist, daß der neugebildete Staat, der eine kirchliche Organisation darstellte und damit in etwa mit dem Kirchenstaat vergleichbar ist, einen rein deutschen Charakter bekam. Die besondere Eigentümlichkeit des Staates bestand darin, und insoweit ist er nicht mit dem Kirchenstaat und auch nicht mit den geistlichen Fürstentümern im Reich zu vergleichen, daß die Ritterschaft des Ordens eine stehende Miliz bildete, welche das militärische Prinzip mit dem geistlichen, von dem alles ausging, vereinigte, und sie in diesem Augenblick zugleich als Landesherrschaft auftrat.

Ebenso wurde auch die Anordnung getroffen, daß die geistliche Gewalt vom Orden abhängig blieb. Dies geschah ohne Rücksicht auf andersartige Bestrebungen, die – wie bereits dargelegt – von Bischof Christian ausgingen. Der Orden sollte Landesherr sein, der auch Rechte gegenüber den geistlichen Würdenträgern beanspruchte, nicht umgekehrt.

Der Orden hatte neben Rittern und dienenden Brüdern auch Priesterbrüder. Er bemühte sich, die neugebildeten Pfarrstellen mit diesen zu besetzen, insbesondere auch die höheren geistlichen Ämter – vor allem die Bischofssitze.

Anläßlich der Kreuzzüge war es in Palästina auch zu Staatsgründungen gekommen. Hermann von Salza nahm jedoch nicht die Kreuzfahrerstaaten als Vorbild, sondern den sizilianischen Beamtenstaat Friedrichs II. Was der Hochmeister und seine Ritter am Hofe in Sizilien gesehen und gelernt hatten, das wurde nunmehr Vorbild beim Aufbau der Verwaltung des neuen Landes.

Im Laufe der Zeit wurden Ordenshäuser, meist Burgen, als Verwaltungsmittelpunkte errichtet, wie in Palästina und auch im Reiche mit je einem Komtur als Verwalter und seinem Hilfspersonal besetzt. Somit entstand das, was man heute die unterste Verwaltungsbehörde nennen würde. Um die Burg herum entstanden dann rasch wachsende Städte.

Dennoch war der Staat immer noch typisch mittelalterlich. Leitbilder und Leitideen mittelalterlicher Geistesgeschichte waren bei seiner Gestaltung wirksam.

Die Culmer Handfeste regelte weiterhin auch die Besiedlung des Landes.

Die Städte sollten die Freiheit haben, sich Obrigkeit und Richter selbst zu wählen und über ihre Besitzungen frei zu verfügen. Es gab also Selbstverwaltung, freies Eigentum und Abgabenfreiheit. Nur zu einem geringen Zins und zum Kriegsdienst waren die Bürger verpflichtet.

Diese Freiheit der Städte führte, wie bereits erwähnt, dazu, daß nicht in allen Punkten das Magdeburgische Recht zur Geltung kommen mußte, sondern das besonders im Ämteraufbau etwas abweichende Lübische Recht.

Zur Besiedlung des flachen Landes wurden Lokatoren eingesetzt, die Siedler anwerben und in die Ansiedlungsgebiete einweisen sollten. Auch hier wurde wie bei den Städten freies Eigentum und weitgehend Abgabenfreiheit in Aussicht gestellt.

Die Stellung als Lokator war sehr begehrt. Sie gab außer reichlichem Landbesitz besondere Vorrechte wie den Vorsitz im Gericht und die polizeiliche Verwaltung.

Dieses System hat sich hervorragend bewährt und hat vorzüglich gearbeitet. Im weiteren Umkreise der Burgen und Städte entstanden die ländlichen Gemeinden mit Bauern als freien Erbzinsleuten.

All das hat dem Deutschen Orden eine unbestreitbare Popularität verschafft. Es waren gewiß auch Naturereignisse wie Sturmfluten im Mündungsgebiet der Ems, die den Dollart entstehen ließen und holländischen Bauern den Ackerboden raubten und sie zur Auswanderung in den Osten führten. Insgesamt gesehen war es aber eine elementare Volksbewegung, die die Menschen in den Osten zog, die Aussicht auf Freiheit und Landbesitz. Die jüngeren Söhne aus allen Schichten, Bauern ebenso wie Handwerker und Leute aus dem Adel, für die der Boden des Westens zu knapp wurde, machten sich auf den Weg, weil besonders die Agrarpolitik der Grundherren im Westen Deutschlands für nachgeborene Kinder keinen Platz ließ.

In allen Teilen Deutschlands, in Nord und Süd und West, klang der Ruf:

Nach Oostland wellen wej reijden,
nach Oostland wellen wej meed.

Und nicht nur Deutsche zogen gen Osten, auch Niederländer, Flamen, Burgunder, selbst Slawen aus Böhmen und sogar aus Polen kamen in das neue Land.

Es waren nicht alles Siedler. Auch der Orden selbst hatte eine solche Anziehungskraft gewonnen, daß sich seine Reihen enorm füllten an Brüdern aller Art und auch an Schwestern. Der Orden wäre gar nicht in der Lage gewesen, die großen Aufgaben, die er sich selbst gestellt hatte, zu erfüllen, wenn er nicht einen derartigen Zustrom gehabt hätte.

Auch hier waren es die Freiheit, die Neuheit der völlig anders gestellten Aufgaben, die die Menschen anzogen, die zwar ein mönchisches Leben in

Keuschheit, Armut und Gehorsam suchten, die aber dennoch große Mobilität und Entfaltungsmöglichkeiten schätzten. Auf diese Weise gewann der Orden die tüchtigsten und aufopferungswilligsten Menschen und war in die Lage versetzt, seine hohen Ziele zu verwirklichen. Mönchsorden in der üblichen Form der Klöster hat es in Preußen auch später kaum gegeben. Im allgemeinen ist es bei der neuen Besiedlung des preußischen Gebietes nicht zur Vertreibung oder gar Ausrottung, auch nicht etwa zu einer Leibeigenschaft der alteingesessenen Bevölkerung gekommen. Der Orden legte äußersten Wert darauf, das Land und seine Bevölkerung mit friedlichen Mitteln zu gewinnen. Man drang natürlich darauf, daß sich die Pruzzen zum Christentum bekannten, daß sie sich möglichst im engeren Bereich der Burgen zusammenfanden, um zu verhindern, daß die Gefahr von Überfällen auf abgelegene Siedlungen in diesem Lande der Wälder und Sümpfe zu groß wurde. Wenn es dabei zu Umsiedlungen der Pruzzen kam, wurde darauf geachtet, daß entsprechende neue Landzuweisungen erfolgten. Enteignungen gab es nicht. Die Pruzzen hatten insoweit dieselben Rechte wie die Neusiedler.

Man hat es sogar gern gesehen und gefördert, daß Neusiedler und Pruzzen dicht beieinander wohnten und daß es zu familiären Banden kam. Auf diese Weise ist es dazu gekommen, daß die alte pruzzische Bevölkerung vollständig im Deutschtum aufgegangen ist. Selbst die pruzzische Sprache verschwand gänzlich. Seit dem 17. Jahrhundert ist sie vollständig ausgestorben. Da den Pruzzen die Schrift unbekannt war, sind nur wenige Reste der Sprache erhalten, nämlich das sogenannte »Elbinger Vokabular«, ein pruzzisch-deutsches Wörterverzeichnis aus der Ordenszeit, später noch eine Übersetzung von Luthers Kleinem Katechismus unter der Regierung von Herzog Albrecht von Hohenzollern. Sonst lebte die Sprache nur noch in zahlreichen Familien-, Orts- und Landschaftsnamen fort, die gelegentlich etwas eigenartig klangen (Ortschaften Malpissen und Muskakken – Betonung jeweils auf der letzten Silbe). Heute sind sie in einer polnischen oder russischen Bezeichnung aufgegangen.

Ausdehnung des Ordensstaates über ganz Preußen

Die Ausdehnung des Ordensstaates über das gesamte Land der Pruzzen hat rund 60 Jahre in Anspruch genommen. Es hat dabei Höhepunkte, aber auch Rückschläge gegeben, so starke Rückschläge, daß gelegentlich das gesamte Vorhaben in Frage gestellt wurde. Noch im Jahre 1233, als die Verhältnisse im bisher besetzten Culmer Land geregelt waren, rückte der Landmeister nach Norden vor, wo sich die Landschaft Pomesanien anschloß. Da sich ein Vordringen durch ein im Norden liegendes Waldgebiet als zu schwierig erwies und zu unsicher erschien, benutzte er den Wasserweg der Weichsel und gelangte zu einer etwa auf halbem Wege zur Mündung gelegenen Insel. Hier wurde die Burg Marienwerder (Insula Sanctae Mariae) gegründet, ursprünglich also auf einer Insel in der Weichsel. Der später entstandene Ort lag auf dem Festland.

Durch die Erfolge des Ordens sah sich auch Bischof Christian bewogen, seinerseits in das noch unbesetzte Pruzzenland zu ziehen, um dort das Evangelium zu predigen und die heidnischen Pruzzen zur Taufe zu bringen. Dabei geriet er aber in deren Gefangenschaft, die schließlich fünf Jahre dauern sollte.

Der Landmeister Hermann Balk, der lieber auf friedlichem Wege weiter vorgedrungen wäre, sah sich veranlaßt, etwas zur Befreiung des Bischofs zu unternehmen. Er marschierte daher mit einem Aufgebot von Marienwerder aus in das Landesinnere, wo es zu einem Zusammenstoß mit einer größeren Streitmacht der Pruzzen an dem Flüßchen Sorge kam. Die Pruzzen wurden zwar geschlagen. Zu einer Befreiung des Bischofs kam es aber nicht, eine weitere Verfolgung war zunächst unmöglich. In der Nähe des Kampfplatzes kam es aber zur Gründung der Burg Rehden, wo auch trotz der gefährlichen Lage alsbald eine städtische Ansiedlung entstand.

Die Ereignisse zeigten, daß ein friedliches Vordringen im Lande nicht erfolgversprechend sein würde. Es mußte mit militärischen Mitteln vorgegangen werden. Dazu war aber der Orden trotz des großen Zuwachses viel zu schwach. Er war auf die Unterstützung benachbarter Fürsten und Herren angewiesen. Hier setzten nun die Päpste alle Hebel in Bewegung, dem Orden von St. Marien die Erwerbung des »Heidenlandes« für seine Schutzheilige zu sichern. Wer an einem Kreuzzug dorthin teilnahm, war jeder Buße ledig.

Auch dies hat den Drang nach Osten außerordentlich begünstigt. Eine ganze Reihe von Fürsten machte sich zur Hilfeleistung auf.

Ausdehnung des Ordensstaates über ganz Preußen

Wenn in früheren Zeiten die Lokalinteressen der Fürsten der Kirche in den Weg traten, so lagen die Dinge hier völlig anders. Die Führer, unter denen die kriegerischen Scharen herbeizogen, dachten nicht daran, für sich selber Eroberungen zu machen. Sie kamen, für den Glauben und für den Orden zu kämpfen.

Zuerst erschien Burchard IV. aus demselben Hause Querfurt, aus dem der Preußenmissionar Bruno stammte. Er mag durch das Andenken an seinen Vorfahren zur Unterstützung Preußens veranlaßt worden sein. Das Haus Querfurt war im 12. Jahrhundert in den erblichen Besitz der Burggrafschaft Magdeburg gelangt, stand in verwandtschaftlicher Beziehung zu den Staufenkaisern und hatte lebhaft Anteil an den Unternehmungen Friedrichs I. und Heinrichs VI. genommen. Es lag daher sehr nahe, daß Burchard die Waffen zugunsten des Ordens ergriff. Es ist hierbei zu einer einzigen größeren Feldschlacht gegen die Pruzzen gekommen, die insofern noch besonders bemerkenswert ist, als daß in deren Verlauf ein polnisches Heer im Rücken der Pruzzen erschien, was wesentlich zu deren vollständiger Niederlage beitrug.

Vornehmlich aber war es der junge Markgraf Heinrich von Meißen, der im Sommer 1236 mit einer stattlichen Ritterschar nach Preußen kam und wesentlich zur Bezwingung pruzzischer Befestigungen beitrug. Durch den Ertrag des erzgebirgischen Bergbaues war er reicher als seine Nachbarn und zu einer Unternehmung der genannten Art aus eigenen Mitteln imstande. In die Geschichte ist er als Heinrich der Erlauchte eingegangen. In Preußen ist ihm die Eroberung des rechten Weichselufers zuzuschreiben. Bei seiner Abreise aus Preußen ließ er einige Schiffe mit Mannschaften zurück, was dem Orden sehr zustatten kam. Dieser wurde dadurch vor allem in die Lage versetzt, sich über Weichsel und Nogat auf das Frische Haff zu wagen und von dort aus in das Land vorzudringen.

In der Nähe des Elbingflusses, einem Nebenflüßchen der Nogat, wurde 1237 die Burg Elbing errichtet. Lübecker Auswanderer, die auf dem Landwege in das Baltikum reisen wollten, entschlossen sich, hier zu bleiben. Sie gründeten die Stadt Elbing, die auf diese Weise Lübisches Recht erhielt.

Im Jahre 1239 gelang die Eroberung einer Pruzzenburg, die nordöstlich von Elbing auf einer Halbinsel lag an einem Tief, welches das Frische Haff mit der Ostsee verband. Die Burg wurde vom Orden übernommen und ausgebaut. Sie erhielt den Namen Balga, was Tief bedeutet. Damit war der Orden bis in die Nähe des Meeres vorgedrungen.

Balga war schwierig zu halten. Hier kam aber neue Hilfe durch den Herzog Otto von Braunschweig, genannt das Kind. Den Beinamen hatte er deswegen, weil er schon in frühen Jahren auf sich selbst gestellt war. Es war ihm als Welfen gelungen, sich nach jahrelangem Streit seines Hauses mit den Hohenstaufen mit diesen zu versöhnen und sein altes Erbe in ein Herzogtum umzugestalten. Er kam mit großer fürstlicher Pracht, mit seinem gesamten Hofe, sogar mit Jagdgefolge. Er kam gerade rechtzeitig zum Entsatz von Balga. Beim Heranrücken der Pruzzen ließ er die Tore der Burg öffnen. Als diese schon siegestrunken eindrangen, waren sie in Wirklichkeit in eine Falle geraten und erlitten eine entscheidende Niederlage.

Hierdurch wurde es dem Orden möglich, nach Natangen und Barten vorzudringen, wo er die Burgen Heilsberg, Braunsberg, Bartenstein und Rößel errichtete. Außer dem Culmer Land waren dem Ordensstaat nunmehr fünf weitere Landschaften angegliedert.

Daß der Orden vor dem Eintreffen von Herzog Otto nicht allein Balga hinreichend stützen konnte, lag daran, daß er Streitkräfte zu einem anderen Einsatz abziehen mußte. Wie später noch eingehend darzustellen sein wird, hatte das Deutschtum auch in dem nördlich von Preußen gelegenen Baltikum Fuß gefaßt, in Livland, wo der Bischof von Riga als souveräner Landesherr agierte. Er hatte zum Schutze des Landes nach dem Vorbilde der geistlichen Ritterorden einen eigenen Ritterorden gegründet, den Schwertritterorden. Dieser hatte sich offenbar übernommen und das südöstlich von Livland gelegene Litauen angegriffen, wobei er 1236 bei Saule eine vernichtende Niederlage erlitt. Seine Streitkräfte wurden fast völlig aufgerieben. Der Herrenmeister, wie hier der dem Hochmeister entsprechende oberste Gebieter hieß, war in der Schlacht gefallen. Der Schwertritterorden wandte sich um Hilfe an den Deutschen Orden. Obwohl dieser selbst in Kämpfe mit den Pruzzen verwickelt war, zog der Landmeister Hermann Balk mit einem Aufgebot nach Livland. Ihm gelang es auch, ein weiteres Vordringen der Litauer zu verhindern und Livland vor der entstandenen Gefahr zu retten.

1237 kam es dann sogar zu einer Verschmelzung der beiden Orden und damit auch zum Erwerb des Baltikums durch den Deutschen Orden.

Ein weiteres Ereignis nahm Streitkräfte des Ordens an anderer Stelle in Anspruch, nämlich der Mongolensturm gegen das Abendland.

Die Mongolen, eine Reihe artverwandter Stämme im weit entfernten Innerasien, waren von dem Fürsten Dschingis Khan (1155–1227) geeint worden und rückten als Eroberer in die Nachbargebiete nach Osten und Westen vor. 1219 war Turkestan unterworfen, 1233 wurden die Russen an der Kalka vernichtend geschlagen. Nachrichten von unglaublichen Grausamkeiten und vom Wüten der Eroberer in den unterworfenen Ländern drangen nach Westen. Ein weiterer Vormarsch der Mongolen nach Polen war vorauszusehen. Hier bereitete man sich vor, vergeblich, denn Polen wurde überrannt. Einzig in dem damals zu Polen gehörenden Schlesien kam der Sturm zum Stehen. Hier war es vor allem Herzog Heinrich I. von Liegnitz (1201–38), genannt Heinrich der Bärtige, Piastenherrscher eines schlesischen Teilfürstentumes, der besonders stark gegen den zu erwartenden Sturm rüstete. Sein Vater, Herzog Boleslaus I., hatte eine Prinzessin von Naumburg geheiratet. Heinrich wurde in Naumburg geboren und hat dort seine Jugend verlebt. Er war seinerseits verheiratet mit Hedwig von Meran und Andechs. Sie hat nach dem Zurückfluten des Mongolensturms viel zum Wiederaufbau des verwüsteten Landes beigetragen und ist als Heilige Hedwig die Schutzpatronin Schlesiens geworden.

1241 rückten die Mongolen nach Schlesien vor. Heinrich der Bärtige lebte nicht mehr. Er war bereits 1238 gestorben. Aber auch sein Gegenspieler Dschingis Khan war schon tot. Er starb 1227. Den Kampf fochten die beiden Nachfolger aus. Dabei konnte der Sohn des Bärtigen, Herzog Heinrich II., die Früchte der Anstrengungen seines Vaters ernten.

Am 9. April 1241 traf das Mongolenheer bei Wahlstatt in der Nähe von Liegnitz auf die Schlesier. Es war eine furchtbare Schlacht, in der die Mongolen letzten Endes Sieger blieben. Sie hatten aber derartige Verluste erlitten und waren so geschwächt, daß sie sich zurückzogen und einen weiteren Vormarsch aufgaben. So wurde Wahlstatt schließlich doch ein Sieg Schlesiens.

Die Mongolen haben jedenfalls niemals wieder den Versuch gemacht, nach Europa vorzudringen. Sie wandten sich nach Süden, nach Vorderasien, eroberten Persien und Syrien und fielen sogar in Palästina ein, wo sie schließlich endgültig vernichtet wurden. Der Deutsche Orden hatte dem Herzog von Liegnitz ein Aufgebot zur Hilfeleistung geschickt. Es konnte in der Schlacht von Wahlstatt eingreifen.

Der bis nach Schlesien vorgedrungene Mongolensturm hatte erhebliche Einwirkungen auf die noch heidnischen Völker in ganz Osteuropa. Sie machten Anstalten, sich den Mongolen anzuschließen, unter den baltischen Völkern besonders die Litauer. Sie standen schon bereit, in Preußen einzufallen. Der Ausgang der Schlacht von Wahlstatt und der Rückzug der Mongolen hat die Litauer schließlich davon abgehalten, zumal das Aufgebot des Ordens nach Preußen zurückgekehrt war.

Dennoch kam es in Preußen selbst zu einem Aufstand, der Unterstützung von Herzog Swantopolk von Ostpommern fand und damit für den Orden äußerst gefährlich wurde. Eine ganze Reihe von Burgen und große Landesteile fielen den Aufständischen in die Hände. Die Lage wurde so ernst, daß sich der damalige Hochmeister, Heinrich von Hohenlohe (1244–49), veranlaßt sah, 1246 selbst nach Preußen zu reisen, nachdem die Nachrichten über den Aufstand bis Palästina gedrungen waren.

In welcher Weise Hohenlohe in Preußen tätig geworden ist, ist nicht überliefert. Zumindest wird er die Kampfmoral der Ritter enorm gestärkt haben. Es gelang im übrigen, die Polen zur Hilfeleistung zu gewinnen. Diese griffen zwar nicht direkt in Preußen ein, bekämpften aber Herzog Swantopolk in Pommern selbst. Dadurch wurde den Aufrührern in Preußen die treibende Kraft entzogen, und der Aufstand brach schließlich nach und nach zusammen. 1248 trat der Hochmeister Hohenlohe die Rückreise an. Auf dieser ist er 1249 in Prag verstorben. Er war der erste

Hochmeister und ist auch der einzige geblieben, der zu der damaligen Zeit, als die Hochmeister noch in Palästina residierten, Preußen besucht hat.

Inzwischen war 1238 Bischof Christian nach fünfjähriger Gefangenschaft von den Pruzzen unerwartet entlassen worden. Er erhob gleich wieder Ansprüche auf landesherrliche Rechte, so wie es 1230 im Vertrag von Rabenicht angedeutet worden war.

Als er aus der Gefangenschaft zurückkehrte, dachte der Orden nicht im entferntesten daran, dem Bischof noch irgendwelche Rechte landesherrlicher Art einzuräumen. Der Bischof wandte sich daher an den Papst, erreichte aber nichts.

Schließlich wurde Papst Innozenz IV. der ganzen Angelegenheit müde. Er teilte Preußen im Jahre 1243 in vier Bistümer auf: Culmer Land, Pomesanien, Ermland und Samland, was im wesentlichen auf den Legaten für die Baltenmission Wilhelm von Modena, der dem Orden sehr wohlgesonnen war, zurückging.

Bischof Christian sollte sich ein Bistum aussuchen. Er lehnte ab, woran der Papst sich jedoch nicht störte. Mit dem Tode Christians im Jahre 1245 erledigte sich die Angelegenheit von selbst.

Nach der Niederwerfung des Pruzzenaufstandes im Jahre 1249 ging der Orden daran, seine Herrschaft über das gesamte Land bis an die Memel auszudehnen, vor allen Dingen also Samland zu besetzen. Die Memel bildete damals die Nordgrenze des Pruzzenlandes und zunächst auch des Ordensstaates. Das Land nördlich des Flusses, das später sogenannte Memelgebiet, gehörte zu Kurland.

Kurland, das südlichste Gebiet des eigentlichen Baltikums, hatte eine merkwürdige Gestalt. Im Norden und im Süden (an der Memel) ragte es von der Ostseeküste weit ins Land hinein, während in der Mitte die Verbindung zwischen Nord und Süd aus einem schmalen Küstenstreifen bestand, der Landschaft Samogitien.

Soweit es sich für den Orden nunmehr um die Besetzung von Samland handelte, war dies von Süden her schwer zu bewerkstelligen. Dagegen war es von Kurland nördlich des Memelflusses her wesentlich leichter. Der Orden plante daher auch, dort einen Stützpunkt zu errichten und von diesem aus den Vorstoß zu führen. An sich war er für ein solches Vorhaben auch rechtlich in der Lage, denn seit der geschilderten Vereinigung mit dem Schwertritterorden im Jahre 1237 gehörte das Land zum Ordensstaat. Jedoch lagen in Livland/Kurland die Souveränitätsrechte noch im wesentlichen beim Bischof von Riga. Dieser war jedoch einverstanden, so daß es in Gemeinschaft mit ihm zur Gründung einer Burg kam. An der Mündung des Flüßchens Dauge in das Kurische Haff, etwa in der Mitte zwischen der Mündung des Memelflusses in das Haff und der Ausfahrt aus dem Haff in die Ostsee gelegen, wurden Burg (1252) und Stadt Memel (1254) gegründet, die Stadt übrigens mit Lübischem Recht ausgestattet, da sie ja noch zum Baltikum gehörte, wo bei allen von Deutschen neugegründeten Städten das Lübische Recht galt.

Obwohl der Memelfluß Grenzfluß Preußens blieb, hat er diese Eigenschaft im Laufe der Zeit mehr und mehr verloren. Man orientierte sich bald ausschließlich nach Süden und verlor gänzlich die innere Verbindung mit dem nördlichen Kurland. Die Folge war, daß im Jahre 1328 das Memelgebiet und auch die kleine Landschaft Samogitien aus Kurland ausgegliedert und nach Preußen eingegliedert wurden.

Von der Burg Memel als Stützpunkt aus wurde nun die Eroberung des Samlandes vorangetrieben.

Auch jetzt ereignete es sich wieder, daß ein Reichsfürst dem Orden zu Hilfe kam. Es war sogar ein slawischer Fürst, nämlich der König von Böhmen, Ottokar II. (1253-78), aus dem Hause der Przemysliden. Im Herbst 1254 sandte er ein stattliches Heer, brach im Dezember selbst auf, vereinigte sich Weihnachten in Breslau mit seinem Schwager Otto III. von Brandenburg und erschien 1255 in Samland.

Zu Kämpfen kam es nicht. Durch die Tatsache, daß sogar ein König höchstpersönlich nach Preußen kam, um dem Orden zu helfen, waren die Pruzzen so beeindruckt, daß sie jeden Widerstand aufgaben und sich unterwarfen.

Ottokar zeigte ein großes Interesse am Ordensstaat und gab manche gutdurchdachte und erfolgversprechende Anregung. Unter anderem empfahl er, am unteren Pregel, etwa eine Meile vor der Mündung des Flusses in das Frische Haff, eine Burg zu errichten. Die Burg und die sie umgebende Stadt erhielten nach dem slawischen Fürsten den Namen Königsberg. Später wurde Königsberg die Hauptstadt des Landes.

Zwar unternahmen nach dem Abzug des böhmischen Heeres im Jahre 1256 die Bewohner der Nachbarlandschaften Schalauen, Nadrauen und Sudauen einen Einfall in das Samland unter Errichtung der Burg Wehlau. Aber ihr Hauptmann Tresko überlegte sich die Sache bald anders, trat mit seinen Mannen zum Christentum über und übergab die Burg Wehlau dem Orden. Von hier aus hat dieser dann noch im selben Jahr den Nordosten des Landes besetzt.

Im Jahre 1260 kam es erneut zu einem großen Aufstand, der bis zum Jahre 1273 dauerte und den Orden wieder in sehr schwere Bedrängnis brachte. Anlaß zu diesem Aufstand gab eine schwere Niederlage der Ordensbrüder in Livland. Bei einem Kampfe gegen die Szamaiten waren kurische und estnische Hilfsvölker abgefallen, so daß der Orden bei Durben in Kurland eine vollständige Niederlage erlitt. Dies hatte einen allgemeinen Aufstand in Kurland zur Folge, der sofort auf Preußen übergriff und hier genügend Unzufriedene auf die Beine brachte, daß sich eine ernstliche Gefahr für den Orden ergab. Es gelang den Aufständischen, eine ganze Reihe von Burgen einzuschließen, Balga, Heilsberg, Braunsberg und Rößel mußten geräumt werden. Viele Burgen wurden erobert, sogar Marienwerder und Rheden. Nur die stärksten Burgen konnten gehalten werden: Thorn, Elbing, Christburg und Königsberg.

Infolge der Wirren in Deutschland, die auf den Untergang des staufischen Herrscherhauses folgten, in der »kaiserlosen, schrecklichen Zeit«, kam nur wenig Hilfe aus dem Reich. Lediglich Markgraf Otto III. von Brandenburg kam 1266 mit einem Aufgebot nach Preußen. Er konnte bis ans Frische Haff vordringen und durch die Errichtung der Burg Brandenburg die Verbindung von Elbing nach Königsberg sichern.

Nur langsam konnte der Orden unter dem Landmeister Konrad von Thierberg d. Ä. (1273–79) wieder die Oberhand gewinnen, zuerst in Samland, bis endlich der Widerstand der Pruzzen nach und nach und bis 1273 vollständig erlahmte.

Es war das letzte Aufbäumen der Pruzzen gegen die Herrschaft des Ordens. Nach der Niederwerfung des Aufstandes trat Ruhe ein. Der Orden ging daran, die restlichen Teile des alten Pruzzenlandes zu besetzen und das Land zu sichern, um weitere Erhebungen für immer auszuschließen.

Bis zum Jahre 1293 war die Besitznahme und Sicherung des gesamten Preußenlandes abgeschlossen.

Verlegung des Hochmeister-Sitzes nach Preußen

Im Jahre 1291 war das Ereignis eingetreten, das Hermann von Salza als letzten Endes unabwendbar angesehen hatte: Palästina ging verloren. Die nach den Kämpfen verbliebenen Reste der drei Ritterorden flohen nach Zypern, wo die Johanniter und Templer vorerst verblieben. Der Deutsche Orden zog weiter nach Venedig. Da der Hochmeisterstuhl vakant war, fand dort zunächst die Wahl eines neuen Hochmeisters statt. Es wurde der bisherige Deutschmeister Konrad von Feuchtwangen.

Es ist die Frage aufgeworfen worden, warum der Orden nicht gleich bis Preußen weitergezogen ist, was wohl nicht ratsam gewesen wäre. Die beiden anderen Orden waren auf Zypern verblieben in der Hoffnung, daß bald wieder ein Vorstoß vom Abendland her unternommen werden würde, Palästina zurückzuerobern.

Diese Hoffnung war an sich völlig aussichtslos.

Trotzdem gab es immer wieder Phantasten, die an die Möglichkeit eines erneuten Kreuzzuges glaubten. Der Deutsche Orden hätte sich daher starken Anfeindungen ausgesetzt, wenn er sofort allzu weit von Palästina weggezogen wäre. Venedig, immerhin noch im Bereich des Mittelmeeres, war schon weit genug, aber trotz seiner günstigen Lage auf Dauer kein geeignetes Domizil für den Hochmeister und das Haupthaus des Ordens.

Der richtige Platz für den Hochmeister war zweifellos Preußen, das Land, das Hermann von Salza als neue Heimat des Ordens gewählt hatte, wo er so erfolgreich vorgedrungen war und einen beachtlichen Staat geschaffen hatte. In Preußen selbst stand man aber einer Übersiedlung des Hochmeisters eher ablehnend gegenüber. Der Landmeister in Preußen und seine Hilfskräfte fürchteten offenbar um ihre Stellung. Den Zuzug des Hochmeisters sahen alle Ritter in Preußen mit Unbehagen.

Neben verständlichem Stolz auf die eigene Leistung in Preußen war wohl aber auch eine Abneigung gegen den jetzigen Hochmeister für die Haltung der Ritter maßgeblich. Konrad von Feuchtwangen war als Ritter bereits in Preußen und hatte 1279–80/81 das Amt des Landmeisters in Preußen und in Personalunion damit auch das Amt des Landmeisters in Livland bekleidet. Angeblich, weil er der Bürde beider Ämter nicht gewachsen war, war er von beiden zurückgetreten. Auch andere Hochmeister hatten sich ähnlich verhalten, so daß offenbar, aus welchen Gründen auch immer, das Ansehen des Hochmeisteramtes bei den preußischen Rittern schwer erschüttert war. Bei Feuchtwangen ist es insofern nicht ganz verständlich, als er doch beim Endkampf in Akkon Einsatzbereitschaft und Mut bewiesen hatte. Feuchtwangen wird wohl um seine Unbeliebtheit gewußt haben, denn er machte keine Anstalten, nach Preußen überzusiedeln. Möglicherweise hat er auch daran gedacht, im Reich zu bleiben, denn nach seiner Wahl zum Hochmeister wurde zunächst auch kein neuer Deutschmeister bestimmt. Nach vier Jahren kam es dann doch zur Wahl eines neuen Deutschmeisters. Feuchtwangen war bereits in einem Alter, daß er baldiges Ableben befürchtete. So sollte zunächst einmal die Stelle des Deutschmeisters besetzt werden, wobei man sich bemühte, einen Ritter zu wählen, der anschließend Hochmeister werden könnte und der auch in Preußen akzeptiert werden würde.

Man dachte an Gottfried von Hohenlohe. Der Name Hohenlohe hatte in Preußen hohes Ansehen und einen guten Ruf. Heinrich von Hohenlohe (1244–49) war bisher der erste und einzige Hochmeister gewesen, der während seiner Amtszeit zur Zeit des großen Pruzzen-Aufstandes in den Jahren 1242–49 Preußen besucht und dort auch etwas bewirkt hatte.

Die Familie Hohenlohe, stets sehr kinderreich, hatte dem Orden viele Ritter gestellt. Wie Gottfried mit dem früheren Hochmeister Heinrich von Hohenlohe verwandt war, ist nicht bekannt. Man weiß von ihm überhaupt nur, daß er von 1290 an Landkomtur von Franken gewesen ist.

Dieser Gottfried von Hohenlohe schien für die Pläne Feuchtwangens geeignet. Er wurde 1294 zum Deutschmeister gewählt.

Konrad von Feuchtwangen hat dann aber möglicherweise doch noch den Plan gefaßt, nach Preußen überzusiedeln oder dort zumindest zu sondieren. Er trat jedenfalls eine Reise in Richtung Norden an, kam aber nur bis Prag, wo er 1296 verstarb.

Erwartungsgemäß wurde 1297 Gottfried von Hohenlohe zum Hochmeister gewählt. Er machte sich sofort auf den Weg nach Preußen, um dort seinen Sitz zu nehmen. Die Erwartungen wurden enttäuscht. Hohenlohe stieß auf größte Schwierigkeiten. Man behandelte ihn überaus schnöde und verachtungsvoll und machte ihm Vorwürfe, daß er gerade in einer gefahrvollen Lage nach Preußen gekommen sei und damit großen Schaden angerichtet habe. Es liegt auf der Hand, daß dies nur ein Vorwand war.

Aber Gottfried resignierte und zog sich wieder zurück, soll sogar das Amt als Hochmeister niedergelegt haben. Es steht nicht fest, wann dies geschah oder ob überhaupt. Nach einigen Quellen war es 1301 oder 1303.

Jedenfalls wurde 1303 ein neuer Hochmeister gewählt: Siegfried von Feuchtwangen, ein Verwandter des Hochmeisters Konrad von Feuchtwangen. Er stammte ebenfalls aus Franken und wird 1298 erstmalig erwähnt, und zwar als Komtur von Wien. Im selben Jahre wurde er Deutschmeister. Es ist nicht auszuschließen, daß man ihn damals bereits als Hochmeister ins Auge gefaßt hatte, da es sich schon abzeichnete, daß Hohenlohe von den Brüdern in Preußen abgelehnt werden würde.

Siegfried von Feuchtwangen ließ sich Zeit, nach Preußen überzusiedeln, bis 1309, dem Todesjahr von Hohenlohe, als er endlich dort seinen Sitz nahm, gemeinsam mit allen hohen Gebietern des Ordens unter Verlegung des Haupthauses von Venedig dorthin. Auch er hatte noch erhebliche Spannungen zu überwinden, ließ sich aber nicht abschrecken, sondern nahm seinen Sitz in der Marienburg. Sie war als Haupthaus des Ordens in Preußen erbaut worden, wie im Kapitel »Marienburg« näher beschrieben. Im übrigen war auch der amtierende Landmeister in Preußen, Heinrich Plotzke, 1309 verstorben. Vorerst wurde das Amt nicht wieder besetzt, so daß gewisse Reibungspunkte ausgeschaltet waren. Siegfried von Feuchtwangen starb 1311.

Der nächste Hochmeister wurde in Preußen gewählt, denn auch das Ordenskapitel hatte zusammen mit Feuchtwangen seinen Sitz dorthin verlegt. Die Wahl fiel aber wieder auf einen Ritter aus dem Reich, der noch niemals in Preußen war: Karl Beffert von Trier.

Die Gründe für diese Wahl lagen in einer dramatischen Entwicklung in der damaligen Zeit, die gerade die geistlichen Ritterorden besonders betraf.

Für die beiden anderen Orden, die in Zypern verblieben waren, war dies mehr und mehr unhaltbar geworden, denn der König von Zypern sah die ungebetenen Gäste nicht gern. An eine Hilfe aus dem Abendland war schon gar nicht mehr zu denken. Schließlich entschlossen sich die Templer unter ihrem Großmeister Jacques de Molay im Jahre 1307 als erste, Zypern zu verlassen und in das Gebiet ihrer Heimatorganisation – Frankreich – zurückzukehren.

Dort machte de Molay sich alsbald unbeliebt. Der Großmeister erhob den Anspruch, wie ein Souverän behandelt zu werden, womit er vor allem den französischen König verärgerte, damals Philipp IV., der Schöne, 1285–1314 (nicht zu verwechseln mit dem Sohn Kaiser Maximilians I., dem Habsburger Philipp I. von Kastilien, ebenfalls mit dem Beinamen »der Schöne«).

König Philipp IV. schlug zurück, zumal ihm der ungeheure Reichtum des Ordens ein Dorn im Auge war und er selbst sich in ständiger Geldverlegenheit befand. Er machte sich Gerüchte über ketzerische Ansichten und Handlungen sowie über sittliche Verfehlungen in den Reihen des Ordens zunutze und veranlaßte beim Papst, daß er gegen den Orden die Inquisition anwenden dürfe. Papst war damals Klemens V., selbst französischer Abstammung, der auf Veranlassung des Königs seinen Sitz in Avignon nehmen mußte. Er entsprach dem Wunsche des Königs. Daraufhin wurden noch im Jahre 1307 der Großmeister und die übrigen Ordensgebieter der Templer sowie sämtliche Ritter des Ordens, soweit man ihrer habhaft werden konnte, verhaftet.

Die Maßnahmen erregten großes Aufsehen. Während es nicht an Stimmen fehlte, die der Meinung waren, die geistlichen Ritterorden sollten alle aufgelöst werden, denn sie seien jetzt überholt und überflüssig, war man dennoch im übrigen Europa sehr befremdet und empört, so daß sich das Vorgehen gegen den Templerorden auf die französischen Gebiete beschränkte.

Nur wenigen Rittern gelang es zu entkommen. Sie entflohen vornehmlich nach Spanien. Mit dort ansässigen Tempelherren, die sie zunächst aufnahmen, gründeten sie später, in den Jahren 1316 und 1319, mit Billigung der Könige von Aragón und Portugal zwei neue geistliche Ritterorden: »Montesa« und »Christusorden«. Sie bestehen noch heute.

Das gesamte in Frankreich befindliche Ordensgut wurde eingezogen und den Ordensrittern der Prozeß gemacht. Nach Jahren der Gefangenschaft mit schweren Folterungen wurden sie zu langen Gefängnisstrafen verurteilt, die kaum einer überlebt hat. Der schon sehr betagte Großmeister und die nicht minder betagten übrigen hohen Ordensgebieter, die durch die erheblichen Folterungen nur noch Menschenwracks waren, wurden zur Verbrennung bei lebendigem Leibe auf dem Scheiterhaufen verurteilt. Sie fand 1314 mit einem großen Spektakel in Anwesenheit des gesamten Hofes und einer riesigen Menschenmenge bei Paris auf einer Insel in der Seine statt, die bis heute den Namen »Ile de Temple« trägt. Der greise Großmeister soll noch fähig gewesen sein, gegen den König und den Papst einen Fluch auszustoßen, und beide starben tatsächlich kurz darauf, im Jahre 1314.

Auch der Johanniterorden fühlte sich auf die Dauer in Zypern nicht mehr recht wohl. Da tauchte 1307 ein Abenteurer aus Genua, Vignolo de Vignoli, auf, der offenbar von den Schwierigkeiten des Ordens gehört hatte. Er war vom byzantinischen Kaiser (Androikos II., 1282–1328) mit den Dodekanes-Inseln Kos und Leros im südlichen Ägäischen Meer belehnt worden und bot dem Orden an, auf seine Inseln überzusiedeln, um von dort aus alle weiteren Inseln des Dodekanes, vor allem die bedeutendste, größte und schönste Insel – Rhodos –, zu erobern. Der Großmeister des Johanniterordens Foulques (Fulko) de Villard (1305–19) war sofort einverstanden. Es störte ihn auch nicht, daß die zu erobernden Inseln einem christlichen Staat gehörten, nämlich Byzanz. Mit Rücksicht auf die Schwierigkeiten, in die inzwischen der Templerorden geraten war, traute er sich aber nicht, ohne Zustimmung des Papstes vorzugehen. Er holte daher dessen Einverständnis ein. Der Papst, derselbe Klemens V., der der Liquidation des Templerordens zugestimmt hatte, war von dem Plan der Johanniter begeistert. Das im 4. Kreuzzug errichtete lateinische Kaiserreich Byzanz war von dem griechischen Kaiser Michael VIII., dem Vater von Androikos II., wieder aufgelöst worden, ein Ereignis, das die Päpste gar nicht gern gesehen hatten, so daß Papst Klemens V. sehr erfreut war, daß der ihm unterstehende Johanniterorden sich byzantinischen Gebietes bemächtigen wollte. Er ging sogar so weit, daß er dem Orden den Grundbesitz des Templerordens im Reich übertrug.

Die Eroberung von Rhodos zog sich recht lange hin und war gar nicht so einfach. Sie dauerte immerhin drei Jahre. Erst 1310 war der Orden endlich im Besitze der Insel und entwickelte hier auch einen Ordensstaat, bis Rhodos 1523 von den Türken erobert und der Orden vertrieben wurde.

Diese Ereignisse, besonders die grausame Liquidation des Templerordens, wurden im Deutschen Orden nicht ohne Befürchtungen verfolgt. Die Gefahr, etwa auch in Auflösung zu geraten, war nicht von der Hand zu weisen. Sie nahm sogar ganz plötzlich drohend Gestalt an.

Im Jahre 1305 erhob der Erzbischof von Riga (Erzbistum seit 1245) beim Papst Klage gegen den Orden. Weshalb so etwas möglich war, wird später im Kapitel Baltikum dargestellt werden. Diese Klage erschien zunächst relativ unbedeutend. Als es dann aber 1307 zur Verfolgung und zum Prozeß gegen den Templerorden kam, erhob der Erzbischof, dem sich die anderen baltischen Bischöfe und auch der König von Polen anschlossen, 1308 eine weitere Klage, in welcher nicht weniger als 19 schwerwiegende Verletzungen aufgezählt wurden, deren sich der Orden schuldig gemacht haben soll. Der Höhepunkt der Klage war der Satz: »Es gibt keine größeren Feinde der Römischen Kirche und des Landes als sie, und wenn nicht bald Hilfe kommt, wird das Christentum in diesem Lande bald ausgerottet sein.« Wenn sich auch manches als lächerlich und lügenhaft oder zumindest als maßlos übertrieben herausstellte, so gab es doch genug Neider, die den Deutschen Orden gern hätten verschwinden sehen, um sich sein Gut aneignen zu können.

Die preußischen Bischöfe, die treu zum Orden hielten, waren voller Empörung und richteten ein Protestschreiben an den Papst.

Beim Orden sah man aber ein, daß ganz massiv der Klage entgegengetreten werden mußte. Die baltischen Bischöfe hielten sich sämtlich beim Papst (Klemens V.) an seinem Sitz in Avignon auf, wo sie leicht in der Lage sein konnten, das Prozeßgeschehen in ihrem Sinne zu beeinflussen. Es mußte auch vom Orden ein hoher Gebieter nach Avignon gesandt werden, um dessen Belange nachdrücklich verteidigen zu können, am besten der Hochmeister selbst. Als 1311 Siegfried von Feuchtwangen, dem man eine solche Aufgabe nicht zugetraut hätte, starb, wählte man einen Ritter, den man für geeignet hielt: Karl Beffert von Trier.

So kam es, daß bei dieser ersten Hochmeisterwahl, die in Preußen stattfand, wieder ein Mann gewählt wurde, der noch nie in Preußen gewesen und den preußischen Rittern überhaupt nicht bekannt war. Er stieß bei diesen umgehend auf Ablehnung, wie es seinen Vorgängern auch gegangen war. Erst als die Gründe dafür näher bekannt wurden und der Ritter Werner von Orseln, ein preußischer Ritter, über den später noch zu berichten sein wird, zum Großkomtur bestimmt wurde, beruhigte man sich.

Über Karl Beffert von Trier, der 1311 oder 1312 zum Hochmeister gewählt wurde (der genaue Zeitpunkt steht nicht fest), ist nicht viel bekannt, nicht einmal, ob er überhaupt aus Trier stammt, auch nicht Alter und Herkunft. Im Deutschen Orden wurde er erstmalig erwähnt als Komtur von Beauvoir im Jahre 1291, mit deutschem Namen Beffert (Befard), den Karl seitdem als Beinamen trug. Kurz darauf wurde er Landkomtur von Lothringen und Verwalter der Ordenshäuser in Frankreich. Dadurch scheint er mit den französischen Verhältnissen besonders bekannt und geeignet gewesen zu sein, die Prozeßführung in Avignon zu übernehmen. Gelobt wird seine Wortgewandtheit, die auch auf eine juristische Fähigkeit schließen läßt. Er hat jedenfalls die Belange des Ordens hervorragend vertreten.

Es ist nicht sicher, wann Karl nach Avignon ging. Das Jahr 1317 wird genannt, es liegt aber möglicherweise eine Verwechslung vor, weil damals eine ganze Reihe von Rittern aus Preußen und Livland in Avignon war, die bei dieser Gelegenheit den Hochmeister und dessen Prozeßführung kennen- und schätzenlernten. Wahrscheinlicher ist, daß Karl spätestens 1314 schon in Avignon war. In diesem Jahr neigte sich der Prozeß gegen den Templerorden dem Ende zu und kam es zur Verbrennung seiner Obersten Gebieter auf dem Scheiterhaufen. Es stand damals gar nicht gut für den Deutschen Orden.

1314 starb auch Papst Klemens V. Es folgte eine zwei Jahre dauernde Sedisvakanz, eine Zeit blühender Gerüchte und versuchter Einflußnahme. Der folgende Papst Johannes XXII. (1316–34) war wieder ein Franzose und blieb in Avignon. Er war dem Deutschen Orden mehr gewogen und auch objektiver. Bei ihm konnte der Hochmeister besser taktieren. Es kam hinzu, daß sich die Verhältnisse in Livland entscheidend verändert hatten und man nicht mehr das Vorgehen der baltischen Bischöfe billigte, was im Kapitel Baltikum noch näher ausgeführt werden wird. Vor allen Dingen war es zu einer Einigung des Ordens mit den Domkapiteln der livländischen Bischöfe gekommen, die der Papst zwar nicht billigte, aber doch tolerierte. Der Erfolg neigte sich dem Orden zu. Dennoch zog sich der Prozeß noch bis 1324 hin. Er wurde in vollem Umfang gewonnen.

Dieser Ausgang ist mit Sicherheit den Bemühungen des Hochmeisters Karl Beffert von Trier zuzuschreiben. Eine lebensbedrohende Krise war abgewendet. Karl hat nicht lange überlebt. Auf dem Rückwege von Avignon verstarb er noch 1324 in Trier, wo er auch beigesetzt wurde.

Sein Nachfolger wurde Werner von Orselen (1324–30). Er stammte vermutlich aus der Gegend von Mainz, kam früh zum Deutschen Orden nach Preußen, wo er erstmalig 1312 als Komtur von Ragnit erwähnt wird. 1314 wurde er, wie bereits erwähnt, Großkomtur.

Orselen war der erste Hochmeister, der seine Laufbahn im Orden ausschließlich in Preußen absolviert hat. Als Großkomtur hatte er den sich stets in Avignon aufhaltenden Hochmeister Karl Beffert vertreten, dessen Geschäfte wahrgenommen und sich damit das Vertrauen und die Achtung der preußischen Ritter erworben.

Obwohl bereits Siegfried von Feuchtwangen als Hochmeister nach Preußen übergesiedelt war, ist die endgültige Verlegung des Hochmeistersitzes erst mit Werner von Orselen als abgeschlossen anzusehen. Gleichzeitig wurde auch das Amt des Landmeisters aufgelöst. Orselen hat ein trauriges Ende gefunden. Ein angeblich geistesgestörter Ordensbruder Johann von Endorf hat ihn 1330 niedergestochen.

Marienburg

Nach der Inbesitznahme zunächst des Culmer Landes durch den Orden, hatte der Landmeister seinen Sitz oder, besser gesagt, seinen provisorischen Aufenthalt in dem Ort Culm selbst genommen, wo mit der »Culmer Handfeste« 1233 die Grundlage für den Ordensstaat Preußen geschaffen wurde.

Bereits 1231 war an der Landungsstelle des Ordensheeres an der Weichsel mit dem Bau einer Burg begonnen worden, die den Namen Thorn erhielt. Nach Fertigstellung wurde der Sitz des Landmeisters dorthin verlegt.

In der Folgezeit, als sich das Staatsgebiet mehr und mehr ausdehnte, residierte der Landmeister immer wieder in anderen Burgen, möglichst in der Nähe der vorrückenden Ordenstruppen. Schließlich kam der Wunsch auf, ein ständiges und auch besonders repräsentatives Haupthaus zu errichten, eine Burg, die nicht nur Sitz des Landmeisters werden sollte, sondern auch die gesamte militärische und zivile Verwaltung des ständig wachsenden Staates aufzunehmen hatte.

Es hat sehr lange gedauert, bis man sich endgültig für den Platz dieser Burg, die Marienburg heißen sollte, entschied. Allerdings war es inzwischen zu dem großen Pruzzen-Aufstand gekommen, der erst 1274 sein Ende fand. Im selben Jahre fiel dann die Entscheidung.

Man sollte meinen, daß man für diese Marienburg einen zentralen Ort im Landesinnern gewählt hätte. Das war nicht der Fall. Die Wahl fiel auf einen Platz direkt an der Westgrenze des Staates, an der Nogat, dem östlichen Mündungsarm der Weichsel, nicht weit von der Einmündung in das Frische Haff.

Bei näherer Betrachtung erweist sich diese Ortswahl als durchaus zweckmäßig und gerechtfertigt. Trotz der Grenzlage war die Weichsel mit dem Mündungsarm Nogat, das Frische Haff mit der Einmündung in die Ostsee die Hauptverkehrsader des Landes. Auf dieser war der Orden von Süden her vorgedrungen, um nach Besitznahme des Culmer Landes weitere Gebiete besetzen zu können. Von hier aus war auch weiterhin Aufsicht und Nachschub am leichtesten zu bewerkstelligen. Leistungsfähige Straßen durch das Landesinnere existierten noch lange nicht. Ein Wasserweg war immer noch die beste Verbindung. In das Frische Haff mündet auch der Fluß Pregel, an dem Königsberg gelegen war und sich zur Stadt entwickelte.

Der Westen des Landes, das Culmer Land und das sich nördlich anschließende, am östlichen Weichselufer gelegene Pomesanien, war am meisten entwickelt und befriedet, während Mitte und Osten des Landes auch nach Niederschlagung des Aufstandes noch unsicher und weit weniger erschlossen waren.

Ein weiterer Grund für die Ortswahl der Marienburg war aber, daß der Orden seine Herrschaft nicht auf das Land zwischen Weichsel und Memel beschränken, sondern diese nach Westen über die Weichsel ausdehnen wollte, um eine unmittelbare Verbindung zum Reich zu bekommen. Bisher lag Pommerellen dazwischen, ein slawisch besiedeltes Gebiet, das noch nicht zu einer staatlichen Einheit gefunden hatte. Es war sozusagen noch herrenloses Gebiet, das auch bald zum Zankapfel sämtlicher Nachbarn werden sollte. Der Orden war sehr daran interessiert, daß es nicht in »unrechte Hände« fiel, womit die unmittelbare Verbindung zum Reich gefährdet werden könnte, auf die der Orden unbedingt angewiesen war, zumindest wegen des Nachschubs.

Im Jahre 1274 wurde mit den Planungen und Bauarbeiten an der Marienburg begonnen. Rund sechs Jahre dauerte es, bis die Burg im Jahre 1280 unter dem Landmeister Konrad von Thierberg dem Älteren fertiggestellt und bezogen werden konnte.

Obwohl sehr großzügig und weiträumig geplant und angelegt, erwies sich die Burg doch noch als zu klein, als der Hochmeister Siegfried von Feuchtwangen 1309 seinen Sitz nach Preußen verlegte und die Marienburg bezog.

Gemildert wurde die Enge nur dadurch, daß der Nachfolger Feuchtwangens, Karl Beffert von Trier (1312–24), nicht nach Preußen kam. Doch betraf die Übersiedlung nach Preußen nicht nur den Hochmeister allein, sondern mit ihm wurde ja auch der Sitz der anderen obersten Gebieter nach Preußen verlegt. Hinzu kamen viele weitere Ritter, Priester und dienende Brüder im Gefolge des Meisters, für deren Unterbringung die Burg bei weitem nicht den erforderlichen Raum gewährte. Noch unter Feuchtwangen wurde ein vierter Flügel angebaut und den vorhandenen Flügeln ein viertes Stockwerk aufgesetzt. Für den Hochmeister selbst und den Großkomtur wurde eine zweite Burg angebaut.

Im Hauptschloß erhielten nach dem Umbau der Ordensmarschall, der Treßler und der Spittler ihre Wohnung und Arbeitsräume, daneben der Hauskomtur, der Verwalter der Burg selbst. Nach der Nordseite schloß sich der Kapitelsaal an, der Beratungssaal der Ritter. Im obersten Stock lagen an der Südseite die Herrenstube und das große Refektorium, in welchem auch die Wahl der Hochmeister stattfand. Ein prachtvoller Portalbau, die »Goldene Pforte«, führte zur Kirche, die nur ein Schiff hatte, unter ihr wurde später die St. Annenkapelle, die Begräbnisstätte der Hochmeister, eingebaut. An der äußeren westlichen Giebelwand der Kirche, zur Nogat hin, befand sich ein acht Meter hohes, aus farbigem Glas bestehendes Mosaikbild der Jungfrau Maria, der Schutzpatronin des

Ordens, das Christuskind auf dem linken Arm tragend und mit der Rechten ein vergoldetes Zepter emporhebend.

An kulturellen Werten, die in der damaligen Zeit in Preußen entstanden, ist besonders die Architektur hervorzuheben. In den Burgen des Ordens, in den Kirchen, in vielen Rathäusern und anderen öffentlichen Gebäuden entwickelte sich ein ganz besonderer Stil norddeutscher Backsteingotik.

Allen voran ist die Marienburg zu nennen. Der machtvolle gotische Backsteinbau vereinigte in sich eine festungsartige Burg mit einem Wohnschloß. Er beherbergte nicht allein den Hochmeister mit seinem unmittelbaren Gefolge, sondern auch das Ordenskapitel und die gesamte oberste Verwaltung des Ordensstaates, militärische wie zivile und kirchliche. Zahlreiche Räume waren allein für die Unterkunft und die Wohnung so vieler Menschen einschließlich Dienerschaft und sonstiger Hilfspersonen erforderlich. Dazu kam eine erhebliche Zahl von Empfangs-, Repräsentations- und Festräumen für religiösen Kult und Feierlichkeiten aller Art. Ebenso waren Arbeitsräume für die Verwaltung, Ökonomieräume, Vorratsräume, Stallungen, nicht zuletzt auch Arsenale für die Verteidigung und Unterkünfte für das dazu benötigte Personal erforderlich. Schließlich gab es auch ein Hospital (Krankenabteilung). Immerhin war hier die gesamte oberste Herrschaft eines nicht unbedeutenden Staates untergebracht.

Die Burg hatte bereits recht modern anmutende Einrichtungen, wobei die Heizung besonders erwähnt werden muß. Sie war nämlich eine Art Zentralheizung mit in den Kellerräumen erzeugter Heißluft, die in einzelnen absperrbaren Schächten emporgeleitet wurde.

Die Übersiedlung des Hochmeisters nach Preußen auf die Marienburg hat seine Stellung im Orden und vor allem zum Ordensstaat entscheidend verändert. Er war zwar schon immer der oberste Repräsentant des Ordens, mit der »Goldenen Bulle von Rimini« seit 1226 auch Reichsfürst. Mit der Gründung des Ordensstaates durch die »Culmer Handfeste« 1233 war der Orden Landesherr eines eigenen Staates geworden, dessen Souveränität der Hochmeister repräsentierte. Solange der Hochmeister in Palästina seinen Sitz hatte, ist er als preußischer Souverän kaum in Erscheinung getreten. Das änderte sich auch nicht nach dem Verlust Palästinas und der Übersiedlung des Hochmeisters zunächst nach Venedig. Dort war er letztlich nur ein Flüchtling, und seine Bedeutung hatte erheblich gelitten. Der Landmeister in Preußen hatte demgegenüber eine wesentlich bedeutendere Stellung errungen, wenn er auch als Souverän in Preußen nicht repräsentativ in Erscheinung getreten ist.

Entscheidend anders wurde es jedoch unter dem Hochmeister Werner von Orselen. Zwar hatte Siegfried von Feuchtwangen 1309 den Hochmeistersitz nach Preußen verlegt, sich aber doch noch nicht entscheidend durchsetzen können. Sein Nachfolger, Karl Beffert von Trier (1312–24), hat zwar Erhebliches für den Orden geleistet, hatte aber seinen Sitz nicht in Preußen genommen und für das Ansehen als Souverän nicht gerade viel bewirkt.

Werner von Orselen dagegen war als Ritter nach Preußen gekommen. Seit 1314 war er Großkomtur, also oberster Gebieter des Ordens nach dem Hochmeister. Er wird in dieser Position darauf hingearbeitet haben, dem Hochmeister die Stellung zu verschaffen, die ihm als Souverän zukam. 1324 wurde er selbst Hochmeister.

Er war nunmehr nicht nur formell, sondern auch faktisch der Souverän des Ordensstaates. Es ergab sich damit eine immer deutlicher betonte landesfürstliche Haltung. Sie trat erstmalig durch die Huldigung bei der Regierungsübernahme durch den Hochmeister Werner von Orselen nach außen hin voll in Erscheinung. Den würdigen Rahmen bot die Marienburg.

Der Zweite Weltkrieg hat die Burg nicht verschont. Sie wurde fast völlig zerstört. Die Reste sind durch einen Brand im Jahre 1959 gänzlich verwüstet worden.

1961 wurde durch die polnische Verwaltung ein Schloßmuseum gegründet und mit dem Wiederaufbau begonnen, der sich bis in die siebziger Jahre hinzog. Hoch- und Mittelschloß wurden als vereinigter Gebäudekomplex wieder aufgebaut.

Baltikum

Das Siedlungsgebiet der baltischen Völker zwischen der unteren Weichsel und dem Finnischen Meerbusen entlang der Ostseeküste kann unter Berücksichtigung der Entwicklung in drei sehr unterschiedliche Zonen eingeteilt werden. Preußen im Süden, Litauen in der Mitte und im Osten, das Baltikum im Norden. In Litauen entwickelte sich ein rein baltischer Staat, dagegen gerieten die beiden anderen Zonen unter deutschen Einfluß. Preußen wurde unter dem Deutschen Orden ein deutscher Staat. Auch im Baltikum gelangte das Deutschtum zu erheblichem Einfluß. Jedoch blieb die baltische Bevölkerung im wesentlichen erhalten und es entwickelten sich in neuester Zeit die baltischen Staaten Estland und Lettland.

Baltikum war niemals der Name eines Staates. Zur Ordenszeit war der Name Livland gebräuchlich. Livland war die erste Staatsgründung im baltischen Raum überhaupt, und der Name dieses Staates ging auf das gesamte Baltikum über. Soweit sich später der Deutsche Orden hier ausbreitete, sprach man daher vom »livländischen Ordenszweig«, in späterer russischer Zeit auch von den Ostseeprovinzen. Heute ist der Name Livland fast vergessen, das kleine Volk der Liven im lettischen Volk aufgegangen.

Sieht man einmal von den vergeblichen polnischen Aneignungs- und Missionsversuchen um die Jahrtausendwende ab, so begann die eigentliche »Baltenmission« im 12. Jahrhundert zunächst im nördlichsten Teil, in Estland, durch die Dänen mit dem Versuch, den dänischen Einfluß auf die gesamte Ostsee auszudehnen. Dieser blieb zwar noch lange existent, hatte aber durch die Niederlage in der Schlacht von Bornhöved 1227 seine Bedeutung verloren. Mehr Wirksamkeit erlangte die um die gleiche Zeit einsetzende deutsche »Baltenmission«. Kaufleute aus Lübeck waren in das Mündungsgebiet der Düna gekommen, um hier im Siedlungsgebiet der Liven Handelsniederlassungen zu gründen, bald folgten ihnen Missionare. So schloß sich 1180 Abt Meinhard vom Augustiner-Chorherren-Stift Segeberg (Holstein) den Lübeckern an, hatte mit Mission zwar wenig Erfolg, erreichte aber 1186 bei Papst Urban III. die Errichtung eines Bistums Livland und seine Ernennung zum ersten livländischen Bischof. Nach seinem Tode wurde Nachfolger der Abt Berthold des Zisterzienserklosters Lekkum (bei Hannover), der einen »Kreuzzug« organisierte, um mit kriegerischen Mitteln die Mission voranzutreiben. Er erreichte ebenfalls nicht viel und ist in den Kämpfen gefallen.

Sein Nachfolger und dritter Bischof von Livland wurde der Bremer Domherr Albert, ein bedeutender Mann, mehr Staatsmann und Politiker als ein Mann der Kirche. Im Frühjahr 1200 erschien er im Mündungsgebiet der Düna und ging als echter Diplomat nicht kriegerisch vor, sondern verlegte sich aufs Verhandeln mit den Liven. Er erreichte auch Abmachungen, die es erlaubten, beim Einfluß des Riga-Baches, eines kleinen rechten Nebenflüßchens der Düna, kurz vor deren Einmündung ins Meer, 1201 eine Ansiedlung zu gründen. Sie erhielt den Namen Riga und wurde zum Bischofssitz bestimmt.

Um den Kreuzfahrern, die unter seinem Vorgänger ins Land gekommen waren, eine geordnete Organisation zu schaffen, gründete Albert, nunmehr der erste Bischof von Riga, im Jahre 1202 einen Ritterorden nach dem Vorbild des Templerordens in Palästina, der 1204 vom Papst (Innozenz III.) bestätigt wurde.

Vom Templerorden wurde die gesamte Regel und Organisation übernommen und auch dessen offizieller Name: »Milites Christi«, abgewandelt mit dem Zusatz »de Livonia« – Ritter Christi von Livland. Übernommen wurde auch der weiße Mantel mit dem roten achtzackigen Kreuz, dieses jedoch ergänzt durch ein rotes aufrechtes Schwert. Danach nannte sich der Orden allgemein »Schwertritterorden«.

Erster oberster Gebieter des Ordens (Herrenmeister) wurde Winno von Rohrbach (1202–08), ein Bruder von Bischof Albert. Sitz des Ordens war zunächst Riga, doch bald darauf wurde er nach Wenden verlegt, wo auch eine Burg an der Livländischen Aa, einem rechten Nebenfluß der Düna, etwa 60 km nordöstlich von Riga, errichtet wurde. Sie lag im Siedlungsgebiet des baltischen Stammes der Wenden, von denen der Name genommen wurde, zwischen den Siedlungsgebieten der Liven und Esten. Sie war die schönste und größte Burg des Ordens in Livland und diente später dem Landmeister des Deutschen Ordens als Hauptsitz.

Die Gründung des Ordens entsprang der Einsicht des Bischofs Albert, daß er und das Land ohne einen militärischen Schutz auf die Dauer nicht auskommen würden. Der Orden hatte alsbald schwere Kämpfe zu bestehen. Der bisher freundlich gesinnte Fürst von Polozk rückte 1203 gegen Livland vor und bedrohte sogar Riga. Erst von 1204 an konnte er zurückgeschlagen werden.

Im Jahre 1207 suchte Bischof Albert Kaiser Philipp von Schwaben auf und erreichte, daß ihm Livland als Reichslehen verliehen wurde, wobei auch der Papst zustimmte. Der Bischof wurde Reichsfürst und Livland ein Teil des Reiches.

Es war die erste Staatsgründung im Bereich des Siedlungsgebietes der baltischen Völker.

Der Herrenmeister des Ordens Winno hatte ein trauriges Ende gefunden. Er wurde 1208 in der Burg Wenden von einem Ordensritter erdolcht.

Näheres über diesen Mordfall, den Täter, seine Motive und sonstigen Hintergründe sind nicht bekannt.

Zwischen dem Nachfolger Winnos, Volquin Schenk von Winterstein, (1208–36) und Bischof Albert kam es bald zu Zerwürfnissen. Volquin verlangte, daß der Bischof nicht alleiniger Landesherr sein solle, sondern eine Regelung dergestalt, daß er zur Hälfte an der Landesherrschaft beteiligt werde, dies darum, daß nur durch ihn der Landbesitz gehalten und neues Land dazu erworben werden konnte.

Bischof Albert lehnte ab, wie nicht anders zu erwarten. Daraufhin rief der Orden den Papst (Innozenz III.) an, der 1210 entschied, der Bischof solle zwei Drittel des Landes erhalten, der Orden ein Drittel als bischöfliches Lehen unter dem Gelöbnis des Gehorsams gegenüber dem Bischof. Damit hatte der Orden sein Ziel zwar nicht erreicht, gab sich aber zufrieden.

Bischof Albert war mit der päpstlichen Regelung auch nicht einverstanden, denn sie bezog sich ausdrücklich nur auf Livland; dessen Grenzen waren zwar nicht genau gezogen, aber es war eindeutig, daß der Bereich der Diözese Riga gemeint war. Mit weiter einzusetzenden Bischöfen sollte sich der Orden gesondert einigen, in welcher Weise war nicht gesagt. Aber Albert ersah vor allen Dingen aus der Anordnung, daß er nicht der einzige Bischof im Baltikum bleiben würde. Tatsächlich wurden auch alsbald weitere Bistümer errichtet: Kurland, Estland, Ösel und Semgallen. Albert bemühte sich daher um die Stellung als Erzbischof über das Baltikum (und vielleicht sogar über Preußen), um damit seine Stellung als Landesherr über das ganze Land zu halten. Der Papst (Honorius III.) lehnte ab (1219). Riga wurde erst später Erzbistum (1245).

Die Herrschaftsteilung zwischen dem Bischof und dem Orden war nicht gerade als eine sehr glückliche Regelung zu betrachten. Sie mußte notwendig zu Reibereien führen und die Landesverwaltung sowie auch die Mission mehr stören als fördern. Deshalb hatte Hermann von Salza für den Bereich des Deutschen Ordens stets darauf gedrungen, daß der Orden alleiniger Landesherr wurde und nicht mit den Bischöfen teilen mußte. In Livland lagen die Dinge insofern anders, als der Bischof zunächst alleiniger Landesherr war und gezwungen wurde, mit dem Schwertritterorden zu teilen. Hier nun etwa auch die Landesherrschaft ungeteilt sogleich auf den Orden zu übertragen wäre wohl nicht möglich gewesen, selbst wenn der Papst dies bereits ins Auge gefaßt haben sollte. Es gelang auch später nicht, so daß sich Streitereien, Beschwerden, Klagen und sogar Kämpfe zwischen den beiden Herrschaftsträgern ständig wie ein roter Faden durch die gesamte livländische Geschichte zogen.

Die Regelung war das »livländische Muster«, das Bischof Christian auch für Preußen vorschwebte, was dort aber Hermann von Salza verhindern konnte.

Nachdem etwa 1207 die Angriffe des Fürsten von Polozk gegen Riga und Livland zurückgeschlagen waren, ging der Schwertritterorden daran, das gesamte Baltikum zu besetzen, was bis etwa 1214 abgeschlossen war, zuletzt mit Estland. Die Besetzung auch Estlands hat Bischof Albert nicht gern gesehen. Das Land war vorher von den Dänen in Besitz genommen worden, mit denen der Bischof Freundschaft halten wollte. Der Orden glaubte sich dennoch zu einem Vordringen berechtigt, weil auch deutsche Kaufleute – vorwiegend aus Lübeck – in Estland Handelsniederlassungen gegründet hatten. Bereits 1200 war an einer Bucht Lindanese am Finnischen Meerbusen ein Hafen mit einer Siedlung gegründet worden. Bis hierher rückte der Schwertritterorden vor und errichtete eine Burg, die Reval genannt wurde. Der Name ging auf Hafen und Stadt über, die später Hauptort von Estland wurde. Gleichfalls 1214 wurde Jurjew, eine alte, ursprünglich russische Siedlung, besetzt. Es war ein sehr wichtiger Ort am Verbindungswege nach Nowgorod. Er war 1211 zum Sitz des estnischen Bischofs bestimmt und Dorpat benannt worden.

1229 verstarb Bischof Albert. Als Nachfolger wählte das Domkapitel einen Domherren Nikolaus. Er wurde vom Papst (Gregor IX.) nicht bestätigt, statt dessen wurde ein Mönch Balduin aus einem belgischen Orden nach Riga gesandt. Balduin begünstigte in besonderem Maße die Kuren, was erhebliche Unruhe verursachte und Widerspruch besonders seitens des Schwertritterordens hervorrief, der sich schließlich durchsetzen konnte. Balduin wurde 1234 wieder abberufen und Nikolaus als Bischof bestätigt.

Diese Begebenheit hatte das Selbstbewußtsein des Ordens und vor allem auch seine Stellung gegenüber dem Bischof erheblich gestärkt. Er hatte starken Zustrom von Kreuzfahrern erhalten. Außerdem war inzwischen der Deutsche Orden in Preußen seit 1231 im Einsatz und hatte sogleich große Fortschritte gemacht, was für die Schwertritter zusätzlich ein Ansporn wurde, der sie zum Leichtsinn verführte.

Als 1236 starke litauische Kräfte in Livland einfielen, wurden sie vom Schwertritterorden leicht wieder vertrieben. Der Herrenmeister ließ sich aber verleiten, ihnen auf litauisches Gebiet zu folgen. Dies war insofern ein schwerer Fehler, als es sich hier um das litauische Grenzgebiet Szamaiten, ein undurchdringliches Sumpf- und Waldgebiet, handelte, das in späteren Zeiten auch dem Deutschen Orden noch erhebliche Schwierigkeiten bereiten sollte. Die Schwertritter konnten hier überhaupt nicht ordnungsgemäß operieren und blieben bald rettungslos im Sumpf stecken. Sie wurden damit eine leichte Beute der Litauer, die bei Saule (vermutlich Schaulen) das Ordensheer vollständig vernichteten. Der Herrenmeister Volquin fand in der Schlacht den Tod.

Die Niederlage von Saule hatte verheerende Folgen. Die litauischen Truppen konnten mit Leichtigkeit ganz Kurland und Livland überrennen.

Die wenigen hier noch vorhandenen Kräfte des Schwertritterordens konnten dies nicht verhindern. Nur mit Mühe gelang es, Riga zu halten.

In dieser verzweifelten und fast hoffnungslosen Lage richtete das Ordenskapitel des Schwertritterordens den bereits erwähnten Hilferuf nach Preußen an den Landmeister des Deutschen Ordens, dem dies äußerst ungelegen kam, weil er ebenfalls in schwere Kämpfe verwickelt war und Rückschläge hinnehmen mußte. Dennoch entschloß sich der Landmeister Hermann Balk, den Schwertrittern mit 60 Rittern und deren Gefolge zu Hilfe zu kommen. Dort kam er gerade noch im letzten Augenblick, um den Fall der Stadt Riga abzuwenden. Nur langsam besserte sich die Lage. Große Teile von Livland und Kurland blieben noch von Litauern besetzt, die nicht so schnell vertrieben werden konnten.

Die Niederlage von Saule hatte eine noch viel weitreichendere Folge. Der Schwertritterorden stellte ein Gesuch um Aufnahme in den Deutschen Orden.

Dieser Antrag kam nicht von ungefähr. Es stellte sich heraus, daß er schon vorher in der Kurie besprochen und von dem Herrenmeister Volquin des Schwertritterordens angeregt worden sein soll. Die Niederlage von Saule wäre damit nur noch der Auslöser gewesen.

Es ist nicht ersichtlich, wodurch diese Entwicklung veranlaßt worden ist. Die Ritter in Preußen und vor allen Dingen auch Hermann von Salza waren eher ablehnend. Preußen war noch lange nicht vollständig in den Händen des Deutschen Ordens und noch nicht konsolidiert. In dieser Lage mit dem Schwertritterorden auch noch Livland mitzuübernehmen, erschien eher als eine Bürde denn als ein Gewinn. Hinzu kamen die unterschiedlichen Herrschaftsverhältnisse. In Preußen schien die Alleinherrschaft des Ordens gesichert, wenn auch über das Schicksal des Bischofs Christian, der Mitherrschaftsansprüche geltend gemacht hatte, sich aber in pruzzischer Gefangenschaft befand, noch Unklarheit bestand. In Livland dagegen war der Schwertritterorden nur zu einem gewissen Anteil an der Landesherrschaft beteiligt, und es bestand die Gefahr, daß sich bei einer Vereinigung die geteilte Landesherrschaft auch auf Preußen erstrecken könnte.

Der Papst (Gregor IX.) ordnete schließlich die Vereinigung der beiden Orden an, vermutlich durch den Legaten der Baltenmission, Bischof Wilhelm von Modena, besonders bestärkt. Jedenfalls hat dieser, als Bischof Christian 1238 aus der pruzzischen Gefangenschaft zurückkam, dessen Mitherrschaftsansprüche durch Aufteilung Preußens in vier Bistümer beiseite geschoben. Er traute sicherlich dem Deutschen Orden eine bei weitem größere Effizienz zu und die Fähigkeit, auch in Livland seine Alleinherrschaft durchzusetzen, womit er dann allerdings Unrecht haben sollte.

1237 kam es in Viterbo, wo sich gerade die Kurie aufhielt, zu Verhandlungen über die Aufnahme des Schwertritterordens in den Deutschen

Orden, wogegen sich dann vor allem noch Dänemark stemmte. Man hatte schon nicht gerne gesehen, daß der Deutsche Orden unangefochten in Preußen hatte einrücken können, und protestierte dagegen, daß er nun auch auf das Baltikum Einfluß bekommen sollte, dessen Nordteil Estland noch immer selbst beansprucht wurde. Erst als den Dänen Estland uneingeschränkt zugesichert wurde, nahmen sie von weiteren Protesten Abstand. Auch Hermann von Salza stellte schließlich seine Bedenken zurück, und so kam es noch 1237 zu einer Vereinbarung, daß der Schwertritterorden in den Deutschen Orden aufgenommen wurde. Auf den Verhandlungsort bezogen wird die Vereinigung auch »Viterber Union« genannt.

Der Papst (Gregor IX.) und der Kaiser (Friedrich II.) haben die Vereinigung bestätigt, der Papst mit dem »Wunsch«, den Dänen den Besitz von Estland zu belassen, der Kaiser mit der ausdrücklichen Bestätigung nur für »den Besitz von Livland und Semgallen«, wobei Estland ausgelassen wurde.

Es ist nicht zu übersehen, daß hier nicht nur die Vereinigung zweier Orden erfolgte, sondern auch zweier Staaten, richtiger gesagt wurde Livland dem Ordensstaat Preußen angegliedert, wodurch er weit in das Baltikum hineinwuchs. Wenn über die Goldbulle von Rimini, die »Gründungsurkunde« Preußens, und die Culmer Handfeste, das »Grundgesetz« Preußens, eine reichhaltige kritische Literatur existiert, so ist es bezüglich der Viterber Union nicht der Fall. Immerhin war Livland offiziell ein Lehen des Heiligen Römischen Reiches, Preußen war es nicht. Sollte Livland es nun auch nicht mehr sein? Galt die Culmer Handfeste nun auch in Livland? Solche und viele andere Fragen, die mit der Viterber Union zusammenhängen, sind in der Literatur kaum gestellt, geschweige denn beantwortet worden.

Die Vereinigung der beiden Orden war keine vollständige. Der ehemalige Schwertritterorden behielt eine gewisse Selbständigkeit. Seine Organisation wurde im wesentlichen beibehalten. Nur die Spitze, die Stelle des Herrenmeisters, wurde zum »Landmeister in Livland« umgebildet. Im übrigen änderten sich für die Ritter und Brüder fast nur Äußerlichkeiten. So trat an die Stelle des weißen Mantels mit rotem Kreuz und rotem Schwert der weiße Mantel des Deutschritters mit dem schwarzen Kreuz. Ebenso änderten sich Wappen, Siegel und dergleichen.

Es wurde mithin nur eine neue Ordensprovinz geschaffen, abweichend von den anderen Ordensprovinzen im Reich mit einem Meister an der Spitze.

Damit hatte der Deutsche Orden nunmehr vier Meister, im großen und ganzen gleichrangig und mit eigener Weisungsbefugnis und Verantwortung ausgestattet. Lediglich der Hochmeister ging den drei anderen Meistern, dem Deutschmeister, dem Landmeister in Preußen und dem Land-

meister in Livland im Range vor und war diesen gegenüber weisungsbefugt.
Die Ordensprovinz Livland bildete im Gefüge des Deutschen Ordens schon eine Besonderheit. Während der Orden bisher in seinem eigenen Bereich alles selbst aufgebaut hatte, jedes einzelne Ordenshaus, nach und nach auch den Staat, übernahm er nun eine bereits bestehende Organisation und wuchs in einen bestehenden Staat hinein, woraus sich wesentliche Verschiedenheiten ergaben. Abgesehen von der noch unklaren Frage der Landesherrschaft war auch der innere Verwaltungsaufbau unterschiedlich: Preußen war ein modernes Staatsgebilde, ein Beamtenstaat nach dem Vorbild des Königreiches Sizilien. Hier gab es bereits eine gewisse Freiheit und Selbstverwaltung, auch für die einheimische Bevölkerung. In Livland dagegen waren die Verhältnisse noch absolut mittelalterlich. Die einzelnen Siedlungen waren im wesentlichen unabhängig voneinander entstanden, alle jedoch nach dem System des Lehnswesens. Wenn es auch keine Leibabhängigkeit, auch nicht für die einheimische Bevölkerung gab, so waren doch die lehnsabhängigen Verpflichtungen und Beschränkungen von Bedeutung. Sie konnten auch vom Deutschen Orden nicht so ohne weiteres geändert werden, zumal beide Gebiete sich noch in einer ersten Aufbauphase befanden und bei weitem noch nicht befriedet und konsolidiert waren. Der Orden mußte daher in Livland zunächst einmal alles beim alten belassen. Von einer Geltung der Culmer Handfeste beispielsweise konnte also keine Rede sein.

Dennoch war zunächst im Gefüge des Ordens der Landmeister in Livland und damit die gesamte Organisation des bisherigen Schwertritterordens in starkem Maße vom Landmeister in Preußen abhängig. Dies kam dadurch zum Ausdruck, daß Hermann Balk neben seiner Stelle als Landmeister in Preußen die Stelle als Landmeister in Livland mit übernahm. Auch später ist es vorgekommen, daß beide Ämter in Personalunion vereinigt waren. Der Landmeister in Preußen fungierte also als Vertreter des weit entfernt in Palästina residierenden Hochmeisters in etwa als Vorgesetzter des livländischen Landmeisters, allerdings nicht immer mit der gleichen Intensität.

Die Eingliederung der ehemaligen Schwertritter führte bei diesen zunächst einmal zu einer herben Verstimmung. Gemäß der Viterber Union mußte ihnen der Landmeister Hermann Balk die Räumung Estlands befehlen. Das machten die Ritter dem Meister zum Vorwurf, obwohl dieser gar nicht anders handeln konnte und ihm die Rückgabe an Dänemark auch nicht gefiel.

Die Verstimmung der ehemaligen Schwertritter hatte besondere Gründe. Sie betrachteten nämlich Estland gleichsam als Aufmarschgebiet, um von dort über den Peipussee weit nach Rußland hinein vordringen und vor allem Pleskau (Pskow) und Nowgorod besetzen zu können. Gegen solche »Großmachtpläne« hatte sich bereits Bischof Albert von Riga gestemmt, weil er sie als völlig unrealistisch und die eigenen Kräfte als bei weitem überfordernd ansah. Es ist ausgeschlossen, daß etwa Hermann von Salza oder auch Hermann Balk und die preußischen Ritter überhaupt derartige Pläne gebilligt haben, wenn auch die Räumung Estlands verhältnismäßig lasch betrieben wurde. Die Dänen gingen zunächst einmal selbst daran, aus Estland deutsche Siedler zu vertreiben, was aber nicht recht gelang, so daß diese größtenteils wieder zurückkehrten. Dänemark war zu schwach, dies zu verhindern.

Der Landmeister Hermann Balk kehrte nach Erledigung der wichtigsten Dinge 1238 nach Preußen zurück. In Livland setzte er den jungen Ritter Dietrich von Grüningen als seinen Vertreter ein. Dieser stammte aus Thüringen und hatte zu dem Gefolge des Landgrafen Conrad (des späteren Hochmeisters) gehört. Nach dem Tode Hermann Balks 1239 wurde er Landmeister in Livland.

Grüningen sah es als seine Hauptaufgabe an, Livland und Kurland, die nach der Schlacht von Saule großenteils noch immer von Litauern besetzt waren, zu säubern, um vor allem die Landverbindung zu Kernpreußen wiederherzustellen. Darüber hinaus sah er sich aber dann doch noch gezwungen, ein Ordensaufgebot nach Estland zu senden, natürlich ehemalige Schwertritter, nunmehr unter dem Banner des Deutschen Ordens. Aus dem russischen Gebiet von Nowgorod/Pleskau war es zu Grenzverletzungen und Übergriffen gekommen, deren sich der Bischof von Dorpat nicht erwehren konnte. Er rief nicht etwa die Dänen zu Hilfe, sondern den Orden.

Dem Ordensaufgebot gelang es, die Eindringlinge zurückzutreiben. Im September 1240 konnten die Pleskauer bei Isbork, dicht hinter der Grenze am Peipussee, entscheidend geschlagen werden. In Pleskau selbst sagte sich eine Bürgerpartei von Rußland los und unterwarf sich der Ordenstruppe. Die Stadt konnte kampflos besetzt werden. Daß das und was weiterhin geschah im Einverständnis mit dem Landmeister erfolgte, ist kaum anzunehmen. Jedenfalls hat sich Grüningen nicht beteiligt. Das Ordensaufgebot rückte Anfang 1241 nördlich des Peipussees in die Landschaft Kaporje vor und versuchte, Nowgorod zu besetzen. Dies wurde von Alexander Newsky, der diesen Namen nach seinem Sieg über die Schweden im Juli 1240 an der Newa trug, verteidigt. Er konnte das Ordensaufgebot zurückwerfen, die gesamte Landschaft Kaporje und Anfang 1242 auch Pleskau zurückerobern. Von hier aus rückte er über den damals noch zugefrorenen Peipussee nach Dorpat vor. Als das Ordensaufgebot ihn verfolgte, wich er über den See zurück. Das Aufgebot folgte erneut und erreichte Newsky am östlichen Seeufer. Dort kam es zu einer erbitterten Schlacht, die mit einer völligen Vernichtung der Ordensstreitmacht endete.

Newsky nutzte seinen Sieg nicht aus, sondern schloß mit dem Orden noch 1242 Frieden, der keine Gebietsabtretung erforderte. Dies war auf den Einfall der Mongolen zurückzuführen. Diese waren unter Dschingis Khan – wie bereits beschrieben – in Osteuropa eingedrungen und hatten weite Teile Rußlands besetzt. Sie waren dann nach Westen weiter bis Schlesien vorgestoßen, wo sie 1241 infolge der Schlacht bei Wahlstatt aufgehalten wurden und sich wieder zurückzogen. Für Newsky bestand nun die Gefahr, daß die zurückflutenden Mongolen sich nach Norden wenden und ihn bedrohen könnten, weshalb er es vorzog, sich lieber mit dem Orden zu verständigen und Frieden zu schließen.

Der utopische Wunschtraum der großen Machtausdehnung weit nach Rußland hinein war jedenfalls ausgeträumt. Niemals wieder ist eine derartige Absicht auch nur aufgekommen. Der geschlossene Friede mit Rußland war ein großes Glück für den Orden. Er bedeutete gewissermaßen eine neue missionarische Herausforderung: der Mongoleneinfall hatte die heidnischen Kräfte in Europa derart gestärkt, daß sie ein Vorgehen gegen den Orden planten, in erster Linie die Litauer. Nachdem diese aber gerade erst aus Livland und Kurland vertrieben worden waren, die Schlacht bei Wahlstatt und der Friedensschluß des Ordens mit Rußland stattgefunden hatten, ließen sie von dem Vorhaben ab. Dafür kam es aber in Preußen selbst zu einem Aufstand der noch heidnischen Pruzzen, unterstützt durch Ostpommern. Dieser Aufstand wurde sehr gefährlich und bewirkte, daß der damalige Hochmeister Heinrich von Hohenlohe selbst von Palästina nach Preußen kam. Grüningen legte 1242 sein Amt als Landmeister in Livland ab und ging nach Preußen, wo er mitkämpfte und entscheidende Erfolge verbuchen konnte. 1244–46 war er dann erneut Landmeister in Livland und 1246–59 Landmeister in Preußen. 1248 konnte der Aufstand endgültig niedergeschlagen werden.

In seine Zeit fiel, daß der Orden in Preußen das gesamte Samland besetzen wollte, und zwar von dem Gebiet nördlich der Memel aus, welches damals noch zu Kurland gehörte. Zur Errichtung eines dortigen Stützpunkts war die Zustimmung des Erzbischofs von Riga (Erzbistum seit 1245) erforderlich. Sie wurde eingeholt und erteilt. 1252 wurde die Burg und 1254 die Stadt Memel gegründet.

Der erste Erzbischof von Riga Surbeer versäumte übrigens nicht, ganz besonders auf seine landesherrlichen Rechte zu pochen. Er plante sogar, seinen Sitz in Kernpreußen zu nehmen, was die preußischen Bischöfe selbst nicht wollten und was mit ihrer Hilfe dann auch verhindert werden konnte.

1260 brach erneut ein schwerer Aufstand aus, diesmal von Kurland ausgehend. Litauische Truppen waren von Szamaiten her in Livland eingefallen. Die livländischen Ritter stellten sich bei Durben zur Schlacht; dabei verweigerten estnische und kurische Hilfskräfte den Gehorsam, und es kam zu einer schweren Niederlage der Ordenstruppe.

Dies hatte einen allgemeinen Aufstand in Kurland zur Folge, der, wie bereits beschrieben, sofort auf Kernpreußen übergriff. Der Aufstand traf den Orden besonders schwer, weil infolge des Unterganges des staufischen Herrscherhauses derart desolate Zustände im Reich herrschten, daß keinerlei Hilfe von dort zu erwarten war, auch nicht von einzelnen Fürsten. Außerdem konnten sich Preußen und Livland nicht gegenseitig helfen, so daß der Aufstand erst 1273 in beiden Landesteilen niedergeschlagen werden konnte.

Während des Aufstandes kam es noch zu Zwistigkeiten mit dem Erzbischof von Riga, weil er seine mecklenburgische Verwandtschaft ungebührlich bevorzugte. Der livländische Landmeister Otto von Lutterberg (1266–70) sah sich dadurch veranlaßt, den Erzbischof festzunehmen und längere Zeit auf Burg Wenden gefangenzuhalten. Das hat die Beziehungen nicht gerade verbessert. Die Erzbischöfe zogen es vor, öfter nach Avignon zum Papst zu reisen, als in Riga zu bleiben.

Dafür kam es jetzt mit der Stadt Riga zu Zwistigkeiten. Riga war seit seiner Gründung 1201 kräftig gewachsen, sehr selbständig geworden und außerordentlich erstarkt. Es leistete dem Orden öfter Widerstand, gleichsam als wenn es die Herrschaftsrechte des abwesenden Erzbischofs wahrnehmen wollte.

1296 kam es erstmalig zu einem Ausbruch des Streites mit der Stadt. Aber Riga war schwer zu bezwingen, und mit offener Waffengewalt wollte der Orden auch nicht gerade vorgehen. Unerträglich wurden die Zustände, als der Erzbischof 1305 Klage gegen den Orden erhob, die er 1308 noch erweiterte und der sich die anderen baltischen Bischöfe und der König von Polen anschlossen. Über diese Klage und den folgenden Prozeß ist oben im Zusammenhang mit der Verlegung des Hochmeistersitzes nach Preußen eingehend berichtet worden.

Die livländischen Ordensbrüder waren von dieser Klage wahrscheinlich noch mehr betroffen als die Brüder in Preußen. Sie verlegten sich zunächst einmal mit den Domkapiteln der bischöflichen Diözesen aufs Verhandeln. Es zeigte sich, daß diese keineswegs so starr in ihrer Haltung waren wie die Bischöfe selbst, die sich sämtlich in Avignon aufhielten. Man erkannte, daß die dem Papst vorgetragenen Gründe unhaltbar oder zumindest stark übertrieben waren.

Schließlich setzte der Landmeister auch Truppenverbände ein, denen es gelang, 1305 Dünamünde zu besetzen, womit der Stadt Riga die freie Ausfahrt in die Ostsee versperrt war. Als nun auch noch bekannt wurde, daß die Bischöfe von Ösel und Dorpat Bündnisse mit Dänemark, Polen und Litauen geschlossen hatten, letzterem sogar den Besitz von Kurland versprochen hatten, was vor allen Dingen nicht im Sinne der Stadt Riga lag, schlug die Stimmung allgemein um. Es kam zu Verhandlungen, die 1316 eine Vereinbarung brachten, die praktisch die volle und uneingeschränkte Landesherrschaft des Ordens in Livland bedeutete. Sie wurde zwar vom Papst nicht genehmigt, im wesentlichen aber doch eingehalten.

Der Abschluß dieser Entwicklung im Jahre 1324 brachte eine allgemeine Beruhigung. Sie ging einher mit der endgültigen Sitzverlegung des Hochmeisteramtes nach Preußen, die mit der Auflösung des Landmeisteramtes verbunden war und unter dem Hochmeister Werner von Orselen (1324–30) ein Ende nahm. Befürchtungen, daß auch das Amt des Landmeisters in Livland eingezogen werden würde, erwiesen sich als unbegründet. Er war nunmehr dem Hochmeister direkt unterstellt, wodurch seine Stellung nicht etwa eingeschränkt, sondern eher noch selbständiger wurde als unter den Landmeistern in Preußen.

Im Jahre 1343 kam es nochmals zu einem gefährlichen Aufstand, diesmal in Estland durch die einheimische Bevölkerung. Er richtete sich eigentlich nicht gegen den Orden, sondern gegen die Dänen, denen das Land ja überlassen werden mußte. Der Aufstand, dem die Dänen nichts entgegenzusetzen hatten, forderte erhebliche Opfer unter der dänischen aber auch unter der deutschen Bevölkerung. Die geringe dänische Besatzung konnte sich gerade noch in die Burg Reval retten und diese nur mit Mühe halten. Der Deutsche Orden kam zu Hilfe und konnte den Aufstand auch bald niederschlagen.

Dennoch blieb es zunächst formell bei der dänischen Herrschaft, obwohl der Orden als Besatzung im Lande blieb. Man bemühte sich, diesen Zustand für Dänemark ohne Gesichtsverlust zu beenden. Es dauerte aber noch bis 1346, bis der Orden unter den Hochmeistern Ludolf König (1342–45) und Heinrich Dusemer (1345–51) eine Ablösung der dänischen Herrschaft durch Zahlung von 19 000 Mark Silber vereinbarte.

Der Orden ging nunmehr daran, das befriedete Land in seinen Grenzen zu sichern, vor allem die einzige Landgrenze, die gegen Rußland. Sie wurde gebildet durch den Peipussee und seinen nördlichen Abfluß in den Finnischen Meerbusen, die Narwa (Norwara). Dabei war es besonders wichtig, die Mündung der Narwa in die See zu sichern. Hier wollte der Orden einen Hafen mit einer Siedlung und einer Burg anlegen, was wegen des bergigen linken Ufers nur auf dem rechten Ufer möglich war, das zu Rußland gehörte. Nach Verhandlungen wurde ein geeignetes Landstück an den Deutschen Orden abgetreten, und so kam ein kleines Stückchen Rußland auf ganz legale Weise zum Ordensstaat.

1346 begann der Bau der letzten Burg des Ordens: Narwa.

1393 schien es zu einer endgültigen Bereinigung der Herrschaftsverhältnisse in Livland zu kommen, so daß der Orden alleiniger Landesherr sein sollte. In diesem Jahre trat Vakanz auf dem erzbischöflichen Stuhl von Riga ein, und es gelang dem Hochmeister Konrad von Wallenrod (1391–93) zu erreichen, daß sein Neffe Johann von Wallenrod, Ordenspriester und bisher Erzbischof von Bremen, Erzbischof von Riga wurde. Darüber hinaus verfügte Papst Bonifaz IX. (1389–1404), daß der erzbischöfliche Stuhl stets mit einem Ordenspriester des Deutschen Ordens zu besetzen sei.

Aber bereits bei der nächsten Vakanz hob Papst Martin V. (1417–31) diese Anordnung wieder auf. Erzbischof wurde Johannes Ambudii, der dem Orden nicht angehörte. Er hat sich sofort auch als Landesherr gefühlt und 1422 einen Landesrat berufen, der die gesamte innere Verwaltung übernahm und auch behielt.

Damit ist den Ereignissen weit vorgegriffen worden. Inzwischen war der Deutsche Orden im Kernland Preußen in einen Krieg mit dem vereinigten Polen/Litauen verwickelt worden und hatte 1410 in der Schlacht bei Tannenberg eine vernichtende Niederlage erlitten, von der er sich nicht mehr erholte.

Pommerellen

Anders als beim Baltikum, an dessen Erwerb durch Ausdehnung des Ordensstaates nach Nordosten der Orden zunächst wohl kaum gedacht hat, dürfte der Orden sehr bald die Absicht gehabt haben, sein Staatsgebiet Preußen über die Weichsel hinaus nach Westen bis an die Grenze von Pommern hin auszudehnen. Pommern gehörte zum Reich, und auf dieses war der Orden für den Nachschub angewiesen. Es bestand aber keine gemeinsame Grenze mit dem zum Reich gehörenden Pommern. Ein Fremdgebiet lag dazwischen, zwar schmal, jedoch geeignet, für Verbindungswege Schwierigkeiten zu bereiten. Dieses Gebiet war Pommerellen (Klein-Pommern).

Es war kaum zu erwarten, daß sich Pommern und damit das Reich nach Osten bis an die Weichsel, die Westgrenze des Ordensstaates, ausdehnen würden. Es bestand im Gegenteil die Gefahr, daß sich Polen Pommerellen und darüber hinaus sogar Pommern oder Teile davon aneignen würde, so daß es als eine wichtige politische Notwendigkeit für den Orden erschien, für sich selbst Pommerellen zu erwerben, um etwaige Durchzugsschwierigkeiten durch Polen zu vermeiden.

In den Anfangsjahren des Ordensstaates Preußen sah sich der Orden nicht in der Lage, die Ausdehnung nach Westen voranzutreiben, da er im eigenen Lande noch nicht konsolidiert war und zunächst auch noch im Baltikum Hilfe leisten mußte. Daher sollte der Erwerb von Pommerellen erst sehr viel später gelingen.

In Pommerellen siedelte kein baltisches Volk, sondern wie im gesamten östlichen Mitteleuropa zunächst Kelten, dann Germanen (Goten) und schließlich Slawen, die Pomoranen.

Die Pomoranen hatten im Laufe der Zeit ein selbständiges Herzogtum Pommern entwickelt, im Umfang etwa der späteren preußischen Provinz Pommern. Es gelang jedoch nicht, sämtliche Pomoranenstämme zu vereinigen. Erhebliche Gebiete im Osten bis zur Weichsel und auch nach Süden bis über die Netze hinaus blieben als Kleinfürstentümer selbständig und konnten auch nicht unter sich zu einer staatlichen Einheit finden.

Polen hatte sich schon frühzeitig bemüht, auch die Pomoranen in sein Gebiet mit einzubeziehen, nicht nur die in Pommerellen verbleibenden Teilfürstentümer, sondern auch Pommern selbst.

Die Rivalität zwischen den Polanen als Staatsgründern Polens und den Pomoranen war jedoch zu groß, als daß sich diese in den polnischen Staat hätten pressen lassen. Im Gegenteil, sie suchten eher Anschluß an das

Reich. Etwa 1100 nahm Bolesław III. (Schiefmund) die Bestrebungen in Richtung Pommern wieder auf, nachdem er, der Polen zunächst mit seinem älteren Bruder Zbigniew teilte, sich gegen diesen durchgesetzt hatte.

Die erste Phase ungewöhnlich erbitterter Kämpfe schloß mit der Gewinnung der Netze-Linie durch Eroberung der Burgen Nakel und Wyszogorod (bei Bromberg) durch die Polen 1113 ab. Weiterhin wurden verschiedene angrenzende Teilfürstentümer erobert und Polen einverleibt. Schließlich kam es 1121 zur förmlichen Unterwerfung von Herzog Wratislaw von Stettin, was zur Folge hatte, daß die bereits eingeleitete Christianisierung Pommerns durch Bischof Otto von Bamberg offiziell durchgeführt wurde, wobei das Bistum Cammin gegründet wurde.

Dadurch erfolgte ein Zuzug deutscher, meist niederdeutscher Siedler, und zwar in solchem Umfang, daß dies bald zur völligen Eindeutschung des Landes führte, nicht nur in Pommern selbst, sondern auch in einer Reihe von Teilfürstentümern in Pommerellen.

Während die von Polen unmittelbar eroberten und einverleibten Gebiete gehalten werden konnten, war es wegen erheblicher innerer Zwistigkeiten nicht in der Lage, die Unterwerfung von Pommern und auch des größten Teiles von Pommerellen aufrechtzuerhalten.

Die Herzöge von Pommern und auch eine Reihe von Pommerellen-Teilfürsten waren durch Heirat Verbindungen mit deutschen Fürstentümern eingegangen und dadurch selbst zu deutschen Herrscherhäusern geworden. 1181 war diese Entwicklung durch Lehnserklärung gegenüber Kaiser Friedrich I. Barbarossa auch formell abgeschlossen. Herzog Bogeslaw von Stettin wurde Reichsfürst und Pommern Teil des Reiches. Die Lage in Pommerellen blieb weiterhin offen.

Eine besondere Stellung unter den Teilgebieten von Pommerellen nahm Danzig ein. Erstmalig 897 erwähnt als slawisches Fischerdorf an der Mottlau, einem Nebenflüßchen der Weichsel kurz vor deren Einmündung in die Ostsee, konnte es in gewissem Sinne als Hauptort von Pommerellen angesehen werden. Etwa seit 1150 hatte der Pommerellen-Kleinfürst, der das Gebiet um die Weichselmündungen beherrschte, deutsche Siedler und Mönche in das Land gerufen. 1178 entstand das Zisterzienserkloster Oliva. 1236 wurde von lübischen Kaufleuten neben der alten Siedlung und fürstlichen Burg eine neue Siedlung gegründet, aus der sich Stadt und Hafen Danzig entwickelten.

Herzog Swantopolk von Pommern hatte noch zu seinen Lebzeiten seinen ältesten Sohn Mestwin II. (1266–94) zum Herzog von Schwetz (an der Weichsel) eingesetzt und vermachte bei seinem Tode (1266) Danzig seinem jüngsten Sohn Wratislaw.

Um Herr von ganz Pommerellen zu werden, bekriegte Mestwin II. seinen Bruder Wratislaw, nahm das Land des Markgrafen Konrad von Brandenburg zu Lehen und bot ihm statt dessen Danzig als Eigentum an.

Der Markgraf marschierte daraufhin mit einem größeren Heer auf Danzig, das ihm von der deutschen Bürgerschaft ohne Schwertstreich übergeben wurde. Herzog Mestwin wurde jedoch sehr bald anderen Sinnes, verband sich mit seinem Vetter Herzog Bolesław von Polen und zog im Bunde mit ihm nach Danzig, belagerte und eroberte es 1272. Da er kinderlos war, schenkte er Bolesław von Polen 1282 ganz Pommerellen, das dieser nunmehr auch zu erwerben und zu besetzen trachtete. Inzwischen fand Mestwins verjagter Onkel Sambor Aufnahme beim Deutschen Orden und schenkte diesem dafür Meve. Da dieser Ort noch nicht von den Polen besetzt war, zögerte der Orden nicht, ihn in Besitz zu nehmen, womit er erstmalig auf dem westlichen Weichselufer Fuß faßte.

Dann hatte sich Polen in eine Reihe von Teilgebieten aufgespalten. Erst Przemysław II. (1279–96) konnte in Großpolen Posen und Gnesen-Kalisch wieder vereinigen. Er ließ sich überraschend in Gnesen zum König von Polen krönen und besetzte fast ganz Pommerellen unter Bezugnahme auf die Schenkung Mestwins von 1282. Sein Besitztitel war sehr umstritten. Denn Mestwin hatte sich 1269 dem Markgrafen von Brandenburg als Lehnsträger unterstellt. Meve, das sein Onkel Sambor dem Deutschen Orden übertragen hatte, mußte diesem auf den Schiedsspruch eines päpstlichen Legaten hin auch überlassen werden.

Diese häufigen Schwankungen und Unklarheiten hatten bewirkt, daß alle drei Nachbarstaaten Ansprüche auf Pommerellen erhoben. Der Orden war entschlossen, die seinigen rücksichtslos durchzusetzen.

Der sich abzeichnende Konflikt kam zunächst jedoch nicht zum Ausbruch, da Przemysław II. schon acht Monate nach seiner Krönung 1296 ermordet wurde. Er hinterließ nur eine Tochter, so daß Streit um seine Nachfolge zwischen Władysław Lokietek, Sieradz, Herzog Heinrich III. und König Wenzel II. von Böhmen (aus dem Hause der Przemysliden) ausbrach, aus welchem Wenzel als Sieger hervorging. Er ehelichte Przemysławs Tochter und ließ sich zum König von Polen krönen, nahm 1300 Großpolen und auch Pommerellen in Besitz, starb aber bereits 1305. Sein ihm nachfolgender 16jähriger Sohn Wenzel wurde kurz danach 1306 ermordet.

Mit ihm starb das Herrscherhaus der Przemysliden aus. Da sofort der Kampf um seine Nachfolge ausbrach, endete zunächst einmal die böhmische Herrschaft in Polen, während in Böhmen Johann von Luxemburg – nunmehr Johann von Böhmen – an die Regierung kam.

In Polen fiel die Krone an den Piastenherzog Heinrich III. von Glogau, den Przemysław zum Prätendenten bestimmt hatte. Aber noch ein anderer Anwärter stand bereit: Władysław Lokietek. Ihn hatte der Bischof von Krakau, Johann Muskata, zum »Erben des Polnischen Reiches« erklärt. Er konnte sich nur langsam durchsetzen, machte zunächst auch keinerlei Anstalten, Großpolen zu gewinnen, sondern wartete den Tod Heinrichs III. ab. Dieser starb 1309 und hatte das Land unter seine Söhne verteilt.

Dagegen erhob sich Opposition, so daß es Lokietek schließlich bis 1314 gelang, Großpolen zu gewinnen.

1306/07 hatte Lokietek Pommerellen besetzt, was den Markgrafen Waldemar von Brandenburg auf den Plan rief, der seinerseits 1307 in Pommerellen einrückte und bis Danzig vordrang. Dort kam es zu schweren Kämpfen, da sich der polnische, von Lokietek eingesetzte Kastellan in der Burg Danzig halten konnte und vorerst auch bei weitem die Oberhand hatte.

In dieser Lage wandte sich der Landrichter Bogussa von Danzig an den Deutschen Orden und rief ihn um Hilfe an. Das kam dem Orden äußerst gelegen. Der damalige Landmeister Heinrich Plotzke (1307–09) setzte auf der Stelle eine Truppe in Bewegung, der es gelang, sich in den Besitz der Burg und kurz darauf auch der Stadt Danzig zu setzen. Weiter wurden Dirschau und Schwetz erobert und ganz Pommerellen besetzt.

Der Markgraf von Brandenburg, für den der Besitz von Pommerellen und auch von Danzig von geringerer Bedeutung war, ließ sich vom Orden mit Geld abfinden, wobei ihm dieser auch seine Anwartschaft auf Pommern garantierte.

Nachhaltigen Widerspruch erhob verständlicherweise Lokietek von Polen, nachdem auch der Päpstliche Stuhl sich nicht offen und unbedingt für den Orden ausgesprochen hatte. Dagegen hat Kaiser Heinrich VII. (aus dem Hause Luxemburg) sofort den Erwerb von ganz Pommerellen durch den Orden bestätigt, der nunmehr seine Herrschaft im Lande offiziell antrat.

Dennoch hat Władysław Lokietek den Verlust von Pommerellen nicht so ohne weiteres hingenommen. Seine ganze restliche Regierungszeit stand unter dem Eindruck dieses Verlustes.

Bei der Einigung Polens hatte er erhebliche Fortschritte gemacht und wurde daher von Erzbischof Janisław in Krakau am 20.1.1320 zum König von Polen gekrönt. Seitdem war Polen Königreich.

Die Frage, was endgültig mit Kleinpolen, Schlesien und Pommerellen werden sollte, wurde erst durch seinen Sohn und Nachfolger Kasimir III. (den Großen, 1333–1370) gelöst. Dieser trieb im Gegensatz zu seinem kriegerischen und oft unbesonnenen Vater eine kühle Realpolitik.

Dem Orden war es sehr zugute gekommen, daß nach dem Aussterben des Herrscherhauses der Przemysliden in Böhmen das Haus Luxemburg an die Regierung kam. König Johann von Böhmen (1310–40) hatte dem Orden zugesichert, stets auf seiner Seite stehen zu wollen. Dies erschien König Kasimir äußerst gefährlich, und er versuchte, mit Böhmen ins reine zu kommen, möglichst sämtliche Streitpunkte zu beseitigen und damit auch dessen Verbindung mit dem Orden zu sprengen.

Dies sollte Kasimir auch gelingen. Es kam am 24.8.1335 zu dem berühmt gewordenen Vertrag von Trentschin, in welchem Böhmen zunächst einmal auf sämtliche Ansprüche auf Polens Regierung verzichtete. Dies war insofern wichtig, weil früher böhmische Könige auch Könige von Polen waren und daraus Rechte hergeleitet werden konnten. Weiterhin verzichtete Böhmen auf Kleinpolen mit Krakau. Polen verzichtete dafür seinerseits auf Schlesien, das damit gänzlich aus dem polnischen Staatsverband ausschied und endgültig zum Königreich Böhmen kam.

Durch den Vertrag wurde auch erreicht, daß sich das Verhältnis zwischen Böhmen und dem Deutschen Orden etwas lockerte, König Johann von Böhmen nicht mehr so konsequent auf Seiten des Ordens stand, wie er einstmals zugesichert hatte.

Dennoch vermittelte König Johann zwischen Polen und dem Orden, wobei auch sein ältester Sohn Karl (der spätere Kaiser Karl IV.) eine gewisse Rolle spielte. Dieser war dem Orden sehr zugetan und hielt sich oft in der Marienburg auf.

Am 26. 11. 1335 kam es zu einem Schiedsspruch, demzufolge Pommerellen als Geschenk des polnischen Königs beim Orden verbleiben sollte, während jener sich weiterhin »Erbe von Pommerellen« (heres Pomeraniae) nennen durfte. Ferner hatte der Orden Kujawien und das Dobrzyner Land herauszugeben, die er zeitweilig besetzt und beansprucht hatte.

Während der Beginn der Aktion des Ordens in Pommerellen mit der Besetzung von Danzig 1307 in eine Zeit fiel, in welcher der Hochmeister seinen Sitz noch nicht nach Preußen verlegt hatte, hatte den größten Anteil an dem Zustandekommen der Einigung mit Polen der Hochmeister Luther von Braunschweig (1331–35). Das endgültige Ergebnis (den Vertrag von Trentschin 24. 8. 1335 und den Schiedsspruch über Pommerellen 26. 11. 1335) hat er auch nicht mehr erlebt, da er am 18. 4. 1335 verstarb.

Erst sein Nachfolger, Dietrich Burggraf von Altenburg (1335–41), konnte schließlich den Erwerb von Pommerellen vollenden.

König Kasimir von Polen hatte im Mai 1336 den Schiedsspruch über Pommerellen anerkannt, versuchte aber dennoch, ihn wieder zu Fall zu bringen. Er strengte einen Prozeß bei der Kurie an, der sich endlos hinschleppte, aber keinen Erfolg brachte.

Den Hochmeister focht dies alles nicht an. Er ließ sämtliche Burgen in Pommerellen ausbauen, besonders stark die Burgen Danzig und Schwetz an der Weichsel, sowie bei der Marienburg eine Brücke über die Nogat errichten.

Ein ausgedehntes Kulturwerk wurde begonnen, die Eindeichung von Weichsel und Nogat sowie die Trockenlegung des Landes zwischen den beiden Mündungsarmen der Weichsel, des sogenannten Danziger Werders. Dämme sollen sogar schon von dem Landmeister Meinhard von Querfurt (1288–99) erbaut worden sein. Mit Sicherheit erwähnt werden sie zum ersten Male im Jahre 1316.

Obwohl das Verhältnis von Böhmen und dem Deutschen Orden sich gelockert hatte, versuchte König Johann von Böhmen eine neue Aussöhnung zwischen Polen und dem Orden im Jahre 1341, zu der möglicherweise sein ältester Sohn Karl, der wie erwähnt dem Orden besonders zugeneigt war, gedrängt haben mag. König Kasimir lenkte auch ein, da sich ihm seit 1340 günstige Expansionsmöglichkeiten im Südosten seines Landes ergaben. Er wollte daher weitere Konflikte mit dem Orden vermeiden. Er traf sich sogar mit dem Hochmeister Dietrich von Altenburg auf der Marienburg, wobei auch Karl von Böhmen zugegen war. Ob es dabei zu einer endgültigen Absprache gekommen ist, ist nicht sicher, da der Hochmeister einen Tag vor der Abreise des Königs (6. 10. 1341) verstorben ist. Er wurde als erster Hochmeister in der auf seine Veranlassung in der Marienburg erbauten Annakapelle beigesetzt.

Zu einer endgültigen Abmachung kam es erst 1343 mit dem Frieden von Kalisch, in welchem König Kasimir auf Pommerellen formell verzichtete, auch auf den Titel »Erbe von Pommerellen«. Eine Entschädigung wurde vereinbart, die jedoch nicht wirksam wurde. Dennoch hatte dieses Friedenswerk Bestand, und der Orden war nunmehr rechtmäßiger Besitzer von Pommerellen.

Der Übergang von Pommerellen auf den Deutschen Orden vollzog sich recht reibungslos. Das Land wurde nicht wie das Baltikum eine neue Ordensprovinz, sondern wurde ein Teil des Ordensstaates Preußen selbst, für den sich alsbald der Name Westpreußen einbürgerte. Die einzelnen Burgen wurden mit Komturen besetzt wie auch sonst im Ordensstaat üblich. Das Deutschtum war in dem Gebiet stark verbreitet, besonders an der See mit Danzig und seinem Umkreis sowie in den westlichen Landesteilen. Im übrigen war die Bevölkerung slawisch, Pomoranen, die sich (wie noch heute) Kaschuben nannten. Sie waren mit den Polen zwar volksverwandt aber keineswegs verbrüderungsfreundlich, es herrschte im Gegenteil ausgesprochene Rivalität. Die Hinneigung zum Deutschtum war vorherrschend. In den bereits deutschen Gebieten von Pommerellen war die slawische Bevölkerung im Deutschtum aufgegangen.

Der Orden hat daher keine besondere Siedlungspolitik betrieben. Das Land war geordnet. Wenn der Orden auch manchmal hart und autoritär regierte, so war es für die Bevölkerung im allgemeinen ein Fortschritt.

Allein die Stadt Danzig konnte sich nicht so recht mit der Ordensherrschaft abfinden. Danzig war die älteste, größte und auch bedeutendste Stadt im ganzen Ordensgebiet. Sie war keine Neugründung des Ordens, wie die Städte und Gemeinden im alten Ordensstaat zwischen Weichsel und Memel, sondern war aus der eigenen Initiative gegründet, gewachsen und zur Bedeutung gelangt. Dazu kam noch die günstige Lage an der Weichselmündung und das ausgedehnte Hinterland, das zur Entwicklung einer großen und reichen Hafen- und Kaufleutestadt beitrug. Der bisher größte Seehafen von Preußen, Königsberg, konnte damit bei weitem nicht konkurrieren, auch in der Folgezeit nicht. Im Gegenteil: Danzig hat erheblich dadurch profitiert, daß es zum Ordensgebiet gehörte. Aber dennoch war man mit der Ordensherrschaft nicht glücklich. Zwar ist es

Danzig gewesen, das den Orden zu Hilfe gerufen hat. Es hatte aber nicht damit gerechnet oder gar beabsichtigt, dem Ordensstaat einverleibt zu werden. Man hatte durch eigene Kraft etwas geschaffen, hatte eine gewisse Selbständigkeit und Unabhängigkeit erreicht, die man nicht missen wollte, im Verband des Ordensstaates aber wenigstens zum Teil verlieren mußte.

Herr der Stadt war nun der Komtur des Ordens auf der Burg Danzig. Er hätte auf die Besonderheiten der Stadt eingehen müssen. Aber der Orden hat bei der Besetzung der Stelle keine glückliche Hand gehabt, so daß es oft zu Reibereien und Verärgerungen kam, was sich in späterer Zeit sehr zum Schaden des Ordens auswirken sollte.

Es ist im übrigen nicht zu verkennen, daß in dem Erwerb von Pommerellen durch den Orden sehr viel Konfliktstoff gegenüber Polen lag. Polen war im wesentlichen ein Binnenland und keine Seefahrernation. Nach dem Mongoleneinfall führte die Hauptstoßrichtung des Staates nach Südosten. Die Ukraine kam unter polnischen Einfluß. Kiew wurde eine polnische Stadt. Deshalb konnte König Kasimir III. auch auf Pommerellen verzichten, um freie Hand für den Vorstoß nach Südosten zu haben.

Es war aber abzusehen, daß es nicht immer so bleiben würde. Die Weichsel war nun einmal der Hauptstrom Polens. Der Wunsch, die Mündung dieses Flusses und damit den Zugang zur See zu haben, war durchaus verständlich.

Luther von Braunschweig

Während sich der Orden mit auswärtigen Unternehmungen befaßte, wie mit dem Baltikum (Livland) und Pommerellen, daneben auch – wie noch näher zu schildern sein wird – Angriffe aus Litauen abwehren mußte, wurde die Entwicklung des Kernlandes Preußen davon kaum berührt. Nachdem die Hochmeister seit Werner von Orselen (1324–30) unangefochten in Preußen auf der Marienburg residierten, kann man die Folgezeit als die der vollständigen Konsolidierung und des Aufblühens des Ordensstaates bezeichnen.

Rund 100 Jahre war es her, daß zur Zeit des Hochmeisters Hermann von Salza der erste Landmeister in Preußen, Hermann Balk, 1231 den ersten Schritt in das Land östlich der Weichsel getan hatte. Man konnte jetzt an den inneren und vor allem kulturellen Aufbau gehen.

Am Anfang dieser Entwicklung stand der Nachfolger des Hochmeisters Werner von Orselen, ein Mann, der verhältnismäßig wenig bekannt ist: der Hochmeister Luther von Braunschweig (1331–35).

Obwohl seine Amtszeit nur kurz war, ist er unter den Meistern des Ordens derjenige, der das Wesen des aufblühenden Ordensstaates am vielseitigsten in sich verkörpert.

Aus dem braunschweigischen Fürstenhaus waren viele Mitglieder Förderer und Ritter des Ordens und hatten auch hohe Stellungen inne. Aus der Reihe seiner Ahnen, zu denen Heinrich der Löwe, Lothar von Supplinburg und auch die Heilige Elisabeth (von Thüringen) gehören, hat Luther wohl die künstlerischen Neigungen geerbt, die ihn zum Dichter und Förderer der Künste machten, aber auch zum erfolgreichen Kolonisator. Sein Urgroßvater war Herzog Ludwig von Braunschweig, der, wie dargelegt, mit einem ansehnlichen Aufgebot dem Orden in schwieriger Lage zu Hilfe gekommen war und dabei entscheidend zum Entsatz der von den Pruzzen bedrängten Burg Balga beigetragen hatte. Luther, etwa 1275 geboren, war der jüngste Sohn von Herzog Albrecht (dem Großen) von Braunschweig. Von dessen sechs Söhnen teilten sich die drei ältesten das väterliche Erbe, während die jüngeren den drei großen Ritterorden der Zeit beitraten.

Luther selbst muß etwa um 1300 dem Orden beigetreten sein. Er wurde erstmalig als einfacher Ritter, als Mitglied der Komturei Christburg aufgeführt. Mit dieser Komturei fühlte er sich sein ganzes Leben lang besonders verbunden. 1308 wurde er Komtur von Gollup (Culmer Land), 1313 Hauskomtur in der Marienburg, 1314 Komtur in Christburg und Trappier (Leiter der Inneren Verwaltung) und schließlich 1331 Hochmeister.

Luther von Braunschweig ist einer der vorbildlichsten Kolonisatoren des Ordenslandes gewesen. Die Rechte schon vorhandener Orte hat er neu festgelegt, erweitert und ergänzt, wobei er keinen Unterschied zwischen Deutschen und den preußischen Ureinwohnern machte. Sogar Ruthenen hat er neu angesiedelt.

Über seine außenpolitischen Bemühungen, mit Polen zu einem haltbaren Frieden zu kommen, ist bereits berichtet worden. Leider hat er selbst den Erfolg seiner Bemühungen nicht mehr erlebt.

Seine besondere Liebe galt der Dichtkunst. Er hat viele Gedichte verfaßt. Sie sind fast alle verlorengegangen und waren nicht von besonderem Rang. Ihr Wert liegt hauptsächlich darin, daß sie anregend auf seine Zeitgenossen gewirkt haben.

Von den Werken Luthers ist allerdings das Gedicht über das Leben der heiligen Barbara erwähnenswert. Das Haupt dieser Heiligen war 1242 in den Besitz des Ordens gelangt, was man als Beistand Gottes auslegte. Man brachte die Reliquie nach Culm, wo sie besondere Verehrung fand. Lateinische Legenden über die Heilige waren ebenfalls im Besitz des Ordens. Sie lieferten Luther den Stoff, ein Gedicht in deutscher Sprache zu verfassen. Das Werk ist nicht mehr erhalten. Zeitgenossen haben jedoch lobend darüber berichtet und Passagen daraus zitiert, sogar Chronisten nach Einführung der Reformation, als das Werk offenbar noch vorhanden war.

Erhalten ist ein weiteres Werk, eine Übertragung der zwei Bücher der Makkabäer der Bibel in deutsche Verse. Die Makkabäer des Alten Testamentes galten in damaliger Zeit als Vorläufer und Vorbild der Ritterorden, in denen sich Religiosität und kriegerische Pflicht vereinigen. So hat auch Papst Honorius III. die Brüder des Deutschen Ordens die »neuen Makkabäer in der Zeit des Heils« genannt.

Die Versdichtung ist in einer Prachthandschrift des Ordens erhalten, und zwar in Krakau, wohin sie nach der verlorenen Schlacht von Tannenberg (1410) als Kriegsbeute gekommen ist.

Das Werk ist keine Dichtung von hohem Rang. Die Sprache ist schwerfällig, überhäuft von Flickworten und löst sich schwer von der lateinischen Vorlage. Dennoch kann dem Gedicht die Bedeutung nicht abgesprochen werden, die sie im Leben Luthers und auch im Gesamtbild des Ordens der damaligen Zeit gehabt hat.

Wenn davon gesprochen worden ist, daß Luther durch seine Dichtungen weniger eigene Erfolge hatte, sondern hauptsächlich auf seine Zeitgenossen wirkte, so muß man bedenken, daß weltliche Stoffe, besonders der in damaliger Zeit sehr gepflegte Minnesang, vermutlich den Ordensbrüdern untersagt gewesen sein dürften. Wenn entsprechende Dichtungen dennoch in großer Zahl erschienen, so ist es verständlich, daß die Ver-

fasser anonym bleiben wollten. Jedenfalls ist über sie so gut wie nichts bekannt.
Anders war es bei historischen Werken. Während der Zeit des 13. Jahrhunderts entstanden nur einige kurze Berichte aus der Ordensgeschichte. Unvermittelt kam dann zwischen 1220 und 1240 eine Blütezeit der preußischen Geschichtsschreibung auf. Es dürfte kein Zweifel bestehen, daß die Anregungen dazu vom Hochmeister ausgegangen sind. Zwar sind auch hier Werke ohne Angabe der Verfasser erschienen. Doch müssen Ordensbrüder oder sonst sehr informierte Personen Verfasser gewesen sein, da sehr viele geschilderte Ereignisse nur wenigen Eingeweihten bekannt sein konnten, wie z. B. ein Bericht von Hermann von Salza über die Eroberung Preußens oder ein Bericht über die Aufnahme des Schwertritterordens in den Deutschen Orden.

Es zeigt sich hierbei überhaupt ein besonderes Prinzip der Anonymität. Handelnder war in der Regel nicht ein Ordensbruder, kein Ordensgebieter, auch nicht der Hochmeister, sondern nur der Orden selbst. Personenkult wurde nicht gepflegt.

Es ist daher sehr schwierig, gewisse Ereignisse, Begebenheiten, Taten oder Veröffentlichungen einer bestimmten Person zuzuordnen. Am leichtesten ist es noch bei den Hochmeistern möglich: ihre Äußerungen waren, wenn auch nicht unterschrieben, mit dem hochmeisterlichen Siegel versehen. Und wenn diese dann noch datiert sind, ist die Zuordnung nicht schwierig. In den meisten Fällen gelingt es aber nicht, Einzelleistungen von Ordensangehörigen einer bestimmten Person zuzuordnen.

Aus der Zeit des Hochmeisters Luther von Braunschweig haben wir jedoch Kenntnis von den zwei größten preußischen Geschichtsschreibern: Peter von Dusburg und Nikolaus von Jeroschin.

Peter von Dusburg stammte aus Westdeutschland. Er war Ordenspriester, möglicherweise Domherr zu Königsberg. Er verfaßte die »Chronik des Landes Preußen« bis 1330. Es unterliegt keinem Zweifel, daß hier sogar der Hochmeister, der um die Geeignetheit des Verfassers aus anderen Schriften gewußt haben muß, selbst den Auftrag dazu erteilt hat. Obwohl teilweise recht einseitig zugunsten des Ordens dargestellt, ist Dusburgs Chronik das eigentliche Quellenwerk zur Geschichte Preußens und des Ordens. Das Original ist verschollen, spätere Abschriften sind leider fehlerhaft.

Dusburgs Chronik ist in lateinischer Sprache verfaßt und hat daher wohl nicht allen Bedürfnissen entsprochen. Der Hochmeister beauftragte deshalb Nikolaus von Jeroschin, ebenfalls Ordenspriester zu Königsberg, über den man sonst nichts Näheres weiß, die Chronik Dusburgs in deutschen Versen wiederzugeben. Aufgefallen war er dem Hochmeister durch ein Gedicht über den heiligen Adalbert.

Jeroschins »Kronike von Pruzinlant« umfaßt 30 000 Verszeilen. Es ist keine bloße Übersetzung von Dusburgs Chronik, sondern enthält auch eigene Zugaben. Das Werk ist vollständig erhalten und mit dem des Wolfram von Eschenbach zu vergleichen.

Ein drittes historisches Werk »Epitom gestorum Prussiae« von einem Domscholaren Konrad entstand noch zu dieser Zeit in Königsberg, sowie eine »Kleine preußische Reimchronik« von einem unbekannten Verfasser.

Es ist kein Wunder, daß besonders viele Autoren der damaligen Zeit in Königsberg ansässig gewesen sind, denn auf diese Stadt und ihre Menschen hatte Luther von Braunschweig den größten Einfluß. Hier waren in dieser Periode die geistigen Kräfte besonders rege, während in Christburg und auch auf der Marienburg eher geistige Enge und nüchternes Leben herrschten.

Königsberg wurde Luthers geistige Heimat. Seine üblichen Verwaltungsreisen dehnte er gerade nach Königsberg besonders lange aus. Es kam hier aber auch zu Schwierigkeiten. Der Bischof von Königsberg plante den Bau einer großen Kirchenburg, wie es sie in Marienwerder und Frauenburg bereits gab. Der Orden duldete aber nicht, daß in nächster Nähe seiner eigenen Burg eine Kirche entstand, die selber zu einer Trutzburg werden konnte. Daher hat auch Luther den Bau verboten, der bereits begonnen war. Es wurde nur ein Dombau errichtet, bei dessen Ausgestaltung der Hochmeister großen künstlerischen Einfluß nahm.

Diesen Dom wählte der Hochmeister dann als seine letzte Ruhestätte. Sein Wunsch ist erfüllt worden. So ist Luther von Braunschweig einer der wenigen Hochmeister, die nicht auf der Marienburg beigesetzt wurden.

Die Nachwelt hat nicht viele Hochmeister mit solch inniger Verehrung genannt wie ihn. Der kulturelle Aufstieg des Ordensstaates war sein Werk. Wenn auch der äußere Höhepunkt mit all seinem Glanz noch nicht erreicht war, so kann doch mit Fug und Recht gesagt werden, daß mit ihm die Blütezeit des Ordensstaates Preußen ihren Anfang nahm.

Und dennoch ist dieser Hochmeister heute weitgehend unbekannt. Gewiß, er war kein großer Feldherr, hat keine bedeutenden Schlachten und Kämpfe bestehen müssen. Seine Bedeutung liegt im innerlichen und kulturellen Bereich, was oft nicht so faszinierend ist wie ein spektakulärer militärischer Erfolg.

Trotzdem war er einer der bedeutendsten Hochmeister und verdient es nicht, der Vergessenheit anheimzufallen.

Litauen

Mit dem Pruzzenland (Preußen) und dem Baltikum (Livland) hatte der Deutsche Orden den größten Teil der baltischen Völker unter seine Herrschaft gebracht. Eine einzige Ausnahme bestand: Litauen. Das hatte seinen Grund in der besonderen Lage und Beschaffenheit dieses Landes als Binnenland, das deutsche Siedler und Kaufleute nicht sonderlich angezogen hatte. Auch der Orden hatte an sich kein Interesse an diesem Land. Das wurde ihm aber gleichsam aufgezwungen, und die Auseinandersetzung mit Litauen hat die Ordensgeschichte lange Zeit begleitet. Schließlich war es dann Litauen, das den Untergang des Ordensstaates einleitete.

Das Siedlungsgebiet der Litauer umfaßte hauptsächlich das obere Stromgebiet der Memel (Njemen) mit den Mittelpunkten Kaunas (Kowno) und Vilnius (Wilna), dazu westlich anschließend Szamaiten, das sich nicht an der Memel befand, sondern sich nördlich davon bis fast an die Ostsee erstreckte und damit Kurland beinahe in zwei Teile teilte. Kurland lag nämlich direkt an der Ostsee beziehungsweise am Kurischen Haff, nördlich des Unterlaufes der Memel, die hier die nördliche Grenze Preußens bildete, und mit einem etwa gleich großen Teile im Norden. Dazwischen bestand nur eine ganz schmale Landverbindung längs der Ostsee (Samogitien). Kurland hatte dadurch das Aussehen eines in Richtung Westen fliegenden Schmetterlings oder Riesenvogels mit zwei ausgebreiteten Flügeln und einem schmalen Leib. Dazwischen befand sich Litauen, das einer direkten Landverbindung der kurländischen Gebiete größtenteils im Wege lag und diese Verbindung auf einen ganz schmalen Uferstreifen beschränkte. Der südliche Teil Kurlands, das sogenannte Memelgebiet, tendierte daher viel mehr nach Preußen als zu dem nördlichen Kurland, was später dazu führte, daß es abgetrennt und Preußen zugeordnet wurde.

Litauen war in damaliger Zeit ein schwer zugängliches Land. Besonders der Westteil Szamaiten war ein Riesenwaldgebiet, größtenteils versumpft, rauh, regnerisch, mit wenig Ackerland, das kaum den Eigenbedarf der Bevölkerung deckte. Diese lebte hier wie in einer natürlichen Festung, die sich am ehesten noch in einem strengen Winter überwinden ließ, wenn alles gefroren war und eine Truppe eindringen konnte, ohne im Sumpf zu versinken. Bei mildem Winter oder gar im Sommer war das Land mangels richtiger Verkehrswege kaum zu passieren. Nur wenige kundige Einheimische waren überhaupt in der Lage, sich in diesem Sumpfgelände zurechtzufinden.

Der Holzreichtum der Wälder konnte erst genutzt werden, als der Ordensstaat erstarkt war und als Abnehmer in Betracht kam. Auf der anderen Seite waren die Litauer infolge dauernder Mangelzustände ihres Landes sehr angriffslustig und ein Schrecken für ihre Nachbarländer, darüber hinaus infolge der Rückzugsmöglichkeit in ihre heimische »Festung« kaum zu überwinden. Darunter hatten am meisten die Kuren zu leiden, da sich Litauen mit seinem Landesteil Szamaiten direkt in ihr Land hineinbohrte bzw., umgekehrt gesehen, Kurland diesen litauischen Landesteil umklammerte.

Diese Bedrohung hatte zuerst der Schwertritterorden zu spüren bekommen, als er sich, geländeunkundig, wie man noch war, dazu hinreißen ließ, in das Sumpfgelände zu ziehen, wo es den Litauern ein leichtes war, die Eindringlinge in der Schlacht bei Saule (1236) völlig zu vernichten.

Aber vorerst konnte auch der Deutsche Orden nichts Nennenswertes ausrichten. Noch hatte er sich in Preußen selbst nicht vollständig konsolidiert, geschweige denn, daß das gerade dazugekommene Baltikum (Livland) schon gefestigt gewesen wäre. Er war überhaupt nicht in der Lage, die dafür ausreichende Streitmacht aufzubringen. Als dann schließlich das eigene Gebiet hinreichend befriedet und gesichert war, war es zu spät, mit Erfolgsaussichten vorzugehen, denn inzwischen war ganz Litauen ein eigener einheitlicher Staat geworden, gefestigt und erstarkt, so daß es mit den Kräften des Ordens nicht mehr zu überwinden war.

Wie alle mit baltischen Volksgruppen bewohnten Länder bestand zunächst auch Litauen aus zahlreichen kleinen Teilfürstentümern, die zwar eng zusammenhingen, aber noch keinen einheitlichen Staat bildeten. Es kam jedoch in Litauen sehr bald zur Gründung eines Einheitsstaates. Die ersten Ansätze finden sich unter Fürst Mindowe etwa um 1240.

Unter seinen Nachfolgern kam es sogar zu ausgedehnten Eroberungszügen nach Osten, teilweise über Weißruthenien und die Westukraine bis Moskau und zum Schwarzen Meer. Es schien zeitweilig, als ob Rußland in Litauen aufgehen würde. Diese an sich unglaublich erscheinende Möglichkeit konnte sich dadurch ergeben, daß Rußland durch den Mongolensturm, der über das Land hinweggebraust war und erst in der Schlacht bei Wahlstatt (1241) ein Ende fand, so stark geschwächt worden war, daß man den Litauern keinen nennenswerten Widerstand entgegensetzen konnte. Aber nicht nur nach Osten und Südosten richtete sich der Eroberungsdrang der Litauer, sondern auch nach Westen und Nordwesten. Gegen den Orden kam es zu Vorstößen besonders unter dem Großfürsten Wyten (1293–1317). Denen konnte der Orden anfangs keinen Einhalt bieten. Ihm blieb nichts anderes übrig, als Preußen durch starke Burgen so gut wie möglich zu schützen.

Im Jahre 1289 wurde die alte Pruzzenburg Ragnite als Trutzburg besonders ausgebaut. Sie erhielt den Namen Landeshut, der sich jedoch nicht einbürgerte. Der alte Name Ragnit setzte sich wieder durch.

Burg Ragnit wurde der Hauptstützpunkt des Ordens für die Abwehrkämpfe gegen Litauen. Sie wurde daher stets mit besonders tüchtigen Männern als Komturen besetzt. Mehrere Hochmeister waren vor ihrer Wahl Komture von Ragnit. Dazu kam eine innere Verteidigungslinie mit den Hauptburgen Labiau, Tapiau, Bartenstein und Heilsberg.

Die stärksten Vorstöße Wytens erfolgten zu der Zeit, als Siegfried von Feuchtwangen (1303–11) als erster Hochmeister seinen Sitz in Preußen genommen hatte, besonders in dessen Todesjahr 1311. Sie flauten dann zunächst wieder ab. Wyten verstarb 1317.

Sein Nachfolger Gedimin (1317–41), Stammvater der Jagellonen, machte dem Orden dann ganz besonders zu schaffen. Es kam weniger zu großen Schlachten als zu einzelnen Plünderungszügen, bei welchen sich besonders der litauische Fürst David, Burghauptmann von Grodno, einen Namen machte. Allein war der Orden nicht in der Lage, sich der dauernden Angriffe zu erwehren. Man ging daher dazu über, fremde Herren für »Kreuzzüge« nach Litauen zu interessieren, wie es zu Beginn des Ordensstaates beim Erwerb Preußens üblich gewesen war. Hier tat sich der Hochmeister Werner von Orselen (1324–30) besonders hervor. Er konnte vor allen Dingen König Johann von Böhmen (1310–40), der bereits beim Erwerb von Pommerellen durch den Orden eine Rolle gespielt hatte, für einen Zug nach Litauen interessieren. Im Jahre 1329 kam er mit einem ansehnlichen Aufgebot dem Orden zu Hilfe. Als »Polenkönig« trat er sogar dem Orden das Land Dobrzyn (östlich vom Culmer Land an der Weichsel gelegen) als Ersatz für erlittenen Schaden ab.

Seit diesem Zuge König Johanns wurde es für Fürsten und Herren Ehrensache, eine »Heidenfahrt« oder »Reise« gegen die Litauer unternommen zu haben; daran beteiligten sich z. B. Markgraf Ludwig von Brandenburg, zum 2. Male König Johann von Böhmen mit seinem Sohn Karl (dem späteren Kaiser Karl IV.) und Schwiegersohn Herzog Heinrich von Niederbayern, König Ludwig von Ungarn, Graf Günther von Schwarzburg, Graf Wilhelm von Holland und Herzog Albrecht III. von Österreich.

Infolge dieses massiven Aufgebotes kam es an der Litauenfront zu einer gewissen Beruhigung, wenn auch die Litauer nicht entscheidend geschlagen wurden und keine Teile ihres Landes erobert werden konnten. Der Orden errichtete seit 1330 neue Burgen zum Schutze des Landes wie Georgenburg und Johannisburg in Masuren, Terweten und Dobelin an der livländischen Grenze, später (seit 1360) dann noch Neuhaus und Windenburg in Preußen, Grobin in Kurland. Gegen 1341 flammten die Kämpfe gegen die Litauer wieder auf, brachten zunächst aber nicht viel, da König Gedimin beim Angriff auf Georgenburg gefallen war.

Gedimin hatte sein Land unter seine sieben Söhne aufgeteilt, unter denen die tatkräftigsten Olgierd und Kinstute waren. Sie allein konnten sich in Litauen durchsetzen und teilten sich ihre Aufgaben derart, daß

Olgierd sich dem Ostraum widmete, während Kinstute die Innenpolitik übernahm und den Kampf gegen den Orden weiterführte. Dieser Kampf fiel nun in eine Zeit zweier ziemlich unbedeutender Hochmeister.

Hochmeister Ludolf König Herr zu Weizau (1342–45) hatte das Pech, bei einem Zug gegen Litauen auf eine gegnerische Scheinoperation hereinzufallen, wodurch er den damaligen Ordensmarschall Heinrich Dusemer, der sich gerade auf einer Befriedungsaktion gegen Estland befand, in arge Verlegenheit brachte. Über Ludolf König ist nur wenig bekannt. Er stammte aus Sachsen. Aber weder seine Herkunft noch sein Geburtsjahr, selbst der Namenszusatz »Herr zu Weizau« sind unumstritten. Er wird sonst nur erwähnt als Treßler unter dem Hochmeister Luther von Braunschweig. Infolge des mißglückten Litauenzuges verfiel er in Schwermut und begann, Ordensbrüder tätlich zu bedrohen. Dem damaligen Großkomtur, Winrich von Kniprode, gelang es, ihn dazu zu bewegen, den Ordensmarschall Heinrich Dusemer mit seiner Amtsführung zu betrauen und schließlich 1345 ganz zurückzutreten. Er blieb Komtur von Engelsburg, wo er 1348 verstarb.

Heinrich Dusemer von Arffberg wurde sein Nachfolger als Hochmeister (1345–51). Er stammte aus Schwaben, Näheres über Herkunft und Alter ist nicht bekannt. Er muß sehr früh in den Orden eingetreten und nach Preußen gekommen sein, denn er soll sich bereits als junger Ritter durch seine Kämpfe mit dem Großfürsten Wyten, der bereits 1317 verstorben ist, hervorgetan haben.

Dusemer war dann auch Komtur von Ragnit (1329) und wurde 1335 Ordensmarschall. 1351 ist er von seinem Amt als Hochmeister zurückgetreten. Über den Grund dafür ist nichts überliefert, auch nicht, was weiter aus ihm geworden ist und wann er verstarb.

Der Kampf gegen Litauen lag nun ganz in der Hand des damaligen Großkomturs Winrich von Kniprode, der später Hochmeister wurde (1351–82) und dem ein besonderes Kapitel gewidmet wird.

Winrich war zu Zeiten der Hochmeister König und Dusemer in Samland tätig, Ordensmarschall von 1342–46 und teilweise gleichzeitig Großkomtur von 1342–51. Der Amtssitz des Ordensmarschalls war wegen der dauernden Kämpfe von der Marienburg nach Königsberg verlegt worden, um in Frontnähe zu sein.

Im Winter 1348 gelang es Winrich, den Litauern eine vernichtende Niederlage beizubringen. Gemeinsam mit dem damaligen Ordensmarschall Dahnfeld lockte er die angreifenden Litauer über den vereisten Strebefluß. Wie vorauszusehen setzte alsbald Tauwetter ein. Das Eis des Flusses wurde brüchig. Das Heer der Litauer wurde dadurch vom Nachschub und auch vom Rückzug abgeschnitten. Es wurde vollständig vernichtet.

Aber auch später, als Winrich Hochmeister geworden war, flauten die Kämpfe nicht ab. In diesen zeichnete sich der damalige Komtur von

Ragnit, Hennig Schindekopf, später Ordensmarschall, besonders aus. Er verfolgte den aussichtslosen Plan, ganz Litauen dauerhaft zu erwerben. Kaum ein Jahr verging ohne einen Feldzug gegen Litauen. Dabei geriet Kinstute 1361 in die Gefangenschaft des Ordens, aus der ihm jedoch die Flucht gelang. 1370 schließlich sammelten Olgierd und Kinstute noch einmal die gesamten Streitkräfte Litauens, um den Ordensstaat zu zerschlagen. Der Angriff ging längs der Memel und Deime auf Königsberg. Der Hochmeister mußte seinerseits die gesamte Macht des Ordens aufbieten, um dem Angriff entgegenzutreten. Es kam zur Schlacht bei Rudau, die Olgierd und Kinstute zur Flucht nötigte. Beide Parteien erlitten erhebliche Verluste. Der Ordensmarschall Hennig Schindekopf fiel, mit ihm zwei Komture und 23 Ordensritter. Die Kämpfe der nächsten Jahre führten die Ordensheere weit nach Litauen hinein, jedoch konnten die Hauptorte, insbesondere Vilnius (Wilna), nicht erobert werden.

Leiter der Unternehmungen dieser Zeit war vorwiegend Konrad von Wallenrod. Er entwarf eine Art Generalstabskarte, in der die Angriffswege gegen Litauen verzeichnet waren. 1382 wurde er Ordensmarschall.

1380 verstarb Olgierd. Sein Sohn Jagiello schloß mit dem Hochmeister Winrich von Kniprode einen Friedensvertrag, den Vertrag von Daudischken. Kinstute, Bruder des verstorbenen Olgierd und Onkel Jagiellos, war damit keineswegs einverstanden, überfiel 1381 seinen Neffen und nahm den Titel eines Großfürsten von Litauen an. Jagiello geriet in Gefangenschaft, aus der er sich jedoch mit Hilfe des Ordens befreien konnte. Er nahm seinerseits Kinstute und dessen Sohn Witold gefangen. In dieser Gefangenschaft ist Kinstute 1382 verstorben. Im selben Jahre verstarb Winrich von Kniprode. Die Kämpfe hörten nun auf. Der Nachfolger Winrichs, der Hochmeister Konrad Zöllner von Rothenstein (1382–90), konnte noch 1382 den Friedensvertrag zu Dobissenwerder schließen (ein Inselchen in der Memel gegenüber der Einmündung der Dobissa). In diesem Vertrag trat Litauen Szamaiten westlich der Dobissa an den Orden ab, was diesem endlich die ersehnte große Verbindung zwischen Preußen und Kurland/Livland bescherte.

Damit waren die Kämpfe zu einem gewissen Abschluß gekommen, wenn auch Litauen ein Unruheherd und eine Bedrohung blieb. Davon abgesehen blühte vor allem der Handel mit Litauen auf, wovon merkwürdigerweise nicht die in der Nähe liegenden Städte Königsberg, Memel oder Riga profitierten, sondern Danzig.

Im übrigen wurde Szamaiten nicht Preußen oder Livland angegliedert, sondern als selbständiges Gebiet von einem vom Orden bestellten Vogt verwaltet. In diesem Amt soll sich der Ritter Michael Küchmeister von Sternberg verdient gemacht haben, der später als Hochmeister (1412–22) eine etwas undurchsichtige Rolle gespielt hat.

Winrich von Kniprode

Der bedeutendste Hochmeister des Deutschen Ordens nächst Hermann von Salza war Winrich von Kniprode. Während Hermann von Salza der Begründer des Ordensstaates war, bildete die Regierungszeit Winrichs von Kniprode den glanzvollen Höhepunkt der Ordensgeschichte, der durch das Gleichmaß der inneren und äußeren Entwicklung, welche die Persönlichkeit des Hochmeisters dem Orden verlieh, gegeben war.
Natürlich war die Blüte des Staates nicht allein das Werk dieses Hochmeisters. Die Voraussetzungen waren geschaffen und auch vor ihm zeichnete sich ab, daß Kultur und Wirtschaft des Staates einem Höhepunkt zustrebten. Aber in der Zeit Winrichs nahm dies alles einen erhöhten Fortgang, und seine Ausprägung an schöpferischer Kraft und Größe, an Milde und Bescheidenheit bei hohem Amtsbewußtsein, kurz sein Ansehen, war derart, daß ihm Chronisten seiner Zeit und mehr noch die Nachwelt Einrichtungen zuschrieben, die gar nicht von ihm stammten.
Es war nicht ständig Frieden. Der Orden hatte stets Auseinandersetzungen zu bestehen. Zu Winrichs Zeit gab es ganz besonders schwere Kämpfe mit Litauen.
Winrich von Kniprode stammte vom Niederrhein. Die Familie, über die nichts Näheres überliefert ist, nannte sich nach dem kleinen Orte Kniprath, wenige Meilen unterhalb von Köln am rechten Rheinufer gelegen. Weder das Geburtsjahr noch irgend ein Ereignis aus der Jugendzeit Winrichs sind bekannt, auch nicht, wann er dem Orden beigetreten ist.
Die älteste Nachricht über ihn datiert aus dem Jahre 1334. Damals war er bereits Amtsträger des Ordens in wenig bedeutender Stellung, nämlich als Kompan des Pflegers von Preußisch Holland, eine Art Adjutant.
1338 wurde Winrich Komtur von Danzig, 1341 Komtur von Balga. Später war er in nicht genau festzulegender Position tätig im Samland, Ordensmarschall (1342–46) und gleichzeitig Großkomtur (1342–51). Er hat also bereits vor seinem Amtsantritt als Hochmeister die Geschicke des Ordens sehr wesentlich mitbestimmt, was wohl damit in Zusammenhang zu bringen ist, daß zur damaligen Zeit mit Ludolf König und Heinrich Dusemer zwei etwas farblose Persönlichkeiten als Hochmeister amtierten, die ihrer Aufgabe nicht gewachsen waren.
Im Jahre 1352 wurde Winrich von Kniprode Hochmeister, ein Amt, das er dann 30 Jahre lang bis zu seinem Tode 1382 innehatte. Er war ein Mann ganz besonderer Fähigkeiten, Staatsmann, Diplomat, Verwaltungs- und Wirtschaftsfachmann, und dies alles als Haupt eines ritterlichen

Mönchsordens. Selbst böswillige Chronisten – sei es unter den Zeitgenossen oder aus der Nachordenszeit – sprechen von ihm mit ganz besonders großer Hochachtung.

In seiner Blütezeit wuchs der Orden über sich hinaus. Während ursprünglich der kriegerische Geist des militärischen Einsatzes vorherrschte, der sich bald mit staatsmännischen und verwaltungstechnischen Aufgaben paarte, entwickelten die Ritter des Ordens auch kaufmännische Kräfte und bildeten sich zu einer Kaufmannsgesellschaft allerersten Ranges aus. Diese Eigenschaften brachten die Ritter nicht von Hause aus mit, sondern erlernten sie erst in Preußen unter Anleitung der Hochmeister, von denen Winrich den größten Einfluß nahm.

Es war auch notwendig, die Ritter in diesem Sinne zu schulen, denn der gesamte Handel des Staates lag und blieb in der Hand des Ordens, wobei es allerdings oft zu Reibereien besonders mit den größeren Städten kam. Dennoch haben beide – die Städte und der Orden – in gewissem Konkurrenzkampf voneinander profitiert. Von Anfang an hatte sich der Orden neben der Ausstattung und Verstärkung seiner Burgen um die Städte bemüht.

Thorn, die erste vom Orden gegründete Burg und Stadt, errichtete seit 1250 steinerne Bauten, Stadtmauern, einen Wachturm mit Sturm- und Feuerglocke auf dem Markt, entsprechend dem Belfried in Flandern. Die Stadt wurde schnell die erste Handelsstadt des Ordenslandes, die »Königin der Weichsel«. Polnische Herzöge bewilligten Zollermäßigungen an den Straßen nach Gnesen und Posen, nach Inowrocław (damals auch Jungleslau, später in königlich preußischer Zeit Hohensalza) und Guben. Herzog Sambor von Pommerellen bewilligte 1552 sogar Zollfreiheit.

Später trat unter den Städten immer mehr Danzig hervor und überflügelte schließlich auch Thorn, was damit zusammenhing, daß Danzig nahe der Weichselmündung lag und einen großen Seehafen entwickelt hatte. Auch Königsberg, 1255 vom Orden gegründet, lag an einer Flußmündung (Pregel) und baute später einen Seehafen aus, konnte aber die Bedeutung von Danzig nicht erreichen.

Danzig gehörte außerdem der Hanse an, der dann in Preußen noch sechs weitere Städte beitraten: Königsberg, Thorn, Culm, Elbing, Braunsberg und Memel. Auch in Livland hatte sich eine Reihe von Städten der Hanse angeschlossen.

Die Zugehörigkeit zur Hanse warf Probleme auf. Die Hanse – auch Hansa genannt, germanisch: Schar – war im deutschen Mittelalter eine bevorrechtigte Kaufmannsgenossenschaft, die zwar kein fester Städtebund war, aber dennoch eine besondere hanseatische Außenpolitik führte. Falls es sich nicht um selbständige Reichsstädte handelte, sondern um Städte in einem anderen Staatsgebiet (wie auch in Preußen), konnte diese Politik dem Lande durchaus gefährlich werden.

Auf der anderen Seite konnten und wollten auch die Hochmeister den im Ordensstaat liegenden Städten die Zugehörigkeit zur Hanse nicht verbieten. Denn diese brachte auch Vorteile. Besonders der Hochmeister Winrich von Kniprode war klug genug, sich stark der Hanse anzunähern, um von ihr zu profitieren. Die Hanse hatte beispielsweise Kontore in London und anderen größeren Handelsplätzen im Ausland. Deren Verbindungen konnte der Orden auch für seine eigenen Handelsbeziehungen nutzen. Ganz allgemein folgte Winrich der Politik der Hansestädte, so daß deren Erfolge ebenso Erfolge der Regierung Winrichs waren. Dies zeigten besonders die Differenzen, die die Hanse mit Dänemark hatte. Dänemark hatte in der damaligen Zeit eine gewisse Vormachtstellung im Ostseehandel. 1368 kam es darüber mit dem dänischen König Waldemar IV. zum Kampf, an dem nur die Hansestädte beteiligt waren. Der Orden blieb neutral. 1370 errang die Hanse einen entscheidenden Sieg, der zum Friedensvertrag von Stralsund führte und Dänemark seine Vorrangstellung kostete. Dieser Erfolg der Hanse war auch für den Ordensstaat von erheblicher Bedeutung. Er war nunmehr führender Staat im Ostseeraum.

Aber auch andere Städte wuchsen oder wurden neu angelegt: Bartenstein, Hohenstein, Allenstein, Rastenburg, Allenburg, Hela, Märkisch Friedland. Alle wichtigen Ämter (Rat und Schöffenstuhl) besetzten in den Städten die Großkaufleute. Der Wohlstand der Bevölkerung wuchs. Immer mehr schlossen sich die oberen Stände der Bürgerschaft, Großhändler, Schiffer, Brauer, Tuchhändler, zu geschlossenen Gesellschaften, den sogenannten Artushöfen, zusammen. Auch die Häuser für Geselligkeiten wurden Artushöfe oder Kompenhäuser (von Kumpan/Kompan = Geselle) genannt. Die älteste derartige Einrichtung findet sich 1310 in Thorn. Besonderes Ansehen genoß der Artushof in Danzig.

Damit wurden allerdings die preußischen Städte sehr in ihrem Eigenleben gestärkt. Die bürgerliche Kultur drängte spürbar neben die ritterliche des Ordens. Zeichen der Wohlhabenheit und der religiösen Gesinnung war der Bau stattlicher Kirchen. Die Dome zu Marienwerder und Königsberg wurden unter der Regierung Winrichs von Kniprode vollendet, der Dom von Frauenburg 1388.

Die Städte sahen es im übrigen nicht gern, wenn der Orden die sich rasch entwickelnden Naturgaben des urbar gemachten Landes nutzte und sich selbst zur ersten Handels- und Finanzkraft entwickelte.

Die Einkünfte des Ordens, dessen Reichtum ständig zunahm, bestanden zunächst in den Erträgen der eigenen Güter und den Abgaben seiner Untertanen, Hufenzins und Zehnten in den nicht zu einem Bistum gehörenden Ländereien. Der Zehnte betrug für die deutschen Ansiedler je einen Scheffel Weizen und Roggen von jedem Pfluge (etwa eine Hufe), für die Einheimischen den Scheffel von jedem Haken (zwei Drittel einer Hufe). Ferner erhielt der Orden zwei Drittel einer jeden Buße, ein Drittel bekam der Gerichtsherr.

Aus den Städten bezog der Orden für geleistete Bauhilfe die Hälfte aus den Einnahmen der Kaufhäuser, der Kranz-, Schuh-, Brot- und Fleischbänke. Nur Thorn und Culm hatten dies durch eine einmalige Entschädigung ablösen können.

Der Bernstein war Regal des Ordens. Er brachte ihm einen stets steigenden Ertrag.

Dazu kamen die Einnahmen aus den eigenen Handelsgeschäften des Ordens. Die Ausfuhr an Getreide, Wachs und Bernstein nahm der Orden auf eigenen Schiffen vor, schaltete so den Zwischenhandel aus und trat damit in Wettbewerb mit den Städten. Für den Eigengebrauch, insbesondere was Bekleidung anbelangte, führte er selbst die Waren ein. An der Spitze der kaufmännischen Unternehmungen standen Großschäffer zu Marienburg und Königsberg, die durch Handelsvermittler, sogenannte Lieger, unterstützt wurden.

Der ausgedehnte Handel des Ordens bedurfte einer ordnungsgemäßen Buchführung. Diese funktionierte in der Tat hervorragend: Die Ritter haben jede Rechnung und sonstige Belege sorgfältig aufbewahrt und verbucht. Die Archive in Königsberg quollen regelrecht über von Handelsbüchern und Belegen. Auch Probleme, die man nur für ausschließlich neuzeitliche halten würde, wie z.B. Geldtransfer ins Ausland und in fremden Währungen, waren den Rittern durchaus geläufig. Bei alledem lebten die Ritter selbst nach den überlieferten Vorschriften. Sie legten ihre Gelübde ab, mönchische Regeln bestimmten ihr Leben. Das galt auch für den Hochmeister und die anderen Ordensgebieter. Erschien ein Staatsgast auf der Marienburg, so wurde er zwar nach fürstlichen Sitten empfangen und bewirtet. Kaum war dieser wieder abgereist, wurde Gold- und Silbergeschirr weggeräumt, und der Hochmeister lebte genauso asketisch wie die einfachsten Brüder.

Die weltliche Staatsführung der geistlichen Genossenschaft machte es dennoch erforderlich, die alten Statuten der ehemaligen Hospital-Bruderschaft abzuändern und den Bedürfnissen der neuen baltischen Großmacht anzupassen.

Das änderte jedoch nichts daran, daß der Hochmeister ein strenges Regiment im Stile eines absoluten Monarchen führte. Hierdurch gelang es zwar, das Rittertum durch den Ernst großer staatlicher Aufgaben auf hohem moralischen Stande zu halten, während bereits im Reich und auch im sonstigen Abendland die ritterliche Kultur zerfiel und das Rittertum mehr und mehr seinem Untergang entgegenschlitterte. Selbst unter den Rittern des Ordens, besonders in den außerpreußischen Ordenshäusern, machten sich Verfallserscheinungen bemerkbar.

Kaum dagegen in Preußen. Die Entwicklung zum Raubritter hat es dort niemals gegeben. Das Land war gut verwaltet. Überall herrschte mustergültige Ordnung. Jeder konnte vor Übergriffen sicher sein. Kein Wunder, wenn das Land aufblühte, zumal ihm längere Friedenszeiten beschieden waren, unterbrochen nur gelegentlich durch räuberische Einfälle der Litauer, durch die, wie bereits betont, das Kernland kaum berührt wurde.

Diese Kämpfe hatten im Gegenteil einen gewissen Vorteil für den Orden. Litauen war das einzige noch heidnische Land in Osteuropa. Wenn es mit diesem zu Kämpfen kam, war es für die Ritter immer wieder eine Erinnerung daran, wofür sie einst angetreten waren, und für Neulinge eine Anziehungskraft zu einer kreuzzugsartigen Hilfe. Für den Orden selbst war es eine moralische Rechtfertigung. Er befand sich immerhin gewissermaßen in einem Widerspruch. Nach Preußen gerufen und eingesetzt war er, die heidnischen Ureinwohner zu bekämpfen und für das Christentum zu gewinnen, eine Aufgabe, die an sich erledigt war. Nicht gering waren daher die Stimmen, die das Ordensregiment trotz seiner großen Verdienste für unzeitgemäß hielten.

Und ein Weiteres kam hinzu, das als Zeichen des kommenden Unterganges anzusehen war, und das war das Verhältnis des Ordens als Regierungsmacht zur Bevölkerung des Staates.

Seit der Gründung des Ordensstaates waren mehr als 150 Jahre vergangen. In dieser Zeit war nicht nur der Orden zu großer Blüte gelangt, sondern auch der heimische Adel, und selbst der Bevölkerung erging es wohl. Viele Adels- und Bürgergeschlechter waren nun schon seit Generationen im Lande ansässig. Sie hatten es zu etwas gebracht, waren landverbunden und selbstbewußt geworden. Dennoch wurden sie vom Orden regiert wie ein Kolonialvolk. Die Adeligen und die Bürger wollten nun aber in diesem Land, das sie entscheidend mitgestaltet hatten, auch mitbestimmen.

Dabei waren die Wünsche zunächst durchaus bescheiden. Man wollte, daß die einheimischen Kinder, Ritter sowohl wie dienende Brüder und Schwestern, Aufnahme im Orden fänden. Der Orden nahm jedoch keinen im Lande Geborenen auf. Das hatte in den Anfangszeiten des Ordensstaates wohl einen Sinn. Man wollte von vornherein jedwede Vetternwirtschaft verhindern. Dies hatte sich inzwischen jedoch überlebt. Der Orden war aber damit als mönchische Organisation immer noch ausschließlich auf Neuzugänge aus dem Reich angewiesen. Das führte – aus welchen Gründen auch immer – zeitweilig zu Engpässen. In den Anfangszeiten waren Ordensangehörige und Neusiedler in gleicher Weise Neuzugezogene aus dem Reich. Jetzt in späteren Zeiten waren es nur noch die Ordensangehörigen. Sie brachten oft nicht das richtige Verständnis für die seit Generationen schon ansässige Bevölkerung auf. Aufhebung oder zumindest Lockerung des Prinzips der Nichtaufnahme Einheimischer in den Orden wäre daher zweckmäßig gewesen und hätte den Kontakt gefördert. Eine Erstarkung des Bürgertums lag ohnehin in der Entwicklung der Zeit. In Preußen rührte sie jedoch an das Wesen des Ordens und die Grundlagen seines Staates, der trotz der eigenen Größe unzeitgemäß wirkte.

Dennoch wären auch hier Wege eines Ausgleichs zu finden gewesen. Im Reich gab es ja eine ganze Reihe geistlich regierter Länder, die ähnliche Probleme hatten. Sie haben sie durch Einsetzung weltlicher Beratungsgremien und ähnlicher Einrichtungen überwinden können. Auch im Ordensstaat hätte so etwas möglich sein müssen.

Wenn es auch nicht gerade zu Gehorsamsverweigerungen kam, so waren gewisse Unzufriedenheitsbekundungen nicht zu übersehen, und es bildeten sich Vereinigungen, die in einem bewußten Gegensatz zum Orden standen. Schon bei der bereits erwähnten Hanse gab es Gegensätze zum Ordensstaat. Lagen diese noch im wesentlichen auf kaufmännischem Gebiete, so erwies sich als viel bedeutsamer der Zusammenschluß von Städten zum sogenannten »Preußischen Bund«, der im Gegensatz zur Hanse auch politische Ziele verfolgte.

Es ist nicht denkbar, daß ein Mann wie Winrich von Kniprode diese Fragen und Probleme nicht erkannt haben sollte. Aber leider sind weder durch ihn noch durch seine Nachfolger unbedingt notwendige Reformen auch nur in Ansätzen erfolgt.

In der Zeit der höchsten Blüte des Ordensstaates lag daher auch gleichzeitig der Keim zu seinem Untergang.

Größte Ausdehnung des Ordensstaates

Im 14. Jahrhundert sind im östlichen Mitteleuropa tiefgreifende Änderungen erfolgt, und zwar dadurch, daß vier der großen Herrschergeschlechter im Mannesstamm erloschen und untergingen. Es waren dies in zeitlicher Reihenfolge gesehen die Arpaden in Ungarn (1301), die Przemysliden in Böhmen (1306), die Askanier in der Mark Brandenburg (1320) und schließlich die Piasten in Polen (1370). Herrscher aus anderen Geschlechtern traten an ihre Stelle, woraus sich völlig andere Konstellationen ergaben, die die übrigen Staaten des östlichen Mitteleuropas erheblich beeinflußt haben, für den Deutschen Orden und das Deutschtum in diesem Raume teils günstig, teils jedoch gefährlich und sogar vernichtend waren. Zunächst sah es so aus, daß das Haus Luxemburg, das bis dahin im Reich kaum eine Rolle gespielt hatte, eine überragende Bedeutung erlangen würde.

Es begann mit dem ersten Kaiser des Heiligen Römischen Reiches aus dem Luxemburgischen Hause: Heinrich VII. (1308–13), seinem Sohn, Johann von Böhmen (1310–46), der die Krone Böhmens nach dem Aussterben der Przemysliden erbte, und schließlich dessen Sohn, der als König von Böhmen und Kaiser Karl IV. der bekannteste und berühmteste Luxemburger Herrscher war.

Dies zeigte sich schon im Zusammenhang mit dem Erwerb von Pommerellen durch den Orden, den Kaiser Heinrich VII. als erster bestätigt hat. Sein Sohn König Johann von Böhmen und dessen Sohn Kaiser Karl IV. haben tatkräftig geholfen, dem Orden diesen Besitz auch zu erhalten.

Die erfolgreichen Abwehrkämpfe gegen Litauen wären dem Orden nicht möglich gewesen, wenn nicht Johann und Karl ständig Unterstützung geleistet hätten; darüber hinaus wäre es nicht zu einem so günstigen Friedensschluß gekommen.

Mit dem Erwerb des bis dahin litauischen Szamaiten durch den Frieden von Dobissenwerder 1382 wurde der Grundstock zur größten Ausdehnung des Ordensstaates gelegt. Leider hat dies der Hochmeister Winrich von Kniprode, der am meisten dazu beigetragen hatte, nicht mehr erlebt, da er bereits im Jahre davor verstorben war.

Im Orden hat es sicherlich Erleichterung über die Aussicht gegeben, daß nach jahrzehntelangen Kämpfen endlich Frieden sein würde, so daß ein bekannter friedlicher Mann zum Hochmeister gewählt wurde: Konrad Zöllner von Rotenstein (1382–90). Vermutlich stammte er aus der Gegend von Würzburg, denn die Familie führte den Beinamen Rotenstein nach einem dort gelegenen Schloß. 1353 wird er erstmalig als Ordensritter genannt. Er war Komtur von Danzig und Christburg sowie Trapier. Seine Hauptverdienste waren Kultivierungsarbeiten. Als Hochmeister strebte er auch die Gründung einer Universität in Preußen an, und zwar mit Sitz in Culm, wo der Ordensstaat mit der Culmer Handfeste 1233 gegründet worden war. Jetzt, nach 150 Jahren, sollte der Ort durch die Errichtung der Hochschule geehrt werden. Es existieren noch Statistiken, daß eine ganze Reihe preußischer Bürger an fremden Universitäten studierte, vorwiegend in Prag und in Krakau, so daß ein Bedürfnis für eine landeseigene Universität durchaus vorlag. Seine Bemühungen blieben jedoch erfolglos, da insbesondere auch der Papst (Urban VI., 1378–83) seine Unterstützung verweigerte.

Die Grenzsicherung überließ Zöllner dem Ordensmarschall Konrad von Wallenrod. Dieser hatte sich im Kampf gegen Litauen verdient gemacht, hatte vor allem eine Karte mit Angriffswegen nach Litauen zusammengestellt und durch seinen Einsatz bei den Kämpfen sehr dazu beigetragen, daß es zum Frieden kam. Nachdem der Ordensmarschall Henning Schindekopf in der Schlacht von Rudau gefallen war, wurde Wallenrod zum Ordensmarschall berufen. Doch war solch ein Kriegsmann als Hochmeisternachfolger in der allgemeinen Friedensstimmung offenbar nicht mehr gefragt, so daß Zöllner in das Amt gewählt wurde.

Grenzsicherung war aber immer noch notwendig. Während sich der Großfürst Jagiello von Litauen an die Abmachungen mit dem Orden hielt, spielte sein Vetter Witold, ebenfalls Großfürst von Litauen, eine etwas undurchsichtigere Rolle. Offiziell hielt er auch zum Orden, aber es flammten immer wieder Aufstände auf, zweifellos von ihm angezettelt, die Wallenrod stark zu schaffen machten.

Während bisher die Änderungen der politischen Lage im 14. Jahrhundert sich günstig für den Orden ausgewirkt hatten, trat 1386 das Ereignis ein, das die Lage des Deutschen Ordens radikal verschlechtern sollte. Es war die Eheschließung des Großfürsten Jagiello von Litauen mit der Königin Jadwiga von Polen, worauf dieser zum König von Polen gekrönt wurde und den Namen Władysław II. annahm. Dieser Name hat sich nicht durchgesetzt; im allgemeinen blieb es in dem damaligen Bewußtsein und auch in der späteren Berichterstattung bei dem Namen Jagiello.

Daß es zu dieser Eheschließung kam, ist auf die Haltung des luxemburgischen Herrscherhauses zurückzuführen.

Als Kaiser Karl IV. 1378 starb, erbte sein ältester Sohn Wenzel die böhmischen Stammlande mit Schlesien und der Lausitz, wurde auch Kaiser (1378–1400), wegen seiner offensichtlichen Schwäche aber wieder abgewählt. Hier hoffte nun Karls jüngerer Sohn Sigismund, zum Kaiser gewählt zu werden, sah sich darin jedoch getäuscht. Er war allerdings 1351 Markgraf von Brandenburg geworden. Die Markgrafschaft war nach dem Aussterben des Herrscherhauses der Askanier von Kaiser Ludwig IV. (dem Bayern) als erledigtes Reichslehen eingezogen und seinem Sohne verliehen worden, nach dessen Tod von Karl IV. erneut eingezogen und an dessen Sohn Sigismund verliehen worden.

Vorher hatten sich aber noch ganz andere Ereignisse zugetragen. Als das Herrscherhaus der Arpaden in Ungarn ausstarb, trat die neapolitanische Linie des französischen Herrscherhauses Anjou dieses Erbe an. Hier war dann 1342–82 Ludwig I. (der Große) König von Ungarn. Als dazu noch das Herrscherhaus der Piasten in Polen ausstarb, erbte Ludwig auch die Krone Polens, womit Polen und Ungarn zu einer Personalunion kamen. Streng genommen waren die Piasten gar nicht ausgestorben, da nicht die gewöhnliche Erbfolge galt, sondern das sogenannte Senioratsprinzip, wonach der Senior einer sogar sehr weit verzweigten Familie erbberechtigt war, und Piasten gab es damals noch etliche. Es war aber keiner vorhanden, der nach der polnischen Krone strebte. Auch hatte der Adel in Polen bereits einen derart großen Einfluß gewonnen und Ludwig hatte ein so hohes Ansehen, daß bei dem damaligen Trend nach Süden und Südosten die Union mit Ungarn sehr erwünscht war.

Auch König Ludwig starb 1392 ohne männliche Nachkommen. Er hinterließ nur zwei Töchter: Maria und Hedwig (Jadwiga). Da die ungarisch-polnische Union inzwischen an Interesse verloren hatte, bestimmte er Maria, die Älteste, und damit auch ihren Verlobten Sigismund, damals nur Markgraf von Brandenburg, für Polen, und Jadwiga, verlobt mit Herzog Wilhelm von Österreich, für Ungarn.

Es kam aber anders. Als Ludwig starb und der Erbfall eintrat, verlangte der polnische Adel von Sigismund, daß er als zukünftiger König seinen Sitz in Polen zu nehmen habe. Das wollte Sigismund aber keinesfalls. Er wollte Kaiser werden und fürchtete um seine Wahl, falls er seinen Sitz in Polen nähme. Um dennoch seine Rechte auf die polnische Krone zu wahren, heiratete er kurzerhand Maria und stellte nunmehr das Ansinnen, seine Krönung vorzunehmen. Der polnische Adel reagierte sofort und bestimmte Jadwiga zur Königin von Polen, indem ihre Verlobung mit Wilhelm von Österreich gelöst wurde. Um vollendete Tatsachen zu schaffen, krönte der Erzbischof von Krakau sie zur Königin. Als Heiratskandidaten bestimmte ihr der Adel den Großfürsten Jagiello von Litauen, der dem polnischen Adel erhebliche Versprechungen gemacht hatte.

Ein Hindernis bestand jedoch noch. Jagiello war Heide, Litauen das einzige noch heidnische Land des Abendlandes. Die Aussicht auf die polnische Krone bewog ihn aber, den christlichen Glauben anzunehmen und zur römisch-katholischen Kirche überzutreten. Am 15. Februar 1386 wurde er getauft, mit ihm der gesamte litauische Adel und auch das gesamte litauische Volk. Dieses wurde gar nicht erst lange befragt oder überhaupt vorbereitet. Es wurde einfach zusammengetrieben, möglichst an einem Wasserlauf, Bach, Fluß oder See, und in einer rein formellen Handlung »getauft«. Damit war es dann christlich.

Am 18. Februar 1386 vermählte sich Jagiello mit Jadwiga. Wenige Wochen später wurde er zum polnischen König gekrönt und nahm als solcher den Namen Władysław II. an. Er wurde der Stammvater der jagellonischen Dynastie.

Mit Jagiello nahmen die Polen den kräftigsten Gegner des abendländischen Systems als ihren König an, was den bisherigen Tendenzen geradezu entgegenlief, die äußeren Verhältnisse umgestaltete und auch die inneren Verhältnisse Polens durch eine übermäßige Stärkung der Adelsherrschaft entscheidend beeinflußte. Es war das bedeutsamste Ereignis, das seit dem Einbruch der Mongolen die östliche Welt erschüttert hat.

Die wirksamsten Folgen ergaben sich zunächst einmal dadurch, daß der Heirat und Thronbesteigung Jagiellos der Übertritt zum Christentum mit Taufe des Adels und des gesamten litauischen Volkes vorausging. Damit war dem Ordensstaat für den Kampf gegen Litauen der geistige Boden entzogen. Die Grundidee, die Kreuzzugsidee, die kämpferische Unterstützung der Missionsarbeit zur Ausbreitung des Christentums, war nicht mehr zu verwirklichen. Bisher waren alle Versuche, das heidnische Litauen für das Christentum zu gewinnen, fehlgeschlagen. Durch die plötzliche Taufe war es gleichsam über Nacht ein christliches Land geworden. Wenn auch Jagiello, der Adel und das Volk nur mit halbem Herzen dabeigewesen sein mögen, so ist doch nicht zu übersehen, daß der Orden jetzt keinerlei Legitimation mehr hatte, noch etwas zur Christianisierung zu unternehmen, schon gar nicht mit Kampf und Gewalt, auch nicht mit dem Hinweis, Litauen werde nach dem Übertritt zum Christentum seine feindselige Haltung keineswegs ablegen. Es wurde ohnehin immer wieder behauptet, der Orden habe Litauen nicht aus missionarischen Gründen bekämpft, sondern um sein Landgebiet zu erweitern. Es herrschte jedenfalls bei der Kurie größte Freude darüber, daß ein ganzes Volk auf einmal für die katholische Kirche gewonnen worden war, und das führte sogar dazu, daß dem Orden jede Feindseligkeit gegen Litauen verboten wurde.

Litauen war ein erbitterter Feind des Ordens. Infolge der Vereinigung mit Polen, die zwar zunächst nur in einer Personalunion bestand, konnte es dazu kommen, daß sich diese Feindschaft auf Polen übertrug.

Die Beziehungen zwischen dem Ordensstaat und Polen waren bisher nicht gerade übermäßig freundschaftlich, aber doch im allgemeinen gut nachbarlich und nicht feindlich. Schließlich lebte immer noch die Erinnerung fort, daß der Orden dem Ruf des Herzogs Konrad von Masowien gefolgt war und durch seinen Einsatz Polen vor der starken Bedrängnis durch die Pruzzen gerettet hatte. Zwar war das Verhältnis dadurch getrübt worden, daß der Orden sich nicht auf Preußen beschränkt hatte, sondern Pommerellen dazu erworben hat. Dies aber wiederum weniger aus dem Grunde, daß Polen damit der Zugang zur Ostsee abgeschnitten wurde. Polen war ein kontinentaler Staat, der keinen Ehrgeiz hatte, eine Seefahrernation zu werden. Es waren vielmehr vermeintliche Erbansprüche, die zur Expansion nach Pommerellen drängten. Diese wurden dann von König Kasimir III., der ein kühler Realpolitiker war, umso leichter aufgegeben, als sich für ihn günstige Expansionsmöglichkeiten nach Südosten eröffneten. Der damalige Friedensschluß von 1343, der besonders durch die Vermittlung der Luxemburgischen Herrscher, des Königs Johann von Böhmen und seines Sohnes Karl, zustande kam, hat daher zu einem dauerhaften Frieden zwischen Polen und dem Orden geführt. Die Kämpfe des Ordens mit Litauen hat Polen ohne sonderliches Interesse wahrgenommen und sich in keiner Weise eingemischt.

Die Personalunion Polen/Litauen hat daran zunächst nichts geändert. Auch als König von Polen hielt sich Jagiello an die Abmachungen von 1382, offenbar noch immer aus einer gewissen Dankbarkeit heraus, daß der Orden ihn gegen Kinstute und Witold unterstützt hatte. Insbesondere aber war es seine Frau, Königin Jadwiga, die dem Orden sehr zugetan war und unter keinen Umständen einer kriegerischen Auseinandersetzung mit diesem zugestimmt hätte. Ihr Einfluß war stark genug, so daß es dabei bis zu ihrem Tod im Jahre 1399 blieb.

Mit Litauen kam es daher immer zu kleineren Scharmützeln, von Witold angezettelt, die zwar den Ordensmarschall Wallenrod beschäftigten, den Frieden aber nicht nennenswert störten, vor allen Dingen die immer stärker aufblühenden wirtschaftlichen Beziehungen nicht beeinträchtigten.

Dennoch, als Hochmeister Zöllner 1391 starb, sah man es für notwendig an, wieder einen Kriegsmann zu wählen. Man traute dem Frieden nicht mehr so sehr. Die Wahl fiel auf Konrad von Wallenrod (1391–93). Trotz seiner kurzen Regierungszeit konnte er vieles bewirken, vor allem die von Witold angezettelten Kämpfe in Schranken halten. Witold hatte sich etwas Neues einfallen lassen. Er hetzte den Erzbischof von Riga gegen den Orden auf, der dann auch den Papst (Bonifaz IX.) dahingehend beeinflußte, daß er dem Orden ein Vorgehen gegen Litauen verbot. Wallenrod war jedoch geschickt genug, den Papst seinerseits von der Unrechtmäßigkeit des litauischen Vorgehens zu überzeugen, darüber hinaus sogar noch zu erreichen, daß bei der Vakanz des erzbischöflichen Stuhles 1393 sein Neffe Erzbischof von Riga wurde.

Noch im selben Jahr ist Wallenrod nach einem heftigen Fieber völlig unerwartet verstorben.

Die beiden folgenden Hochmeister waren Brüder: Conrad und Ulrich von Jungingen. Conrad, der ältere Bruder, war ein Staatsmann und Diplomat von hohen Graden (1393–1407). Als nach seinem Tode der jüngere Bruder Ulrich Nachfolger werden sollte, hatte dieser sich nicht für würdig für das Amt gehalten, dann aber schließlich die Wahl angenommen. Auch über die Familie von Jungingen ist wenig bekannt. Sie stammte aus Oberschwaben, vermutlich aus den Hohenzollerschen Landen. Etwa 1380 sind beide Brüder in den Orden eingetreten und

Größte Ausdehnung des Ordensstaates

haben mehrere hohe Ämter bekleidet, Conrad seit 1391. Bereits 1393 wurde er Hochmeister.

Als Hochmeister fiel Conrad von Jungingen zunächst eine ganz besondere Aufgabe zu. Während der Landhandel des Ordensstaates besonders nach dem Friedensschluß mit Litauen immer mehr an Bedeutung gewann, litt der Seehandel unter zunehmender Seeräuberei.

Obwohl der Ordensstaat Anrainer der Ostsee (des Baltischen Meeres) war, mit einer Küstenlinie von über 1000 km, Meeresbuchten und andere Einschnitte nicht gerechnet, war er kein eigentlicher Seefahrerstaat. Eine besondere Sicherung der Schiffahrt war auch nicht notwendig, hätte durch Unterhaltung einer Kriegsflotte den Orden auch bei weitem überfordert.

Eine bedeutende Rolle als Umschlagplatz im Handel über die Ostsee hatte die Stadt Wisby auf der Insel Gotland erlangt. Obwohl zu Schweden gehörig und keine deutsche Stadt, war sie doch der Hanse beigetreten. Dies hat offenbar die Dänen sehr gestört. Jedenfalls hat der dänische König Waldemar IV. (1340–75) – derselbe, der 1346 Estland an den Orden »verkauft« hatte – die Stadt Wisby überfallen und völlig zerstört. Darüber kam es zum Krieg mit der Hanse, in welchem Dänemark unterlag. Im Frieden von Stralsund 1370 mußte der dänische König alle Vorrechte der Hanse bestätigen.

Nach dem Tode Waldemars kam es zu einem Thronstreit, in welchem schließlich seine Tochter Margarethe die Oberhand behielt. Sie brachte 1397 in der Kalmarer Union die Vereinigung der drei Reiche Dänemark, Norwegen und Schweden zustande. Es gelang ihr jedoch nicht, die Insel Gotland zurückzugewinnen.

In der Nordsee und auch in der Ostsee hatte sich inzwischen eine recht starke Seeräuberei entwickelt. Die Freibeuter nannten sich Viktualienbrüder, eroberten 1392 Wisby und beherrschten mit der Insel Gotland die gesamte Ostsee. Der Handel wurde empfindlich gestört, die Schiffahrt kam fast zum Erliegen, besonders auch die der Hanse und des Ordens. Ernste Schritte aller Beteiligten wurden erwogen, kamen aber nicht zum Zuge. Vor allen Dingen konnten sich Margarethe und die Hanse nicht auf ein gemeinsames Vorgehen einigen, so daß alle Versuche, sich der Viktualienbrüder zu erwehren, ergebnislos blieben.

In dieser Lage entschloß sich der Hochmeister Conrad von Jungingen zum Eingreifen. Er schloß ein Abkommen mit den preußischen Seestädten, hauptsächlich mit Danzig, Königsberg und Riga. Danach sollten die Lasten des nunmehr beabsichtigten Unternehmens je zur Hälfte von diesen und vom Orden getragen werden. Es sollten dazu eine Flotte von 84 Schiffen und eine Truppe von 4000 Kriegern zusammengezogen werden, um mit dieser Streitmacht auf Gotland zu landen.

Die Durchführung des Unternehmens kann als perfektes Meisterstück bezeichnet werden, insbesondere deshalb, weil die Vorbereitungen unter völliger Geheimhaltung geplant werden konnten. Weder die Hanse noch

Margarethe von Dänemark, geschweige denn die Seeräuber auf Gotland, erfuhren das Geringste. Die Truppenzusammenziehung, die nicht gänzlich verheimlicht werden konnte, hielt man allenfalls für die Vorbereitung eines erneuten Feldzugs nach Litauen.

Hinzukam, daß die Mobilisierung ungewöhnlich schnell während des Winters 1397/98 erfolgte, so daß die Flotte noch vor Winterende im März 1398 auslaufen konnte und bei Wisby, das noch von tiefem Schnee bedeckt war, landete. Anfang April 1398 war ganz Gotland erobert und waren die Viktualienbrüder, soweit sie nicht in Gefangenschaft gerieten oder gefallen waren, aus Gotland vertrieben.

Mit der Eroberung Gotlands ergab sich sie Frage, was mit der Insel geschehen sollte. Der Orden mag mit dem Gedanken gespielt haben, sie zu behalten, denn der Besitz von Gotland hätte dem Ordensstaat zur beherrschenden Handels- und Seemachtstellung verhelfen können. Jedoch mußte eine nüchterne Betrachtung zu der Einschätzung führen, daß die Insel auf Dauer nicht zu halten gewesen wäre. Der Orden war eine starke Landmacht. Eine Seemacht hätte erst, vor allem mit dem erforderlichen seemännischen Personal, aufgebaut werden müssen. Auch wäre eine ständige starke Besatzung auf der Insel erforderlich gewesen. Dazu war der Orden gar nicht in der Lage. Die schnelle und glänzend durchgeführte Eroberung Gotlands konnte nicht darüber hinwegtäuschen, daß es eine einmalige, nicht leicht zu wiederholende Gemeinschaftsleistung war und daß eine dauernde Beherrschung einen weit größeren Aufwand erfordern würde, zumal damit zu rechnen war, daß sämtliche anderen Anrainerstaaten der Ostsee sich gegen den Orden stellen würden. Dabei ist noch nicht einmal berücksichtigt, daß der Orden zur Sicherung und Verteidigung seines Staatsgebietes bereits erhebliche Kräfte aufwenden mußte.

Außer Margarethe von Dänemark natürlich machte auch Herzog Albrecht von Mecklenburg alte Ansprüche auf die Insel geltend. Der Orden forderte jedoch eine Entschädigung für die Befreiungsaktion. Er entschloß sich 1399 zu einem Abkommen mit Albrecht, die Insel zum Ausgleich für die Expeditionskosten in Pfand zu nehmen, mit der Abrede, daß sie dem Orden anheimfallen sollte, wenn diese nicht binnen Jahresfrist gezahlt würden.

Damit war mit Sicherheit wohl nicht an ein endgültiges Festhalten von Gotland gedacht, zumal die Jahresfrist viel zu kurz war und ungenützt verstrich. Das Abkommen dürfte eher als diplomatischer Schachzug gegenüber Margarethe zu werten sein, als Druckmittel auf Zahlung einer Entschädigung. Margarethe, die wohl auch nach Auffassung des Hochmeisters am ehesten berechtigt war, nunmehr für Schweden die Rückgabe der Insel zu verlangen, wollte jedoch keinerlei Entschädigung leisten. Sie versuchte 1403, die Insel im Handstreich zu nehmen. Es gelang auch, Wisby zu erobern, doch konnte der Orden es 1404 leicht wieder zurückgewinnen.

Größte Ausdehnung des Ordensstaates

Nunmehr kam es zu zähen Verhandlungen, die auf Seiten des Ordens durch Ulrich, den Bruder des Hochmeisters, geführt wurden, der damals Komtur von Balga war. Aber erst 1408, als Conrad bereits verstorben und sein Bruder Ulrich von Jungingen Hochmeister geworden war, kam es zu einer Vereinbarung. Gegen Zahlung von 9000 Nobeln wurde die Insel vom Orden geräumt und an Schweden zurückgegeben.

Diese Rückgabe wird von manchen Kritikern als politische Niederlage für den Orden gewertet. Das war es keineswegs. Die Rückgabe der Insel gegen eine Entschädigung ist als eine besonders kluge Handlung anzusehen. Beide Hochmeister, die Brüder von Jungingen, haben die Lage realistisch eingeschätzt.

Inzwischen war es noch zu einer weiteren Landerwerbung durch den Orden gekommen, nämlich der Neumark im Jahre 1402.

Die Neumark, Land an der unteren Netze und Warthe zwischen Drage und Oder mit den Hauptorten Driesen, Landsberg und Küstrin, gehörte zur Mark Brandenburg.

Markgraf von Brandenburg war, wie oben erwähnt, Sigismund, der Sohn Kaiser Karls IV. Infolge seiner Ehe mit Maria, der Tochter des ungarisch-polnischen Königs Ludwig II., war ihm zwar die polnische Krone zugedacht, was dann der polnische Adel verhinderte, indem er die andere Tochter Ludwigs, Jadwiga, und deren Gatten Jagiello auf den Königsthron berief. Sigismund wurde dadurch König von Ungarn (1387). Er wurde dessen nicht froh, denn die Türken rückten gegen Ungarn vor. Es kam zur Schlacht bei Nikopolis (1396), die mit einer schweren Niederlage der Ungarn endete. Sigismund konnte nur mit Mühe der Gefangenschaft entgehen. Nicht zuletzt durch das Verhalten Jagiellos kam es zu dieser Niederlage, da er dem Versprechen einer Hilfeleistung nicht nachgekommen war.

Um die Unternehmungen in Ungarn finanzieren zu können, hatte Sigismund zunächst ungarische Gebiete an seine Vettern in Mähren verpfändet, was jedoch den Widerstand der Ungarn heraufbeschwor. Er griff daher auf die Mark Brandenburg zurück, deren Verwaltung er seinem Vetter Jobst von Mähren übertrug, der sie regelrecht ausbeutete. Schließlich wurde ein beträchtlicher Kredit vom Deutschen Orden aufgenommen, dem dafür die Neumark verpfändet wurde.

Hierdurch wurde Polen erheblich verärgert. Man wäre selber bereit gewesen, Sigismund mit einem gleich hohen Kredit zu helfen, denn es bestand für Polen ein besonderes Interesse an dem Besitz der Neumark. Vor allem lag ihm daran, den Netze-Übergang bei Driesen zu erwerben. Wenn schließlich die Neumark doch an den Orden gelangte, so lag es mit Sicherheit daran, daß Sigismund wie alle luxemburgischen Herrscher eine große Sympathie für den Orden hatte und diesem das Land zuschanzte und nicht seinem Rivalen, dem Polenkönig Jagiello.

Mit dem Erwerb der Neumark hat der Ordensstaat seine größte Ausdehnung erreicht, von der Oder im Westen bis an die Narwa im Nordosten, eine Entfernung in der Luftlinie von rd. 1200 km, entsprechend der Entfernung Berlin–Rom.

Sein Areal betrug knapp 200 000 qkm und entsprach damit fast der Größe der Bundesrepublik Deutschland vor der Wiedervereinigung. Rechnet man die Insel Gotland hinzu, die zeitweilig auch zum Ordensstaat gehörte, so waren es noch rd. 3000 qkm mehr.

Ein wahrhaft imposantes Staatsgebilde, das der Orden in 175 Jahren aufgebaut hatte.

Tannenberg

Wenn mit der Personalunion Polen/Litauen für den Orden politische Folgen und kriegerische Auseinandersetzungen zunächst nicht zu erwarten waren und dies mit gewissen Sympathien Jagiellos, der Königin Jadwiga und auch des polnischen Adels und Volkes zu erklären ist, so gab es noch einen anderen Grund. Für Polen war zunächst ganz allgemein an einen aussichtsreichen Kampf gegen den Orden nicht zu denken. Dieser befand sich auf der Höhe seiner Macht und Bedeutung. Seine Finanzquellen waren erheblich. Militärisch stellte er eine besondere Kraft dar. Im Felde hatte er zwar Mißerfolge einstecken müssen, war aber am Ende stets unbesiegt geblieben.

Demgegenüber war die militärische Schlagkraft Polens trotz der erheblichen Größe des Landes nicht bedeutend. Sie wurde jetzt zwar durch die Litauens ergänzt, mußte aber doch noch entscheidend gefördert werden, um etwas ausrichten zu können.

Andererseits war die Lage des Ordens nicht so rosig, wie sie nach diesen Einschätzungen anzusehen gewesen sein mag. Die Blütezeit des Rittertums ging dem Ende zu. Die ritterliche Kultur verfiel immer mehr, was sich auch ganz entscheidend auf den Orden auswirkte. Wenn im Ordensstaat Preußen selbst die ritterlichen Tugenden immer noch sehr stark gehütet wurden, war das im Reich zusehends nicht mehr der Fall. Der Orden, der keine Ritter und sonstigen Brüder, die aus dem Ordensstaat selbst stammten, aufnahm, war immer noch auf Nachschub aus dem Reich angewiesen. Das Potential, das ihm hier zuwuchs, wurde aber immer ungeeigneter. Anstelle des Ritterordenideales trat mehr und mehr nüchterne und auch feindselige Kritik. Hier Abhilfe zu schaffen, rechtzeitig auch Menschen aus dem Lande selbst heranzuziehen und die inzwischen seit Generationen heimisch gewordene Bevölkerung am Staatswesen zu beteiligen und damit die Abwehr- und Verteidigungskraft zu fördern und zu stärken, hat der Orden leider versäumt. Jagiello fürchtete aber offenbar nicht nur die im Augenblick noch immer vorhandene militärische Überlegenheit des Ordens, sondern auch ein Eingreifen fremder Mächte, insbesondere des Luxemburgers Sigismund. Zwar war Sigismund als König von Ungarn 1396 in der Schlacht von Nikopolis entscheidend geschlagen worden und wurde daher auch, als sein Bruder Wenzel 1400 als Kaiser abgewählt wurde, nicht dessen Nachfolger, sondern Ruprecht von der Pfalz (1400–10). Als sich aber herausstellte, daß dieser mit dem Hauptproblem der damaligen Zeit, nämlich der großen Kirchenspaltung

(Schisma), zu der es nach der Rückkehr der Päpste von Avignon nach Rom gekommen war, nicht fertig werden konnte, stiegen die Aussichten für Sigismund, bei der nächsten Kaiserwahl Erfolg zu haben. Als es aber im Zusammenhang mit der Entwicklung in Ungarn und dem damit verbundenen Finanzbedarf Sigismunds zur Verpfändung der Neumark an den Orden im Jahre 1402 kam, verschlechterte sich die Stimmung in Polen zusehends, und es war wieder weniger daran zu denken, daß Sigismund in der Lage sein könnte, im Falle eines Konflikts einzugreifen.

Diese Gefahren wurden von den beiden Hochmeistern, den Brüdern von Jungingen, durchaus gesehen, und waren mit Sicherheit auch ein Grund dafür, die eroberte Insel Gotland wieder zurückzugeben.

Es hat nicht an Stimmen gefehlt, die einen Präventivkrieg gegen Polen befürworteten, bevor dieses stark aufrüsten konnte. Conrad von Jungingen soll dies abgewehrt haben mit den Worten: »Krieg ist bald angefangen, aber schwer beendet!«

Unter seinem Bruder, Ulrich von Jungingen, kam es doch zum Krieg, der allerdings verloren ging. Jedoch nicht deshalb, weil ein rechtzeitiger Präventivkrieg versäumt worden war, sondern weil entscheidende Fehler gemacht wurden. Besonders die reformbedürftige Struktur des Ordensstaates war für die Niederlage mitverantwortlich.

Wenngleich die Hochmeister an der inneren Struktur nichts änderten, so unternahmen sie doch alles, um die militärische Stärke des Staates zu verbessern und auf den kommenden Ernstfall vorzubereiten. Vor allem wurden die grenznahen Burgen besonders in Richtung Litauen und in Masuren in größte Verteidigungsbereitschaft versetzt. Man verstärkte sie mit Rittern und Mannschaften aus den mittleren und nördlichen Landesteilen, die weniger gefährdet erschienen, da man den Hauptstoß des Feindes aus Richtung Litauen erwartete. Schweres Material wurde in diese Gegend verbracht und eine allgemeine Mobilmachung vorbereitet. In Szamaiten kam es 1409 zu einem Aufstand, offenbar von Witold geschürt, der durch einen günstigen Friedensschluß mit Rußland im Osten freie Hand gewonnen hatte. Es gab zwar keine schweren Kämpfe, jedoch wurde nach wie vor ein Vorstoß gegen den Orden von Litauen her erwartet.

Im Jahre 1410 starb Kaiser Ruprecht.

Diesmal setzte Sigismund alles in Bewegung, um endlich zum Kaiser gewählt zu werden. Damit war er hinreichend beschäftigt und in Anspruch genommen, so daß man in Polen glaubte, mit seiner Einmischung in einen Konflikt auf keinen Fall rechnen zu müssen. Andererseits hätte – wenn Sigismund zum Kaiser gewählt worden wäre und sich konsolidiert hätte – der günstigste Augenblick möglicherweise verpaßt werden können, denn dann wäre er in der Lage gewesen, das ganze Gewicht des Reiches in die Waagschale zu werfen.

Die Gefahr eines kriegerischen Eingreifens Polens gegen den Orden war nunmehr brennend geworden. Schon wurde Deutschen auf der Reise in das Ordensland der Durchzug durch die großpolnischen Provinzen verwehrt. Es wurde bekannt, daß der polnische König Jagiello sich zur versammelten Truppe in Richtung Litauen begeben hatte. Das polnische Heer war offensichtlich einsatzbereit und unter Berücksichtigung der politischen Lage auch bereit loszuschlagen.

Im Juni des Jahres 1410 war es soweit.

Der Hochmeister Ulrich von Jungingen hatte rechtzeitig seine Abwehrvorbereitungen getroffen. Aufgeboten waren nicht allein die eigenen Ordenskräfte, sondern auch die der einheimischen Städte und Ritterschaften. Das größte Heer, das der Orden je unter seinen Fahnen gesehen hat, war aufgestellt. Nach den zeitgenössischen Quellen soll es 50000 Mann umfaßt haben. Gut doppelt so groß war das Heer des Polenkönigs.

Entgegen den Erwartungen des Ordens rückte der König jedoch nicht von Litauen aus gegen Masuren vor. Am 30.6.1410 überschritt er die Weichsel, wo es zu einer Vereinigung seines gesamten Heeres kam. Er marschierte dann am rechten Weichselufer nach Nordwesten in Richtung Löbau und Gilgenburg, um weiter direkt auf die Marienburg zu stoßen.

Durch Flüchtlinge aus Gilgenburg bekam der Hochmeister noch rechtzeitig hiervon Kenntnis. Er brach umgehend seine Stellungen in Masuren ab und marschierte eiligst in Richtung Westen, um dem polnischen Heer den Weg abzuschneiden.

Es war Juli 1410, ein drückend heißer Sommer. In der Nacht vom 14. auf den 15. Juli tobte ein heftiges Gewitter. Das Ordensheer hatte auf seinem Marsch schwer darunter zu leiden, marschierte jedoch unbeirrt weiter. Am 15. Juli 1410, in den frühen Morgenstunden, erreichte es das Dorf Tannenberg und stieß auf der Heide westlich des Dorfes auf das völlig ahnungslose polnische Heer. Etwas weiter westlich in dem Dorfe Grunwald hatte der polnische König sein Quartier aufgeschlagen, um dort das Ende des nächtlichen Unwetters abzuwarten.

Wäre das Ordensheer nun sofort über das lagernde und gänzlich unvorbereitete polnische Heer, das auch stark unter dem nächtlichen Unwetter gelitten hatte, hergefallen, so wäre dieses in böse Bedrängnis geraten und eine Niederlage fast sicher gewesen. Diese Chance wurde jedoch versäumt. Ein solcher Überfall lag nicht in der ritterlichen Denkweise des Hochmeisters. Eine Schlacht mußte nach ordnungsgemäßer Aufstellung und Aufforderung an den Gegner, sich zu stellen, geschlagen werden. Er ordnete sein Heer unter seinen 65 Bannern in exakter Aufstellung, schickte einen Herold voraus und forderte den Gegner zur offenen Feldschlacht heraus.

König Jagiello hatte in der Zwischenzeit Gelegenheit gehabt, auch sein Heer aufzustellen. In den späten Vormittagsstunden prallten die Heere aufeinander. Die Ritter fochten todesmutig, und auch jetzt noch schien sich der Sieg an ihre Fahnen zu heften. Der Aufprall war so heftig gewesen, daß der aus litauischen Scharen bestehende rechte Flügel des polnischen Heeres ins Wanken geriet und die Flucht ergriff. Der linke Flügel des Ordensheeres verfolgte in der Wut auf den litauischen Feind die Fliehenden, zerstreute sich dabei und verlor dadurch den Anschluß an das übrige Heer! Dies war ein enormer Fehler, denn inmitten des Ordensheeres klaffte eine breite Lücke.

Dies hatte ein Befehlshaber Zyndram des polnischen Heeres bemerkt. Er handelte sofort, raffte einen böhmischen Söldnerhaufen unter dessen Anführer Jan Ziska, einem Todfeind der Deutschen, zusammen und ließ diesen vorrücken.

Der Hochmeister hatte die entstandene Lücke ebenfalls bemerkt. Er gab einer Ritterschar den Befehl, in diese einzurücken und den Anschluß des zerrissenen Ordensheeres wiederherzustellen. Es waren die sogenannten »Eidechsenritter« aus dem Culmer Land, eine Gemeinschaft, die schon sehr unwillig der Mobilmachung durch den Orden gefolgt war und eher den Polen zuneigte als dem Orden. Sie verweigerten den Gehorsam, womit es sich bitter gerächt hat, daß es dem Orden nicht gelungen war, die einheimischen Kräfte für den Ordensstaat zu gewinnen. Genutzt hat es den Eidechsenrittern zwar auch nicht, denn in dem weiteren Verlauf der Schlacht sind sie genauso untergegangen wie das übrige Ordensheer. Es war den böhmischen Söldnern gelungen, in die entstandene Bresche einzudringen. Sie konnten dem Ordensheer in die Flanke fallen und es zurückschlagen, bis nach Tannenberg hinein. Erbittert wurde auch hier noch gekämpft, bis in den späten Abendstunden die Schlacht entschieden war. Das Ordensheer war vollständig vernichtet, die Blüte der Ritter dahin.

Der Hochmeister war gefallen. Die polnischen Truppen sollen sich an seinem Leichnam übel vergangen haben. Als ihr König davon erfuhr, hat er dem Toten jedoch alle Ehren erwiesen. Er hat ihn aufbahren und einsargen lassen, damit er später in die Marienburg überführt und dort beigesetzt werden konnte. Berichte, König Jagiello habe den toten Hochmeister durch den Schmutz ziehen lassen, entsprechen nicht den Tatsachen.

Im übrigen waren die Verluste auf beiden Seiten furchtbar. Über 100000 Tote sollen das Schlachtfeld bedeckt haben.

In der polnischen Geschichtsschreibung wird das Ereignis »Schlacht bei Grunwald« genannt. In Grunwald hatte der polnische König Jagiello sein Hauptquartier. Daher rührt die polnische Namensbezeichnung. Der Tag der Schlacht von Grunwald, der 15. Juli 1410, ist für Polen ein besonderer Gedenktag. Es gibt kaum eine polnische Stadt, in der nicht eine Straße Ulica Grunwaldska genannt ist.

Nicht wenige Kritiker behaupten zwar, die Polen hätten zum Stolz auf diesen Sieg gar keine Veranlassung, denn ihr Anteil daran und an dem

Tannenberg

Heer sei der geringste gewesen. Der bei weitem größte Teil des Heeres habe aus Litauern, Tataren, Böhmen und sonstigen Slawen, sogar aus Russen bestanden. Das stimmt, ändert aber nichts an der Tatsache, daß es sich um einen von Polen geführten Kampf gehandelt hat und daß der Sieg für Polen erfochten worden ist.

Die Schlacht bei Tannenberg des Jahres 1410 kann als eine Entscheidungsschlacht der Geschichte angesehen werden. Nicht allein, daß der Orden entscheidend geschlagen und sein Nimbus der Unbesiegbarkeit dahin war, es war auch eine Niederlage für das Deutschtum überhaupt. Es war der Anfang vom Ende der »deutschen Ostsiedelung«.

Rund 500 Jahre später hat in derselben Gegend beim Dorfe Hohenstein wieder eine Schlacht zwischen Slawen und Deutschen stattgefunden. Der Erste Weltkrieg war im August 1914 ausgebrochen und hatte mit einem deutschen Vormarsch durch Belgien nach Frankreich begonnen. Den Osten hat man demgegenüber vernachlässigt und dort nur eine schwache Verteidigung vorgesehen. Hier drang aber Rußland mit zwei Armeen, Njemen- und Narewarmee, in Ostpreußen ein, woraufhin sich der deutsche General von Prittwitz zurückzog, um das Gebiet bis zur Weichsel aufzugeben. Da zu befürchten war, daß die Russen die Weichsel sogar noch überschreiten würden, wurde von Prittwitz abgelöst und General von Hindenburg mit seinem Generalstabschef Ludendorff eingesetzt, der sich zum Angriff entschloß. Beim Dorfe Hohenstein kam es vom 26.–31. August 1914 zur Schlacht, die mit einem überwältigenden deutschen Sieg endete und die Russen zum Rückzug zwang. Als Hindenburg Kaiser Wilhelm II. den Sieg meldete, sprach er den Wunsch aus, die Schlacht nach dem nahegelegenen Tannenberg zu benennen, da durch diese »die Schmach der Tannenbergschlacht von 1410« getilgt sei. Der Kaiser entsprach dem Wunsch.

Die »Tannenbergschlacht« von 1914 hat beim deutschen Volk einen großen Eindruck hinterlassen, der sich bis in die heutige Zeit erhalten hat. War es doch der erste große Sieg in diesem Kriege. Dabei geriet in Vergessenheit, daß es im Jahre 1410 auch eine Schlacht gegeben hat, die wirklich bei Tannenberg stattfand und nicht bei dem etwa 15 Kilometer entfernten Dorf Hohenstein und die zu einer entscheidenden Niederlage geführt hat.

Zwischen den beiden Weltkriegen ist bei Hohenstein ein »Tannenbergdenkmal« errichtet worden – zum Gedenken an beide Schlachten. Auch jetzt dachten die Besucher bei der Einweihung und in der Zeit danach fast nur an den Sieg von 1914, zumal Hindenburg und Ludendorff in dem Denkmal beigesetzt wurden.

Das Denkmal wurde im Zweiten Weltkrieg kurz vor dem Einrücken der Sowjetarmee von deutschen Truppen zerstört, die Särge der beiden Feldherren in Sicherheit gebracht.

Der Nimbus der Schlacht von 1914 ist trotz allem bis heute verblieben, die Schlacht von 1410 jedoch vergessen. Selbst gute Geschichtskenner wissen nicht, daß es »zwei Tannenbergschlachten« gegeben hat.

Heinrich Reuß von Plauen

Die Nachricht von der Niederlage bei Tannenberg verbreitete sich mit Windeseile. Noch in derselben Nacht kam sie über die Weichsel nach Westpreußen (Pommerellen). Der Hochmeister Ulrich von Jungingen hatte dort eine gewisse Reservetruppe stationiert. Obwohl der Hauptangriff der Polen von Litauen her erwartet wurde, hielt er es nicht für ausgeschlossen, daß von Großpolen (Posen, Gnesen) aus ebenfalls ein Angriff erfolgen könnte.

Schwerpunkt für diese Maßnahme war die Burg Schwetz an der Weichsel, deren Komtur, Heinrich Reuß von Plauen, als Oberbefehlshaber eingesetzt wurde.

Schon viele Söhne des Hauses Plauen aus dem sächsischen Vogtland waren in den Osten gezogen und hatten dem Orden gedient. Unter ihnen war der Vorname Heinrich sehr häufig, was Anlaß zu Verwechslungen gegeben hat. So hatte bereits 1343 ein Heinrich von Plauen in der Schlacht bei Plowcze dem Orden zum Siege verholfen. Diese hatte den Kampf um Pommerellen entschieden.

Welche Verwandtschaft zu dem Komtur von Schwetz bestand, ist ungewiß. Dieser ist etwa um 1370 geboren, kam mit 21 Jahren als Kreuzfahrer nach Preußen, wo er kurze Zeit später dem Orden beitrat. 1397 wurde er Kompan des Komturs von Danzig, 1407 Komtur von Nessau und schließlich Komtur von Schwetz.

Als die Kunde von der Niederlage eintraf, erkannte Heinrich von Plauen sofort die drohende Gefahr, daß die im wesentlichen ungeschützte und sich nicht in Verteidigungsbereitschaft befindliche Marienburg in die Hand der Polen fallen könnte.

Er gab daher umgehend Schwetz auf, zog außerdem aus anderen erreichbaren Burgen die Besatzungen an sich und begab sich mit der gesamten angesammelten Macht – etwa 3000 Mann – in die Marienburg. Diese wurde in höchste Verteidigungsbereitschaft versetzt. Die nahegelegene Stadt Marienburg wurde niedergerissen, die Bevölkerung, soweit sie bei der Verteidigung dienlich sein konnte, in der Burg untergebracht. Das geschah, um dem anrückenden Feind jede Lagermöglichkeit in festen Gebäuden zu nehmen und ihn überhaupt besser beobachten zu können. Die Maßnahmen konnte Heinrich auch in aller Ruhe und Gründlichkeit durchführen. Der König von Polen ließ ihm viel Zeit dazu.

Er handelte nicht, wie Heinrich es erwartet hatte, sofort, sondern rückte erst nach über einem Monat an. Es ist viel darüber gerätselt worden, ganz besonders von militärischen Experten, warum der König nicht unmittelbar nach der Schlacht seinen Sieg ausgenützt hat und zur Marienburg marschiert ist, die ihm, fast unverteidigt, leicht in die Hände hätte fallen können. Eine wirklich plausible Erklärung ist nicht gefunden worden.

Am häufigsten wird die Auffassung vertreten, auch das polnische Heer habe in der Schlacht so stark gelitten, daß es gar nicht in der Lage war, einen Weitermarsch anzutreten, zumal die Freude über den Sieg und die dabei gemachte große Beute an alkoholischen Getränken zu einem solchen Gelage geführt habe, daß tagelang alles betrunken war. Dieser Ansicht kann nicht gefolgt werden, denn große Teile des Heeres machten sich alsbald selbständig und zogen raubend und plündernd im Lande umher. Wenn auch die Disziplin der Truppe nicht gerade groß gewesen sein mag, so wäre es doch wohl immerhin möglich gewesen, nach kurzem Ausruhen eine ausreichende Mannschaft in Richtung Marienburg in Marsch zu setzen.

Als der König endlich vor der Marienburg erschien, fand er sie bereits gerüstet und verteidigungsbereit vor. Ein sofortiger Angriff wurde blutig zurückgewiesen. Mehrere weitere Stürme auf die Burg waren ebenso erfolglos, obwohl sogar das erbeutete schwere Geschütz des Ordens eingesetzt wurde. Die Besatzung der Burg machte selber Ausfälle und konnte dem polnischen Heer erhebliche Verluste zufügen.

Der König mußte sich wohl oder übel zu einer Belagerung entschließen, die infolge der Zerstörung der Stadt Marienburg stark erschwert wurde. Sie konnte nicht nahe bei der Burg angelegt werden, weil das Gelände gut einzusehen war und mit Geschossen übersät werden konnte. Auch konnte die polnische Armee nicht in festen Quartieren untergebracht werden, sondern mußte in Zelten nächtigen, was die Kampfmoral nicht gerade gehoben hat.

Die Jahreszeit war fortgeschritten – es war inzwischen September –, das Wetter verschlechterte sich. Im Lager brachen Seuchen aus.

Die Stimmung im Lande schlug um. Vom Adel und der Bevölkerung waren die polnischen Truppen teilweise freudig begrüßt worden. Man wünschte ganz gern das Ordensregiment abzuschütteln.

Jetzt aber erregte das Verhalten besonders der litauischen, tatarischen und anderen östlichen Truppenteile äußersten Unwillen. Plünderungen, Vergewaltigungen und Zerstörungen häuften sich. Man ersehnte geordnete Verhältnisse zurück.

Heinrich von Plauen war inzwischen zum Hochmeister gewählt worden. Er taktierte zunächst auch äußerst geschickt, versprach eine Beteiligung des preußischen Adels und der Städte an der Verwaltung.

Bei dieser Entwicklung wurde die Lage der Armee vor der Marienburg äußerst kritisch. Es kam hinzu, daß inzwischen Sigismund Kaiser des Reiches geworden war. Er drohte dem polnischen König mit einem Einfall in Polen, falls er sich nicht sofort aus Preußen zurückziehe, eine Einmischung, die Jagiello stets gefürchtet hatte.

Er machte sich keine Gedanken darüber, ob Sigismund wirklich in der Lage gewesen wäre, ernstlich zu intervenieren. Er sah sich schließlich nach zweimonatiger Belagerung der Marienburg zur Aufgabe genötigt und zog sich nach Polen zurück.

Darüber hinaus erklärte er sich auch zu sofortigen Friedensverhandlungen bereit, die umgehend zu Thorn eröffnet wurden. Schon im Januar 1411 kam es zum Friedensschluß, dem sogenannten Ersten Thorner Frieden.

Der Orden kam dabei noch sehr glimpflich davon. In seinem territorialen Bestand blieb er im wesentlichen erhalten. Abgesehen davon, daß er in der Zwischenzeit vorgenommene Besetzungen des Dobrzyner Landes und von Kujawien aufgeben mußte, hatte er das von Litauen gerade erst erworbene Gebiet Szamaiten zurückzugeben, dies aber nur für die Lebenszeit von Jagiello und Witold.

Drückend waren allein die erheblichen finanziellen Lasten, die der Orden übernehmen mußte. Man glaubte, diese leicht tragen zu können, was sich aber doch bald als Fehleinschätzung herausstellte.

Obwohl der Orden mit diesem Frieden noch recht günstig davongekommen war, blieb der durch die Tannenbergschlacht verlorene Nimbus der Unbesiegbarkeit als psychologischer Effekt auch im eigenen Lande bestehen. Der Orden war nicht mehr in der Lage, seine alte Stellung wiederzugewinnen.

Der neue Hochmeister, Heinrich Reuß von Plauen, war ein harter und strenger Mann. Im Zeitpunkt der Gefahr hatte er richtig reagiert und sich als die geeignete Persönlichkeit erwiesen, die Schwierigkeiten zu meistern und den sicheren Zusammenbruch des Ordensstaates zu verhindern. Nachdem dies nun aber geschafft war, mangelte es ihm wohl doch an den diplomatischen und staatsmännischen Fähigkeiten und an einer gewissen Flexibilität, unter den jetzt ganz anderen Verhältnissen mit den anstehenden und mit aller Macht auf ihn zukommenden Problemen fertig zu werden.

Schon während der Schlacht bei Tannenberg und besonders danach war es zu Unbotmäßigkeiten und Unregelmäßigkeiten gekommen. Die Eidechsenritter des Culmer Landes waren während der Schlacht nicht zum befohlenen Gegenstoß angetreten. Überlebende der Schlacht und auch die Besatzungen einiger Burgen hatten das Land verlassen und waren in das Reich geflüchtet. Andere Burgen hatten gegenüber dem Feind kapituliert, ohne an eine durchaus mögliche und erfolgversprechende Verteidigung zu denken. Verschiedentlich war sogar dem König von Polen gehuldigt worden.

Es wäre nun einsichtig und klug gewesen, mit einer Art Amnestie darüber hinwegzusehen, zumal Heinrich bei dem Thorner Friedensschluß dem polnischen König selbst zugeschworen hatte, daß das Vergangene vergeben sei. Schließlich hatte sich nach dem doch immerhin zunächst einmal noch ganz glimpflich überstandenen Kriege, der gezeigt hatte, daß mit den zügellosen Haufen des Polenkönigs, die plündernd und raubend durch das Land gezogen waren, nicht gut Kirschen essen war, sich alles dem neuen Hochmeister vertrauensvoll zugewandt. Heinrich von Plauen aber dachte und handelte anders. Dem finsteren und stolzen Manne war es nicht gegeben zu verzeihen und zu vergessen. Das Geschehene sah er als doppelten Eidbruch an, der eine strenge Sühne verlangte. Bezüglich der Flüchtlinge in das Reich verlangte er Rückführung und verfügte strenge Bestrafung. Gegen die Ritter, die in der Schlacht die Gefolgschaft versagt hatten, wurde mit aller Strenge vorgegangen. Wer nach der Besetzung des Landes durch die Polen mit diesen paktiert hatte, wie besonders einige Bischöfe, wurde des Landesverrates beschuldigt und seiner Ämter entsetzt. Vergebens verlangten diese nach dem Friedensschluß ihre Wiedereinsetzung.

Diese rücksichtslose und wohl als übertrieben anzusehende Strenge hat viel böses Blut gemacht und dem Hochmeister Feindschaft eingetragen. Auf der anderen Seite hatte Heinrich richtig erkannt, daß sich eine Teilnahme des Adels und der Städte an der Staatsführung nicht mehr länger versagen ließ. Wie er es bereits während der Belagerung der Marienburg versprochen hatte, errichtete er 1412 einen Landesrat aus Abgeordneten der Städte und des Landadels mit den Rechten der Steuerbewilligung und der Zustimmung zu allen wichtigen Landesfragen. Dies war schon eine revolutionäre Handlung, denn dem Orden als einer geistlichen Institution war an sich jeder Beirat weltlicher Leute verboten. Da aber dem Lande zur Überwindung der finanziellen Kriegsfolgen schwere Belastungen auferlegt werden mußten, war ein anderes Vorgehen gar nicht möglich. Dennoch ist dieser Landesrat von den meisten Rittern recht skeptisch, teilweise sogar ablehnend angesehen worden.

Zweimal mußten recht drückende Pressalien (der sogenannte Schoß) ausgeschrieben werden, die auf dem Lande, das nach dem Kriege ohnehin unter Seuchen und Mißernten zu leiden hatte, hart lasteten. Es kam teilweise zu offenem Aufruhr. Ganz besonders aufsässig zeigte sich Danzig, das schon immer das Ordensregiment nur unwillig ertragen hatte und dem gegenüber der Orden durch ungeschickte Maßnahmen auch oft sehr falsch gehandelt hatte. Es verweigerte den Schoß.

Man ging dabei so weit, den Zugang zur Ordensburg zu vermauern, und baute daneben zusätzlich noch einen Turm, um in die Burg hineinschauen zu können. Daß so etwas der Orden nicht einfach hinnehmen konnte, ist verständlich. Doch reagierte man wieder in einer Weise, die helle Empörung hervorrief.

Der Komtur des Ordens in Danzig war damals ein Bruder des Hochmeisters, ein rücksichtsloser und strenger, auch bei den Ordensrittern sehr unbeliebter Mann. Er rückte mit einem Aufgebot gegen das Rathaus der Stadt vor und konnte dabei einige vornehme Mitglieder des Rates in seine Gewalt bringen. Er ließ sie dann ohne jeden Prozeß, ja überhaupt ohne jede Anhörung einfach hinrichten. Das war natürlich unter allen Umständen eine völlig ungerechtfertigte Maßnahme, die begreiflicherweise Verbitterung erregte und dem Ansehen des Ordens erheblich geschadet hat. Der Hochmeister hat aber dennoch nicht, wie man es eigentlich von ihm erwarten durfte, seinen Bruder zur Rechenschaft gezogen. Das hat man ihm besonders übel genommen. Gegen Ritter, die im Kampfe versagt hatten, war er hart vorgegangen, seinen Bruder aber, der so ungerecht gegen vornehme Ratsherren in Danzig gehandelt hat, hat er nicht einmal gerügt.

Die Zustände im Ordensstaat konnten König Jagiello von Polen nicht verborgen bleiben. Er sah ein, daß er mit dem Friedensschluß von Thorn übereilt gehandelt hatte, zumal sich herausstellte, daß das angedrohte Eingreifen von Kräften aus dem Reich, insbesondere von Kaiser Sigismund, nicht zu befürchten war.

Die Kämpfe flackerten daher wieder auf. Polnische Truppenteile fielen plündernd in Preußen ein. Preußischen Kaufleuten wurde der Durchzug durch Polen verwehrt. Ein Hilferuf des Hochmeisters an Kaiser Sigismund hatte keinen Erfolg.

Da entschloß sich schließlich Heinrich von Plauen im Herbst 1413, dem Polenkönig in einem Kriegszug entgegenzutreten. Mit diesem Entschluß dürfte er die Kräfte des Landes überschätzt haben. Gewiß war plündernden Einfällen entgegenzutreten, aber zu einem ganzen Kriegszug reichten die Reserven nicht aus. Noch waren die Narben von Tannenberg nicht verheilt, die Ritter und das Volk kriegsmüde. Daß Kaiser Sigismund doch noch zu Hilfe kommen würde, war nicht zu erwarten. Noch immer gab es das große Schisma, und der Kaiser war gefordert, auf eine Beendigung hinzuwirken. Sigismund konnte sich daher einen Feldzug nach Preußen zur Hilfe gegen Polen gar nicht leisten, zumal er auch noch im Erblande Böhmen Schwierigkeiten mit dem Reformator Hus hatte. Jagiello hat das wohl erkannt, Heinrich von Plauen offenbar nicht. Dennoch ordnete er die Aufstellung einer Truppe an und beging dabei auch den großen Fehler, seinen Bruder mit der Führung des Zuges gegen Polen zu beauftragen. Damit erregte er nun endgültig den Unwillen des größten Teils der Ordensritter. An die Spitze der unzufriedenen Ritterschaft stellte sich der Ritter Michael Küchmeister von Sternberg, der, in der von Litauen an den Orden abgetretenen Landschaft Szamaiten als Vogt eingesetzt und nach Preußen zurückgekehrt, Ordensmarschall geworden war. Damit hatte er eine genügend starke Position, dem Hochmeister entgegentreten zu können. Er verbot den Rittern und Mannschaften, den Befehlen des

Hochmeisters zu folgen, was er damit begründete, es sei den Polen gar kein Krieg erklärt worden, und es bestehe daher auch kein Kriegszustand. Da hierauf dem Hochmeister der Gehorsam verweigert wurde, mußte das Unternehmen abgebrochen werden. Der Hochmeister, über dieses Geschehen natürlich empört, berief das Ordenskapitel auf den St. Burkhardstag (14. Oktober) ein, um eine Maßregelung der Gehorsamsverweigerung zu erreichen. Das Kapitel trat zusammen. Es kam zu heftigen Auseinandersetzungen, über die nichts Näheres bekannt geworden ist. Das Ergebnis war: Nicht Küchmeister wurde gemaßregelt, sondern der Hochmeister. Er wurde des Amtes entsetzt und Küchmeister zum neuen Hochmeister gewählt. Er hatte die Unzufriedenheit der Ritter erkannt und richtig eingeschätzt.

Die Handlungsweise Küchmeisters ist vielfach als Verrat gebrandmarkt worden. Ob sie es wirklich war, ist schwer zu beurteilen. Es war jedenfalls ein einmaliger Vorgang, daß ein Meister vom Kapitel abgewählt worden ist. Wohl waren schon andere Hochmeister aus eigenem Entschluß vom Amt zurückgetreten, teils auch dazu gedrängt worden. Ob man Plauen geraten hat, seinem Amt zu entsagen, ist nicht bekannt.

Natürlich haben die Anhänger Küchmeisters die Angelegenheit in dessen Sinne dargestellt, während gegenteilige Aufzeichnungen völlig fehlen. Es ist auch nicht zu beurteilen, ob die auf diese Weise erfolgte Kriegsverhinderung im wohlverstandenen Interesse des Ordens lag oder ob nicht diese Art der Handhabung einen erheblichen moralischen Schaden verursacht hat. Jedenfalls liegt in dem Geschehen eine tiefe Tragik.

Es hat auch Proteste gegeben, besonders aus Ordenskreisen im Reich. Es blieb aber bei Worten. Ein irgendwie erfolgversprechendes Eingreifen wäre auch gar nicht denkbar gewesen.

Heinrich wurde, nachdem er von dem Amte des Hochmeisters enthoben worden war, mit dem bescheidenen Posten des Komturs von Engelsburg abgefunden. Von hier aus soll er versucht haben, den Hochmeisterposten zurückzuerlangen, und zwar ausgerechnet mit Hilfe des polnischen Königs Jagiello. Jedenfalls soll sein Bruder mit dem König dahingehende Verbindungen aufgenommen haben. Die Angelegenheit ist gänzlich in Dunkel gehüllt. Es ist bis heute nicht geklärt, ob Heinrich tatsächlich derartige Pläne der Wiederkehr verfolgt oder sein Bruder etwa auf eigene Faust gehandelt hat.

Als die Verhandlungen mit dem König bekannt wurden, nahm man Heinrich und seinen Bruder gefangen und machte beiden den Prozeß. Heinrich wurde der Mitwisserschaft zum Landesverrat angeklagt und zu lebenslänglichem Kerker verurteilt, seines Postens als Komtur enthoben und 1414 in Gewahrsam genommen. Seinem Bruder gelang es zu entkommen. Sein Verbleib und sein weiteres Schicksal sind unbekannt geblieben.

Heinrich hat 15 Jahre lang unter schwersten Bedingungen im Gewahrsam aushalten müssen, bis er schließlich von dem Nachfolger Küchmeisters, Hochmeister Paul Bellizer von Rußdorf (1422–41), begnadigt wurde. Man übertrug ihm noch das Pflegeamt zu Lochstädt. Dort ist er nach kurzer Zeit 1429 verstorben.

Der Preußische Bund

Dem Hochmeister Michael Küchmeister von Sternberg, der 1413 Nachfolger von Plauens geworden war, ist es auch nicht gelungen, die Verhältnisse des Ordens zu regeln und die Lage zu verbessern. Seit jenem St. Burkhardstage im Oktober 1413 ist es unaufhörlich weiter bergab gegangen.

In eben jenen Oktobertagen hat der Reichstag von Horodło den Bund zwischen Polen und Litauen fester geschlossen. Die litauischen Bojaren wurden in die Reihen des polnischen Adels aufgenommen. Der katholische Charakter des Doppelreiches wurde noch bestimmter ausgesprochen. Obwohl Küchmeister zu Zeiten Plauens dem Ordensheer verboten hatte, gegen Polen zu kämpfen, blieb ihm selbst nichts weiter übrig, als sich Einfällen von Polen und Litauen im Kampfe zu stellen. Er erreichte dann aber doch, daß es zu Verhandlungen kam. Sie endeten 1422 im Frieden von Melnosee.

Dieser Friedensschluß brachte keine wesentlichen Veränderungen gegenüber dem Thorner Frieden von 1411, außer daß es zum endgültigen Verlust von Szamaiten kam. Im Thorner Frieden war dessen Abtretung noch zeitlich beschränkt gewesen. An sich kann man die Abmachungen von Melnosee kaum als Friedensschluß bezeichnen. Es war mehr oder weniger nur ein Waffenstillstand, der dann auch nicht lange Bestand hatte.

Vor allen Dingen ist es aber Küchmeister nicht gelungen, die dringend notwendigen inneren Reformen im Lande voranzutreiben. Zunächst kam es sogar zu einem Rückschritt. Er löste nämlich den von Heinrich von Plauen geschaffenen Landesrat wieder auf. Damit hatte er wohl einer gewissen Gruppierung im Orden Rechnung getragen, die dem Landesrat nicht traute, in der einheimischen Bevölkerung aber keine Begeisterung erregt. Mehr und mehr ging man hier dazu über, die Dinge selbst in die Hand zu nehmen und unabhängig vom Ordensregiment zu regeln.

Der starke Aufschwung ständischer Gewalten, wie er im Verlauf des 14. Jahrhunderts zu beobachten war, hat die innere Entwicklung der meisten deutschen Territorien nachhaltig beeinflußt. Seinen kraftvollsten Ausdruck fand der neue ständische Machtanspruch in den »Einigungen«. Sie sollten den allmählich errungenen Einfluß der Städte, ihre Privilegien, Rechte und Freiheiten befestigen und gegen die Landesherrschaft verteidigen. Sie haben zur Einschränkung und teilweise sogar zur Unterdrückung der landesherrlichen Gewalt geführt. Im Ordensstaat trat die ständische Bewegung erst sehr viel später auf. Die Hochmeister konnten im 14. Jahrhundert noch ein starkes Regiment im Lande führen. Die fast unerschöpflichen Mittel des Ordens enthoben sie der Notwendigkeit, beim Adel und den Städten materielle Hilfe zu suchen, die mit politischen Zugeständnissen hätte erkauft werden müssen.

In der zweiten Hälfte des 14. Jahrhunderts, in der Zeit des Hochmeisters Winrich von Kniprode, meldeten sich aber doch schon Stimmen, die auf ernste Gegensätze zwischen Herrschaft und Ständen hindeuteten. Dabei waren die Wünsche noch sehr bescheiden. Man wollte wenigstens erreichen, daß im Lande Geborene dem Orden beitreten konnten, was stets und übrigens dann auch weiterhin bis zuletzt verweigert worden ist.

In den deutschen Landen war der im 14. Jahrhundert entstandene, aus Vertretern der Prälaten, der Ritter, zuweilen auch der Städte zusammengesetzte fürstliche Rat ein Bindeglied zwischen Landesherrschaft und Ständen geworden. Im Ordensstaat dagegen schritt die Entfremdung zwischen dem herrschenden Orden und den Ständen fort.

Da nichts Nachhaltiges seitens des Ordens zur Behebung dieses Zustandes geschah, handelte man selbständig. Der aktive Teil des Adels und der Städte schloß sich im sogenannten »Preußischen Bund« zusammen, der ein Sammelbecken opponierender Elemente wurde, zunächst nur zaghaft und mehr oder weniger inoffiziell im Untergrund, später aber doch als offizielle Gemeinschaft.

An dieser Entwicklung war ein Mann führend beteiligt – eine etwas zwielichtige Persönlichkeit, die sowohl im Blick der Zeitgenossen wie auch heute noch recht unterschiedlich beurteilt wird – als gewandter und geschickter Politiker ebenso wie als Verräter: Hans von Baysen. Er entstammte einer Familie Fleming aus der Gegend von Lübeck. Im 13. Jahrhundert war ein Fleming nach Preußen eingewandert und seßhaft geworden. Er erwarb Landbesitz im Ermland, und zwar das Feld Baysen im Kreise Braunsberg. Nach diesem nannte sich fortan dieser Zweig der Familie »von Baysen«.

Der Orden beschäftigte damals in seinen Diensten eine größere Zahl von Laien aus verschiedenen Berufen: Juristen, Ärzte, Künstler, Landwirte. Sie waren »Diener« der verschiedenen Komture und des Hochmeisters selbst. Sprößlinge edler Geschlechter, die sich längere oder kürzere Zeit am Hofe der Marienburg aufhielten und für die verschiedensten militärischen und politischen Aufträge des Ordens eingesetzt wurden. Da eingeborene Preußen keine Ordensmitglieder werden konnten, war es für diese die einzige Möglichkeit eines direkten Anteiles an den Staats- und Verwaltungsgeschäften des Landes und zuweilen auch einer Einflußnahme. In vielen Fällen wurden auch junge Edelleute zum Zwecke ihrer ritterlichen Erziehung einige Jahre auf die Marienburg als »Meisters Diener« geschickt. Es war keine schlechte Schule. Auch Hans von Baysen war in frühem Alter auf die Marienburg geschickt worden. Sein Vater,

Peter von Baysen, war in seiner Jugend ebenfalls Ordensdiener und diente dem Hochmeister auch späterhin, wofür er mit Geldspenden und Verleihung von Gütern recht freigebig belohnt wurde. Er war zweimal verheiratet und hatte sieben Kinder, aus der ersten Ehe drei, aus der zweiten Ehe vier, aus dieser letzteren war Hans das älteste Kind. Peter von Baysen ist 1409 verstorben, was vermutlich der Grund dafür war, daß sein Sohn Hans so jung bereits zur Marienburg kam. Er war kaum dem Knabenalter entwachsen, als die Schlacht bei Tannenberg stattfand. Er erlebte auf der Marienburg, wo er zum Hofgesinde des Hochmeisters gehört hatte, die Belagerung durch das polnische Heer. 1412 wurde er vom Hochmeister Heinrich von Plauen mit einer Gesandtschaft nach England geschickt. Auch der Hochmeister Michael Küchmeister betraute ihn mit Gesandtschaften.

Küchmeister hat aber dann gegenüber Hans von Baysen sehr verletzend gehandelt, was wahrscheinlich der Grund dafür gewesen ist, daß er später ein so sehr erbitterter Feind des Ordens wurde. 1419 ging Baysen nach Portugal, um dort an Kämpfen gegen die Mauren teilzunehmen. Er war mit einer Tochter aus vermögendem Hause verlobt und ließ sie, als er Preußen verließ, in der Obhut eines seiner Brüder zurück. Küchmeister hatte mit der Dame andere Absichten. Er erstrebte sie für seinen eigenen Vetter. Es gelang ihm, die Verlobung mit Baysen auseinanderzubringen und die Braut mit diesem Vetter zu vermählen.

Die Nachricht davon veranlaßte Hans von Baysen zur vorzeitigen Rückkehr nach Preußen Anfang 1422. Er traf Küchmeister nicht mehr. Dieser war inzwischen am 10. März 1422 von seinem Amt zurückgetreten. Aus welchem Grund Küchmeister diesen Schritt getan hat, ist niemals bekannt geworden. Sein weiteres Schicksal ist nicht überliefert.

Nachfolger als Hochmeister wurde Paul Bellizer von Rußdorf (1422–41). Dieser hat den heimkehrenden Hans von Baysen freundlich aufgenommen und recht hoffnungsvoll begrüßt. Baysen fühlte sich jedoch so stark verletzt, daß er sich in den nächsten Jahren von den öffentlichen Angelegenheiten zurückgezogen hat. Erst 1431 findet sich Baysen wieder in den Diensten des Ordens.

Vorerst sah sich der Hochmeister dazu gezwungen, der immer bedrohlicher werdenden Union zwischen Litauen und Polen entgegenzutreten. 1430 sah es so aus, als ob der Orden damit Erfolg haben würde. In diesem Jahre verstarb Großfürst Witold von Litauen. Die Bojaren Litauens wählten daraufhin dessen jüngeren Bruder Swidrigal zum Großfürsten, dies aber gegen den Willen von König Jagiello von Polen und der Polen überhaupt, die einen Großfürsten seit dem Reichstage von Horodło von 1413 nicht mehr haben wollten. Daß es dennoch geschah, sah der Hochmeister als eine Lockerung oder gar als Zerfall der polnisch-litauischen Union an, zumal Swidrigal Fühlung zu ihm suchte. Es kam im Jahre 1431 auch zu einem Bündnis zwischen dem Hochmeister und dem Großfürsten, was zur Folge hatte, daß der Orden in die inzwischen ausgebrochenen kriegerischen Verwicklungen zwischen Swidrigal und Polen hineingezogen wurde. Dies fand stärkste Ablehnung seitens der preußischen Stände, insbesondere derer des Culmer Landes, die nach den letzten und längst nicht überwundenen Verlusten durch die polnischen Einfälle des Krieges müde waren.

Um eine breitere Basis für den Kampf gegen Polen/Litauen zu schaffen und der Unzufriedenheit der Ritterschaft und der Städte entgegenzutreten, war der Hochmeister von Rußdorf darauf zurückgekommen, wie seinerzeit Hochmeister von Plauen, einen Landesrat zu schaffen. Er glaubte, sich angesichts der drohenden Gefahren und der sich andererseits ergebenden Möglichkeiten einer Abwehr in der Frage eines weltlichen Beirates über die Ordensstatuten hinwegsetzen zu können. Die Forderungen der Zeit erschienen ihm zu dringend, um unbeachtet zu bleiben. Sie waren mächtiger als die angeblich für die Ewigkeit geschaffene Satzung des Ordens.

Im Jahre 1430 wurde daher der Landesrat wieder eingerichtet. Zwar wurde nicht der ursprüngliche von 1412 zum Vorbild genommen, sondern ein aus 24 Mitgliedern bestehender, unter denen sechs Ordensherren waren. Der Rat erklärte sich durchaus zur Unterstützung des Hochmeisters bereit, allerdings nicht ohne einige Bedingungen daran zu knüpfen. Jedenfalls beteiligten sich nunmehr die Stände, wenn auch widerwillig und unzureichend, an den Vorbereitungen zum Kampfe, an dessen Vermeidbarkeit man offenbar bis zuletzt geglaubt hatte.

Es gelang dem Orden auch, Vorteile zu erreichen und in Polen einzudringen. Aber Großfürst Swidrigal kämpfte unglücklich. Er mußte bereits im Herbst 1431 einem Waffenstillstand zustimmen, der von Polen vor allem dazu genutzt wurde, ihn von dem Bündnis mit dem Orden abzulösen. Der Hochmeister sah aber in der Unterstützung Swidrigals seine letzte Chance, sich der Macht Polens erwehren zu können. Er verlangte daher von den Ständen zum Zwecke der weiteren Kriegsführung die Bewilligung einer allgemeinen Abgabe. Er stieß auf völlige Ablehnung. Insbesondere waren es wieder die Culmer, die den heftigsten Widerstand leisteten. Sie bekundeten absolut landesverräterische Absichten, die in der Marienburg höchste Besorgnis auslösten.

Es kam 1432 zu einer erneuten Besiegelung des Bündnisses zwischen dem Orden und Swidrigal. Aber dennoch entwickelten sich die Ereignisse unglücklich. Hussiten drangen über die Neumark bis nach Pommerellen ein, wo sie erst vor Konitz aufgehalten werden konnten. Die Kräfte der Ordenstruppen zersplitterten sich in planlosen und unzulänglichen Unternehmungen, ohne das Land hinreichend schützen zu können. Der Hochmeister sah sich genötigt, unter allen Umständen eine Beendigung der Feindseligkeiten zu betreiben. Nach Aufnahme von Verhandlungen kam es 1435 auch zum Frieden von Brzesz, der im wesentlichen eine Bestätigung des Friedens von Melnosee war. Die bedenklichste neue Bedingung dieses Friedensschlusses war, daß der Orden die Preisgabe sämtlicher auswärtiger Beziehungen zugestehen mußte, vor allem die mit Swidrigal, aber auch die mit dem Papst, mit dem Kaiser und dem Reich, was im Grunde genommen bedeutete, daß dem Orden der Lebensfaden abgeschnitten wurde.

Welchen Einfluß Hans von Baysen, der seit 1431 wieder in Diensten des Ordens stand, an den Ereignissen jener letzten Zeit gehabt hat, ist unklar. In das Licht der Öffentlichkeit ist er erst später getreten.

Im Jahre 1435 ist Jagiello gestorben, durch dessen Ehe mit Jadwiga, der Thronerbin von Polen, die Bedrängnisse des Ordens heraufbeschworen worden waren.

Der Friede von Brzesz hat neuerliche Feindseligkeiten nicht verhindert. Immer wieder flammten sie auf. Weitere »Friedensschlüsse« folgten, die man besser als befristete Waffenstillstände bezeichnet. Wirklichen Frieden brachten sie nicht.

Wenn man der Meinung ist, die andauernden äußeren Bedrohungen des Landes hätten eigentlich dazu führen müssen, daß sich endlich eine gemeinsame Abwehrfront bildete, so trat genau das Gegenteil ein. In den großen Konventen wuchs die Abwehr gegen den Orden und seinen Hochmeister. Er mußte hohe Stellen nach deren Anweisungen besetzen, wodurch wieder die allgemeine Unbotmäßigkeit überhandnahm. Während bisher die aus allen Teilen des Reiches zugezogenen Ordensmitglieder zu einer Einheit zu verschmelzen trachteten, kam es nunmehr häufig zum Streit zwischen Oberdeutschen und Niederdeutschen, zwischen Bayern, Schwaben, Franken und anderen, was im Lande sehr bitter empfunden wurde. Der Hochmeister mußte sich sogar dazu verstehen, die gleiche Zahl von Ordensbrüdern aus jeder Landschaft in seinen Rat zu berufen.

Die Städte fanden sich in ihrem Gewerbe durch den Orden mehr gehindert als gefördert. Der Landadel, der sich immer noch durch das Verbot der Aufnahme als vom Orden ausgeschlossen fand, wollte sich den vom Hochmeister ausgeschriebenen Steuern nicht unterwerfen.

Dennoch kam es auf einer Tagfahrt zu Elbing am 18. Januar 1440 zu einer Erklärung der Städte, allzeit treulich zum Hochmeister halten zu wollen, vorausgesetzt, daß jeder seines Lebens und Gutes sicher sei. Hier wurde dem Hochmeister eine einzigartige Gelegenheit geboten, sich gegen Unbotmäßigkeiten in den eigenen Reihen durchzusetzen. Hätte er die ihm gebotene Hand ergriffen, so hätte es ihm wohl gelingen können, den Orden und auch das Land wieder in der Pflicht zu halten.

Rußdorf war aber nicht der Mann dazu. Er fürchtete zu sehr den Einfluß seiner eigenen Ordensbrüder. Durch sein Zögern und Schwanken trieben die Dinge zur Entscheidung. Gewaltsamkeiten der Ordensritter nahmen zu. Man erkannte, daß vom Hochmeister keine Abhilfe mehr zu erwarten war. Die Städte griffen zur Selbsthilfe. Am 20. Februar 1440 wurde eine Bundesformel zu gegenseitiger Hilfe vereinbart. Am 14. März 1440 erfolgte zu Marienwerder zwischen den Städten und Teilen des Adels die offizielle Gründung des Preußischen Bundes. Dieser sollte jeden in seinem Rechte schützen.

Rußdorf hat die Entwicklung und deren Abschluß durch die Gründung des Preußischen Bundes nicht mehr erlebt. Er starb 1441.

Jetzt kam es beim Orden dazu, wie schon einmal in schwerer Zeit, daß wieder zwei Angehörige derselben Familie, nicht Brüder, aber Vettern, nacheinander zu Hochmeistern gewählt wurden, Konrad und Ludwig von Erlichshausen. Konrad, der ältere und Hochmeister von 1441–49, war ein starker Charakter, der sich sofort gegen den Preußischen Bund stellte. Der jüngere Ludwig (1450–67) dagegen hatte sich zunächst gegen seine Wahl zum Hochmeister gesträubt und davor gewarnt, weil er zu schwach von Charakter sei. Das hätte man glauben können, wenn man sein anfängliches Verhalten nach der Wahl wertet. Bei ihm trat erstmalig der Fall ein, daß die Mitglieder des Preußischen Bundes nicht dem Orden, sondern nur ihm, dem Hochmeister huldigten. Er ließ es zu, wobei er noch vorher versprechen mußte, die Rechte und Privilegien der Stände eher zu vermehren als zu beeinträchtigen.

Das hinderte ihn aber nicht, den Preußischen Bund beim Kaiser und beim Papst zu verklagen, ihn mit den Ordnungen und Rechten für unverträglich zu erklären, auf welchen die menschliche Gesellschaft und die Christenheit gegründet sei.

Während die Stände überzeugt waren, die Verbindung nicht entbehren zu können, war die Folge der Klage, daß sich weitere Städte und Adelige dem Preußischen Bund anschlossen.

Es war der Gegensatz zwischen dem göttlichen Rechte der Obrigkeit und dem Rechte des Widerstandes gegen Übergriffe und Gewalttätigkeiten der Landesherrschaft, der damals die Geister in Preußen entzweite. Die gleiche Frage sollte in späteren Zeiten zu den konstitutionellen Streitigkeiten führen. In Preußen kam damals noch hinzu, daß die Landesherrschaft nicht von einem Fürsten ausgeübt wurde, sondern von einem Orden, der nicht aus im Lande selbst Geborenen bestand. Zu der konstitutionellen Frage trat mithin noch die koloniale Bedeutung, der Anspruch der gewachsenen Kolonie nämlich, für sich selbst zu bestehen, einen Gebieter aus den eigenen Reihen zu haben.

Die Tragik des Geschehens lag darin, daß der Preußische Bund seine Probleme nicht mit gesetzlichen und nationalen Mitteln zu lösen versuchte. Man hatte aber von vornherein den Gedanken, sich unter den Schutz des Königs von Polen zu stellen. Dazu hat offensichtlich nicht wenig ein Gerücht beigetragen, daß der Hochmeister Truppen in Böhmen anwerbe. Damit, so meinte man, habe sich dieser in Gegensatz zu Rittern und Städten gesetzt, so daß man an die dem Hochmeister geleistete

Huldigung nicht gebunden sei, da dieser seine Zusagen nicht gehalten habe. Polnische Adelige haben diesen Zwiespalt verständlicherweise eifrig geschürt. Bei den Rittern der Eidechsengesellschaft trug man keine Bedenken mehr, Polen unter sich aufzunehmen.

Trotz dieser Einstellung wandte man sich an den Kaiser, um zu der Klage des Ordens auf Verbot des Preußischen Bundes Stellung zu nehmen. Man tat dies, obwohl man nicht viel davon erwartete, denn der Kaiser (Friedrich III. aus dem Hause Habsburg, 1440–93) hatte sich bereits gegen den Bund ausgesprochen.

Am 1. Dezember 1453 erfolgte der kaiserliche Rechtsspruch, durch welchen der Preußische Bund verurteilt und für nichtig erklärt wurde.

Dies hatte den offenen Aufruhr zur Folge. Man knüpfte allerdings nochmals Verhandlungen mit dem Hochmeister an. Als diese aber ergebnislos verliefen, richteten Adel und Städte am 4. Februar 1454 einen Absagebrief an den Orden, den ein Stadtknecht des Rates von Thorn auf die Marienburg überbrachte.

In Thorn selbst, wo die Abgeordneten des Preußischen Bundes getagt hatten, war inzwischen ein Ordensgebieter zu Verhandlungen eingetroffen. Ein Eidechsenritter befehligte aber bereits in den Vorstädten, der Ordensgebieter wurde festgenommen, die Ordensburg von Thorn belagert und nach kurzer Gegenwehr erstürmt.

Damit war die Stadt, an deren Stelle der Orden 200 Jahre zuvor Fuß gefaßt und die er als erste in Preußen gegründet hatte, nun auch die erste, in welcher der Ruin begann.

Der Sturm erhob sich gegen weitere Ordensburgen. Die Ordensritter hatten nicht mehr den Mut, ihre Sache zu verteidigen. Danzig, Elbing, Königsberg wurden überrascht. Insgesamt 56 Burgen fielen in die Hand des Preußischen Bundes. Anführer dieses Aufruhres waren die Stadtjunker von Danzig und Hans von Baysen. Lediglich Marienburg und Konitz konnten sich in den Händen des Ordens halten.

Zur gleichen Zeit trafen sowohl Abgeordnete des Ordens wie des Preußischen Bundes, letztere unter Führung von Hans von Baysen, in Krakau ein, wo König Kasimir IV. von Polen (1447–92) gerade seine Vermählung mit Elisabeth von Habsburg feierte. Während die Abgeordneten des Ordens gegen das Vorgehen des Preußischen Bundes Protest erhoben, boten dessen Abgeordnete dem König offiziell die oberherrlichen Rechte im Lande Preußen an, da die Herrschaft »einst ausgegangen von der Krone Polens« und der König die Gewaltsamkeiten des Ordens nicht dulden dürfe. Die Ordensgesandten wurden von dem päpstlichen Legaten unterstützt. Sie widersprachen dem Angebot des Preußischen Bundes und erinnerten an die »Bedingungen des letzten großen Friedens« (des Friedens von Thorn, 1411), durch welche jeder der beiden Regierungen die Verbindung mit den Untertanen der anderen Seite verboten war.

Der König hatte zunächst auch Bedenken, auf das Angebot des Preußischen Bundes einzugehen, zumal dieser ja gerade vom Kaiser für nichtig erklärt worden war und Schwierigkeiten mit dem Reich zu befürchten waren. Die Berater des Königs befürworteten jedoch das Angebot, da es das größte sei, das Polen jemals gemacht werden konnte. Besonders der Kastellan von Krakau drang auf Annahme. Man müsse die Gelegenheit, die sich ungesucht anbiete, ungesäumt ergreifen. Dafür gesprochen hat dann wohl auch die Befürchtung, daß bei Ablehnung der Preußische Bund sich an Böhmen anlehnen könnte.

Der König zögerte daher nicht mehr lange und nahm das Angebot an. Er ließ sich in Anwesenheit des gerade in Krakau befindlichen Erzbischofs von Gnesen durch die Bevollmächtigten des Preußischen Bundes den Eid der Treue und des Gehorsams leisten. Er übernahm das Gebiet des Ordensstaates Preußen in seinen Besitz und setzte Hans von Baysen als Statthalter ein. Im übrigen wurde das Gebiet in vier polnische Palatinate (Wojewodschaften) aufgeteilt: Thorn, Elbing, Danzig und Königsberg, die er an die vornehmsten Führer des Preußischen Bundes verlieh mit dem Rechte, an den Wahlen eines künftigen polnischen Königs teilzunehmen. Alle Lasten, über die der Bund geklagt hatte, wurden aufgehoben. In aller Form kündigte der König dem Orden am 22. Februar 1454 den Krieg an.

Unmittelbar darauf zog er nach Preußen, nicht um das Land zu erobern, sondern um es als ihm schon gehörig in Besitz zu nehmen. Am 23. Mai 1454 hielt er feierlichen Einzug in Thorn. Es wurde eine allgemeine Huldigung geleistet, an der die Bischöfe von Culm, Pomesanien und Samland, die Ritterschaften, der Adel und die Abgeordneten der Städte teilnahmen. Daß der Orden von denen, die ihn bisher in seiner Unnachgiebigkeit bestärkt hatten, nämlich von Kaiser und Papst, in seiner jetzigen Situation Hilfe und Unterstützung erhalten würde, war nicht zu befürchten,

Im Jahre 1453 war Konstantinopel in die Hand der Türken gefallen und damit hatte das Byzantinische Reich sein Ende gefunden. Dies erregte das Abendland und die Christenheit mehr als das Schicksal Preußens.

Der Dreizehnjährige Krieg

Die Lage des Ordens war katastrophal. Fast das ganze preußische Gebiet war vom König von Polen beziehungsweise in seinem Namen vom Preußischen Bund in Besitz genommen worden. Nur die Gebiete um die Marienburg und Konitz waren ihm verblieben. Zu seiner Verteidigung schien er auf sich allein gestellt.

Sollte und konnte der Orden sich in dieser Situation dem von Polen erklärten Kriege stellen, oder sollte er sich unterwerfen? Der Hochmeister war nicht der Meinung, sich unterwerfen zu müssen. Trotz der schwierigen Lage in Preußen war sein Machtbereich noch erheblich. Ungewiß war nur, ob diese mehr oder weniger theoretische Macht ausreichen würde.

Zunächst war an Livland zu denken, das ja auch zum Ordensstaat gehörte. Als der Preußische Bund das Land unter sich aufgeteilt hatte, hatte man Livland offenbar nicht berücksichtigt. Wohl hätte sich der Hochmeister nach Livland absetzen können, um von dort aus seine verlorengegangenen Positionen wieder zu erwerben. Das hätte aber mit Sicherheit dazu geführt, daß die letzten Bastionen in Preußen auch verlorengegangen wären. Andererseits war Livland überhaupt nicht in der Lage, in einem Kriege gegen Polen zu helfen.

Ganz anders verhielt sich die Lage gegenüber dem Deutschmeister, dem Leiter der großen Heimatorganisation des Ordens. Auf diese war der Orden in Preußen und übrigens auch in Livland stets personell angewiesen. Es war damit zu rechnen, daß die Verbindung auch jetzt nicht abreißen, vielleicht sogar noch anwachsen würde. Aber selbst dann wäre dies nicht ausreichend gewesen, um einen Krieg gegen Polen/Litauen, zu dem ja nun auch die Kräfte des Preußischen Bundes zu zählen waren, zu bestehen. Es mußte, wie es in der damaligen Zeit schon üblich geworden war, an die Anwerbung von Söldnern gedacht werden. Das kostete Geld, worüber der Hochmeister nun nicht mehr hinlänglich verfügte. Aber auch noch Geld herauszurücken, dazu ließ sich der Deutschmeister, der bisher eher gewohnt war, seinerseits von dem reichen Ordensstaat unterstützt zu werden, nicht überreden. Hier öffnete sich aber ganz unerwartet eine andere Quelle.

Der Kurfürst von Brandenburg hatte die Entwicklung in Preußen mit wachsender Besorgnis verfolgt. Die Mark Brandenburg, die seinerzeit unter dem Markgrafen Sigismund stand, ist von diesem, als er schließlich Kaiser des Heiligen Römischen Reiches geworden war, 1415 dem Burggrafen Friedrich VI. von Nürnberg aus dem Haus Hohenzollern zu Lehen gegeben worden, was 1417 von den Kurfürsten des Reiches bestätigt worden ist.

Damals war dieser Hohenzollernfürst als Markgraf und Kurfürst Friedrich I. mit großer Tatkraft daran gegangen, die Verhältnisse des Landes in Ordnung zu bringen, wobei er übrigens vom Orden durch Lieferung von Kriegsmaterial unterstützt worden ist. Das berühmte »faule Grete« genannte Geschütz, das der Kurfürst zur Bekämpfung aufsässiger Raubritter einsetzen konnte, stammte aus dem Besitz des Ordens.

In diesem Kurfürsten, mehr noch in seinem Sohn und Nachfolger, Kurfürst Friedrich II. (1440–70), dem die völlige Konsolidierung der Mark zu verdanken ist, hatte der Orden nun einen wirklichen Freund gefunden.

Der Kurfürst beobachtete mit Sorge, wie der Preußische Bund mit dem König von Polen verhandelte und Anstrengungen machte, ihm als Schutzherrn das Land Preußen anzudienen.

Es ist nicht auszuschließen, daß der Kurfürst sogar mit dem Gedanken spielte, sich selbst als erblicher Fürst des Ordensstaates anzubieten, um seinen Ausverkauf an Polen zu verhindern.

Es ist nichts davon überliefert und offenbar nur ein Gedankenspiel, daß Kurfürst Friedrich II. einen solchen Plan gehabt, bzw. daß er dies dem Preußischen Bund angeboten haben könnte. So etwas hätte unweigerlich zu einem Krieg mit Polen geführt, den die gerade erst wieder konsolidierte Mark Brandenburg nicht hätte führen können. Das hat der realistisch denkende Kurfürst durchaus erkannt. Er mußte schon vorsichtig sein, daß er nicht etwa in einen kriegerischen Konflikt des Ordens mit Polen hineingezogen wurde. Deshalb dachte er auch gar nicht daran, dem Orden für einen Kriegsfall Hilfe anzubieten.

Etwas anderes aber konnte der Kurfürst tun, um dem Orden zu helfen und dabei für sein Land einen Vorteil zu erlangen. Das war der Rückerwerb der 1402 dem Orden verpfändeten Neumark. Dies glaubte er ohne Risiko durchführen zu können.

Der Kurfürst bot daher dem Orden den Rückerwerb der Neumark an, stieß aber zunächst auf taube Ohren. Erst als sich dessen Lage ständig verschlechterte, kam dieser selbst darauf zurück und trug dem Kurfürsten die Rückgabe des Pfandbesitzes gegen Zahlung von 40000 Gulden an, am 22. Februar 1454, am selben Tage, an welchem König Kasimir IV. dem Orden den Krieg erklärte.

Als der König vom Angebot des Ordens erfuhr, unterbreitete er der neumärkischen Landschaft ebenfalls ein Angebot auf Übernahme der Herrschaft, was keinen geringen Eindruck machte. Eine erste Versammlung zeigte zwar große Hinneigung, auf die Vorschläge des Königs einzugehen, kam aber noch zu keiner Entscheidung.

Erst auf einer zweiten Versammlung am 31. März 1454 gelang es dem Ordensvogt Hans von Dobeneck, der die Verwaltung der Neumark für den Orden bisher geführt hatte und der sehr beliebt war, einen Entschluß herbeizuführen, daß Brandenburg der Vorzug gegeben werden solle. Am 5. April 1454 huldigte das Land dem Kurfürsten Friedrich II. Damit endete die Ordensherrschaft, die 52 Jahre gedauert hatte. Allerdings behielt sich der Orden den Rückerwerb vor. Wenn die Ablösungssumme von 40 000 Gulden auch nicht gerade ein Riesenbetrag war, so wurde die Kriegskasse des Ordens doch nicht unbeträchtlich bereichert. Der Hochmeister Ludwig von Erlichshausen faßte wieder Mut. Er nahm die Kriegserklärung des polnischen Königs an. Der Krieg dauerte 13 Jahre. Er wurde mit äußerster Erbitterung und Härte geführt. Er hat große Zerstörungen und unsägliches Elend über die Bevölkerung gebracht. Er ist als »der schmutzige Krieg« in die Geschichte eingegangen.

Wenn die Polen, die die Feindseligkeiten inzwischen bereits eröffnet hatten, glaubten, ein leichtes Spiel zu haben, sahen sie sich sehr getäuscht. Sie konnten zwar auf dem rechten Weichselufer vorrücken, die Marienburg erreichen, einschließen und belagern. Ein weiterer Vorstoß auf dem linken Weichselufer gegen Konitz am 18. September 1454 gelang jedoch nicht.

Wieder war es ein Heinrich Reuß von Plauen, ein jüngerer Neffe des unglücklichen Hochmeisters gleichen Namens, der nach der Schlacht von Tannenberg die Marienburg erfolgreich verteidigt hatte, der siegreich eingriff. Er befehligte die Ordensreiterei, warf sich mit dieser in die Flanke der heranrückenden Polen und konnte ihre Schlachtordnung durchbrechen. Die gleichzeitig vorrückende Besatzung von Konitz zwang die Polen schließlich, das Feld zu räumen. Im letzten Augenblick kam noch der Herzog von Sagan mit Ordenstruppen aus Schlesien heran und konnte in die Schlacht eingreifen. Die Polen, insgesamt doppelt so stark wie die Ordenstruppen, erlitten eine vernichtende Niederlage.

Das hatte zur Folge, daß auch die Belagerung der Marienburg aufgegeben werden mußte und daß eine größere Anzahl von Städten und Landschaften wieder unter die Ordensherrschaft zurückkehrte, darunter insbesondere auch Königsberg.

Die Schlacht bei Konitz ist die einzige größere Feldschlacht des Krieges geblieben. Dieser wurde nun überwiegend mit Söldnern um feste Plätze und als Verwüstungskrieg geführt.

Auf polnischer Seite war zwar besonders der kleinpolnische Adel zur Kriegsführung aufgerufen, jedoch lag diese hier vor allem beim Preußischen Bund. Dessen Städte, allen voran Danzig, brachten die notwendigen Gelder für die Söldnerwerbung auf. Verglichen damit waren die Mittel des Ordens zur Anwerbung von Söldnern viel zu gering.

Kurfürst Friedrich II. von Brandenburg, der sich ein militärisches Eingreifen nicht leisten konnte, versuchte, wenigstens zu vermitteln. Er reiste nach Preußen und führte Verhandlungen mit den preußischen Ständen.

Aber alle Vermittlungsversuche waren vergeblich. Man hatte nun einmal mit dem Orden gebrochen und wollte unter allen Umständen bei Polen verbleiben.

Auf der Rückreise mußte der Kurfürst erleben, daß Söldnerhaufen ihn aufhielten und die Wagen seiner Begleitung durchsuchten, da sie vermuteten, die Schätze des Hochmeisters würden weggeschafft. Lediglich von der Durchsuchung seines eigenen Wagens nahm man Abstand.

Diese Begebenheit zeigte dem Kurfürsten, daß es dringend notwendig war, Sold für die Truppen des Ordens herbeizuschaffen. Er begab sich daher anschließend unverzüglich nach Franken, um durch seine Vermittlung die notwendigen Gelder aufzubringen. Aber noch immer erregte die Eroberung von Konstantinopel durch die Türken die Gemüter mehr als das Schicksal des Ordens in Preußen. Auch der Deutschmeister meinte, der Orden könne in Preußen nicht mehr gerettet werden, und es sei daher zwecklos, dort noch Geld zu investieren.

Der Kurfürst gab dennoch nicht auf. Er versuchte, Dänemark zu einer Unterstützung zu bewegen. Der König von Dänemark versprach auch, mit einer Flotte in der Weichselmündung zu erscheinen. Es geschah aber nichts.

Der Orden sah sich schließlich genötigt, den Söldnern eine Reihe von Burgen zu verpfänden, darunter die Marienburg selbst. Dies bedeutete jedoch nur einen kurzen Zeitgewinn, denn die Rückstände an Sold wuchsen immer weiter. Die Söldner wollten Geld sehen und wandten sich an den König von Polen, dem sie die Übernahme der Pfänder gegen ihre Befriedigung in Geld anboten. Während die deutschen Söldner noch zögerten, drängten vor allem die Söldnerscharen aus Böhmen. Sie, die damals im Rufe großer Tapferkeit standen, hatten weder für die Deutschen noch für die Polen sonderliche Sympathien. Sie wollten Geld, weiter nichts. Nachdem der König zunächst noch zurückhaltend reagierte, entschloß er sich doch, die geforderte, für die damalige Zeit sehr ansehnliche Summe von 500 000 Gulden zu zahlen. Am 15. August 1456 kam der Vertrag darüber zustande. Es war gleichsam ein Ausverkauf des Landes.

Die Marienburg selbst hielten die Söldner noch besetzt und belustigten sich damit, die Institution, der sie bisher gedient hatten, zu verhöhnen und die Ordensgebieter in einer Art Gefangenschaft zu halten.

Schließlich zog König Kasimir IV. am Pfingsttag, dem 8. Juni 1457, triumphal in die Burg ein. Es war ein wenig ruhmvoller Höhepunkt des Krieges, daß die Marienburg durch diesen Kauf in den Besitz des Königs von Polen gelangte.

Dem Hochmeister Ludwig von Erlichshausen war es mit einigen Getreuen gelungen, kurz vorher mit einem Kahn die Nogat hinab zu entkommen. Er begab sich nach Königsberg, das nunmehr zum Hauptsitz des Ordens wurde.

Die Einnahme der Marienburg bedeutete noch lange nicht das Ende des Krieges. Zunächst öffnete die Stadt Marienburg dem polnischen König keineswegs die Tore. Der dortige Bürgermeister Bartholomäus Blome leistete erheblichen Widerstand, verstärkt durch eine Reihe von Ordensrittern, die sich mit Heinrich Reuß von Plauen in die Stadt hatten retten können. Drei Jahre hat die Stadt sich noch halten können, ehe sie in die Hand der Polen fiel. Bürgermeister Blome geriet dabei in Gefangenschaft und wurde von den Polen hingerichtet.

Der Hochmeister leistete von Königsberg aus weiteren Widerstand, zumal die gesamten östlichen Gebiete des Landes, insbesondere das Samland, zu ihm hielten.

Allerdings führte König Kasimir den Krieg nicht mit dem Eifer weiter, den man von ihm erwartet hatte. Der Preußische Bund drohte sogar, ihn deswegen beim polnischen Adel zu verklagen.

Dennoch konnte es zu einer Wiederherstellung des alten Ordensstaates nicht kommen. Dazu war der Orden doch zu sehr geschwächt. Hilfe von Kaiser und Reich war noch immer nicht zu erwarten. Selbst der päpstliche Hof war inzwischen unzuverlässig geworden. Das führte sogar dazu, daß einige Prälaten offen zum König von Polen übergingen, vor allem der Bischof von Ermland.

1465 kam es noch zu einer letzten Feldschlacht bei Czarnowitz, in welcher zunächst ein Sieg der Ordenstruppe sicher schien, die Polen dann aber doch die Oberhand behielten, nachdem im rechten Augenblick von Litauen her Tataren zu Hilfe gekommen waren.

Wollte der Orden noch etwas retten, mußte es durch Verhandlungen geschehen. Sie kamen zunächst mit dem Preußischen Bund zustande, der von Stibor von Baysen, einem jüngeren Bruder von Hans von Baysen, vertreten wurde. Für den Hochmeister verhandelte der Bürgermeister von Königsberg, Steinhaupt. Man wollte eine Wiedervereinigung der Ordenslande unter der Herrschaft des Ordens erreichen, wobei der König von Polen oberster Schutzherr des Ordens werden sollte.

Die Vertreter des Preußischen Bundes, die sich durch eine solche Regelung ausgeschaltet sahen, lehnten dies ab. Sie meinten, sie seien dem König von Polen schon so sehr verpflichtet, als daß sie sich noch von ihm absondern könnten.

Der Bürgermeister von Königsberg vertrat die Belange des Ordens glänzend. Er mahnte die Herren des Bundes, sich nicht zu sehr auf die Zusage der Polen zu verlassen, sondern zum Orden zurückzukehren, an dem sie ein starkes Rückgrat finden würden. Diese Fürsprache schien ihren Eindruck nicht zu verfehlen.

Der König von Polen bestand darauf, den westlichen Teil des Landes, den er bereits in Besitz hatte, zu behalten. Eine Wiedereroberung dieses Gebietes war offenbar dem Orden auch nicht möglich. Den östlichen Teil des Landes hatte der Orden behauptet. Ihn zu erobern schien dem König zu schwer. Er war nicht abgeneigt, ihn dem Orden zu belassen. Damit kam der Gedanke einer Teilung des Landes auf.

Auf dieser Grundlage einige man sich schließlich. Die offiziellen Delegationen der Polen und des Ordens kamen 1466 zu Thorn zusammen, um die Einzelheiten zu beraten und niederzulegen.

Eine gewisse Schwierigkeit ergab sich noch daraus, daß der verbleibende Teil des Ordensstaates im Osten des Landes zwar nicht direkt an Polen fallen sollte, aber doch unter die Schutzherrschaft des Königs. Daß der Hochmeister in die unbequeme Abhängigkeit von Polen kommen sollte, war an sich der Kurie in Rom nicht genehm. Erst der päpstliche Legat Rudolf von Rüdesheim, Bischof von Lavant, der 1466 nach Polen kam, willigte darin ein.

Am 19. Oktober 1466 wurde zu Thorn ein neuer Ewiger Friede geschlossen, der berühmt-berüchtigte Zweite Thorner Friede.

Mit diesem kam nun nicht das Gesamtgebiet des Ordensstaates an Polen, wie es 1454 vom Preußischen Bund übertragen worden war, sondern nur der westliche Teil: das Gebiet westlich der Weichsel (Pommerellen), aber auch Teile östlich der Weichsel, nämlich das Culmer Land, das Ermland und ein weiterer Streifen längs der Weichsel mit Elbing und Marienburg, insgesamt ein Gebiet, das in etwa der späteren königlich preußischen Provinz Westpreußen entsprach.

Auf die Übergabe der Marienburg hatte der König von Polen ganz besonders bestanden. Er fühlte sich als Schirmherr des ganzen Gebietes und meinte, als solchem müsse ihm auch das Haupthaus gehören, und er wolle es sich nicht wieder entreißen lassen, zumal er es unter Zahlung einer erheblichen Ablösungssumme seinerzeit von den Söldnern des Ordens käuflich erworben habe. Zur Einrichtung einer besonderen, das ganze ehemalige Ordensgebiet umfassenden Verwaltung in der Marienburg kam es aber nicht. Die Marienburg fiel in einen Dornröschenschlaf als Besuchs- und Erinnerungsstätte.

Das Culmer Land war dazugekommen, weil es ursprünglich vom Herzog von Masowien dem Orden überlassen worden war, von wo aus der Orden ganz Preußen erworben und den Ordensstaat aufgebaut hatte. Es wurde nun als altes polnisches Gebiet betrachtet, was es eigentlich nicht war, denn Konrad von Masowien hatte sich das Gebiet erst kurz vorher selbst angeeignet und hätte es eigentlich gar nicht halten können.

Hinzu kam noch das Ermland, dessen Bischof 1464 dem Preußischen Bund beigetreten war. Der Bischof machte seinen gesamten Einfluß geltend, daß dieses Land ebenfalls zu Polen kam. Damit wurde die Grenzziehung recht unnatürlich, denn das Ermland ragte wie ein Fremdkörper keilförmig in das übriggebliebene Ordensgebiet hinein. Der östliche Teil verblieb dem Orden, allerdings unter polnischer Oberhoheit. Das Gebiet sollte mit dem polnischen Staat ebenfalls fest verbunden werden und mit ihm »einen unteilbaren Körper, ein Volk« bilden. Der Hochmeister hatte den polnischen König als »Herrn und Oberen« anzuerkennen und ihm spätestens sechs Monate nach seiner Erhebung einen persönlichen Treueid zu leisten. Außerdem war er zur Kriegshilfe verpflichtet, allerdings zunächst für 20 Jahre davon befreit.

Auf der anderen Seite sollte fortan der Hochmeister im polnischen Reichstage sitzen als »Fürst und Rat des Reiches zu Polen«.

In der Gildehalle zu Thorn hat daraufhin der Hochmeister Ludwig von Erlichshausen dem polnischen König Kasimir IV. den Treueid geleistet.

Polnisch Preußen

Nach dem Zweiten Thorner Frieden von 1466 war aus dem Gebiet des Ordensstaates Preußen nun Polnisch Preußen geworden. Dies war nicht das Ergebnis einer langjährigen Politik und auch nicht die Folge von Waffentaten der Polen. Sie ging aus dem Ankämpfen der Untertanen des Ordensstaates gegen seine Verfassung hervor, aus den Ideen der Selbständigkeit, die sich in jedem besetzten Gebiet zu regen pflegen, daneben aber auch aus einem uneinsichtigen Verhalten der Ritter und Herren des Ordens. Daß eine Veränderung notwendig war, konnte eigentlich niemand in Abrede stellen. Aber dennoch wies der Orden diese zurück. Ein Recht des Widerstandes wollte man nicht anerkennen. Dieser Haltung ist es zuzuschreiben, daß der König von Polen soviel Einfluß erlangte, anstatt daß vielleicht der Preußische Bund versucht hätte, die Macht im Staat allein für sich zu erreichen, möglicherweise mit Hilfe eines deutschen Fürsten. Dafür hätte sich vielleicht der Kurfürst von Brandenburg geeignet. Aber da gerade er den Orden stark unterstützt hat, war er dem Preußischen Bund wohl eher suspekt.

Polnisch Preußen ist kein einheitliches Gebiet geworden, es bestand aus zwei recht unterschiedlichen Teilen.

Das westliche Gebiet, »Preußen königlichen Anteils« oder auch »Königlich Preußen« genannt, wurde nicht direkt in den polnischen Staat einbezogen, sondern mit ihm in einer Union verbunden. Natürlich ist hier bei dem Ausdruck »Königlich« an das Königreich Polen zu denken, nicht zu verwechseln mit dem sehr viel später (1801) entstandenen Königreich Preußen. Die rechtlichen Grundlagen dieser Union waren recht unklar.

Zunächst wurde ein Statthalter eingesetzt: Hans von Baysen, der bereits 1454 als Statthalter eingesetzt worden war, als der Preußische Bund dem König von Polen den gesamten Ordensstaat angedient hatte. Er hat damals aber den Posten wegen des Kriegsausbruches nicht antreten können. Nun war er also Statthalter des Westgebietes Königlich Preußen, allerdings nicht lange, denn er starb schon bald darauf. Nachfolger wurde sein jüngerer Bruder, Stibor von Baysen.

Nach dessen Tode wurde 1467 das Land unter Aufrechterhaltung von Sonderrechten (eines eigenen Landtags und einer eigenen Landesregierung) nach Polen eingegliedert. Vor allem wurde eine polnische Verwaltung eingeführt durch Einteilung in drei Wojewodschaften: Danzig, Culm und Marienburg. Die Stelle des Statthalters wurde eingezogen. Diese neue Regelung war genauso unklar wie vorher der Anschluß mittels

Union. Sie wurde daher für ein Jahrhundert Gegenstand ständiger Auseinandersetzungen.

Das östliche Gebiet des Landes verblieb dem Orden. Rein formell gesehen war es der restliche Ordensstaat Preußen. Er sollte aber ebenfalls mit Polen fest verbunden sein, mit ihm »einen unteilbaren Körper, ein Volk« bilden. Bei dieser überaus unklaren Ausdrucksweise kann es zweifelhaft sein, ob er polnisches Lehen geworden ist. Allerdings wird der Ausdruck nicht im Thorner Friedensvertrag von 1466 gebraucht, auch nicht in irgendeiner anderen Urkunde der damaligen Zeit.

Im Mittelalter, auch noch im ausgehenden Mittelalter, empfand der Herrscher eines Staates diesen so sehr als sein persönliches Eigentum, daß ein ihm geleisteter »persönlicher Treueid« ebenso als ein Akt gegenüber dem Staat zu werten war. Unter Berücksichtigung dieser Tatsache dürfte die Annahme eines Lehens die richtige Auffassung sein. Der »Ordensstaat Preußen« war also genauso als »Polnisch Preußen« zu werten wie der westliche Teil »Königlich Preußen«.

Im übrigen war die Lage des Ordens, insbesondere die des Hochmeisters, mehr als merkwürdig. An sich wurde die Verfassung des Ordens nicht angetastet. Das hatte eine Bedeutung für die Wahl eines neuen Hochmeisters, bei der Bestellung der sonstigen hohen Gebieter und bei den lokalen Ämtern.

Eine Besonderheit ergab sich aber daraus, daß der Wirkungskreis des Hochmeisters nicht auf Preußen beschränkt war, sondern weitere umfangreiche Gebiete umfaßte. Da sind zunächst einmal Livland zu nennen und vor allem die großen Organisationen des Ordens im Reich. Sie unterstanden besonderen Meistern, dem Landmeister in Livland und dem Deutschmeister. Aber beide unterstanden ihrerseits dem Hochmeister. Darüber hinaus gab es noch eine ganze Reihe Ordenshäuser außerhalb Preußens, die dem Hochmeister direkt unterstanden, die sogenannten Kammerballeien oder auch preußische Balleien genannt. Wenn nun der Hochmeister Lehnsvasall des Königs von Polen war, unterstanden diesem dann auch die erwähnten Ordenshäuser? Bedeutung hätte das wohl für Livland gehabt, wo der Hochmeister, anders als in den übrigen Gebieten, auch Landesherr war.

Es ist nicht erkennbar, daß man in Polen irgendwie daran gedacht hat, Livland gehöre auch zum preußischen Lehen. Im Grunde genommen hat sich der polnische König eine gute Gelegenheit entgehen lassen, zumindest Teile von Livland zu besetzen und sich anzueignen.

An eine Einflußnahme auf die Organisation des Ordens im Reich und in anderen außerpreußischen Gebieten war jedoch nicht zu denken. Ganz im Gegenteil. Nach dem Friedensvertrag war der Hochmeister verpflichtet, außer dem Papst keinen anderen oberen Herrn anzuerkennen als den König von Polen allein. Das war kaum durchzuführen. Der Orden war ja immer noch auf Nachschub von Rittern und anderen Ordensbrüdern aus dem Reich angewiesen. Daraus ergaben sich natürliche Verpflichtungen gegen Kaiser und Reich, die aber mit den gegenüber dem polnischen König übernommenen nicht vereinbar waren. Wie so häufig lag damit in dem Frieden selbst Anlaß zu neuen Entzweiungen, die zu einer anderen Lösung der Schwierigkeiten führen mußten. An sich hat Polen den Zustrom neuer Ordensbrüder und Ritter aus dem Reich nicht beanstandet oder behindert. Möglicherweise hat der König daran gedacht, daß der Orden sich ohnehin bald polnisch orientieren und auch einen polnischen Hochmeister wählen werde. Nach dem Friedensvertrag war nämlich der Orden verpflichtet, bis zur Hälfte seiner Zahl polnische Ritter aufzunehmen. Das hat er aber nie getan und ist deshalb oft von Polen angemahnt worden. Die Bereitschaft der Polen selbst, in den Orden einzutreten, war aber gleich Null, so daß sich diese Frage von selbst erledigte. Der Orden nahm auch immer noch keine im Lande Geborenen in seine Reihen auf.

Der Orden hat immer wieder versucht, die polnische Herrschaft abzuschütteln und die Hochmeister zu verpflichten, die Leistung des Treueides gegenüber dem polnischen König zu verweigern, mit wenig Erfolg.

Ludwig von Erlichshausen starb 1467. Die nunmehr fällige Wahl eines neuen Hochmeisters wollte man jetzt so lange hinausschieben, bis die Zustimmung zur Verweigerung des Treueides erreicht war. Das hatte aber nur zur Folge, daß man am königlichen Hof zu Krakau in Erwägung zog, das Amt des Hochmeisters mit der Herrschaft des Königs von Polen zu vereinigen, was schließlich gerade noch verhindert werden konnte.

Einzige Hilfe konnte der Orden allein noch durch die Päpste erfahren. Diese scheuten sich jedoch, den polnischen König über die Frage des Treueides zu verärgern. Die Macht des Königs war zu stark und die Gefahr, er könnte sich der russischen orthodoxen Kirche zuneigen, zu groß, als daß man die Belange des Ordens geltend machen wollte.

Zum neuen Hochmeister wurde Heinrich Reuß von Plauen gewählt (1467–1470), ein Neffe des gleichnamigen Hochmeisters nach der Tannenbergschlacht. Er fand eine wesentlich schwierigere Situation vor als seinerzeit sein Onkel. Die Erwartungen, die man an ihn geknüpft hatte, konnte er nicht erfüllen. Vor allem blieb ihm nichts anderes übrig, als den Treueid zu leisten. Im übrigen war in seiner kurzen Regierungszeit nicht viel mehr zu tun, als sich um den Wiederaufbau des Landes zu kümmern.

Die weiteren Hochmeister waren Männer von Format und haben ihr Amt mit Geschick und Umsicht geführt. Es war eine Zeit wirtschaftlicher Not, und auch das geistige Leben konnte nicht recht gedeihen.

Nachfolger Plauens war Heinrich Reffke von Richtenberg (1470–77). Er hat besonders lange versucht, dem Treueid zu entgehen, ohne Erfolg. Hochmeister Martin Truchseß von Wetzhausen (1477–89) hat sogar im Bunde mit dem Bischof von Ermland und König Matthias Corvinus von

Ungarn einen Feldzug gegen Polen zu führen versucht, ehe es dazu kam, daß auch er den Treueid leistete.

Er hatte weitreichende Pläne, den Orden vollständig zu reformieren, die sein kluger Nachfolger, Hans von Tiefen (1489–97), weiterverfolgte. Dieser war bereits in einem hohen Alter, als er das Amt als Hochmeister antrat. Das befreite ihn nicht von der Verpflichtung, einer anderen Bestimmung des Thorner Friedens nachzukommen, nämlich dem König von Polen kriegerische Dienste zu leisten. Er weigerte sich zunächst. Aber um den Orden nicht einem neuen Konflikt auszusetzen, zog er in den unglücklichen Krieg, den König Jan Albrecht von Polen (1492–1506) in der Moldau führte. Dort fand er 1497 den Tod.

Tiefen hatte, als er in den Krieg zog, die Regierung des Landes dem Großkomtur Wilhelm von Isenburg übergeben. Der wäre vorzüglich auch für das Amt des Hochmeisters geeignet gewesen. Seine Wahl stand auch in Aussicht, doch er verzichtete. Er war der Meinung, daß es jetzt an der Zeit sei, die Reformideen Tiefens und seines Vorgängers, Truchseß von Wetzhausen, die er selbst auch für richtig hielt, zu verwirklichen, nämlich einen Prinzen aus einem regierenden Fürstenhaus zum Hochmeister zu wählen. Damit wurde ein älterer Gedanke aufgegriffen. Auch der Preußische Bund hatte sich, als er die weitere Ordensherrschaft ablehnte und eigene Beteiligung an der Herrschaft erstrebte, an einen Fürsten angelehnt, allerdings an den König von Polen. Ob nicht etwa auch in Kreisen des Preußischen Bundes an einen deutschen Fürsten gedacht worden ist, ist ungewiß. Die jetzigen Pläne, einen Hochmeister aus fürstlichem Hause zu berufen, lassen aber den Schluß zu, daß der Gedanke gar nicht so neu war, wie er erscheinen mag. Ob man im Orden daran gedacht hat, daß das Amt des fürstlichen Hochmeisters in das eines erblichen weltlichen Fürsten umgewandelt werden könnte, kann dahingestellt bleiben. Jedenfalls war die Umwandlung des Ordensstaates in ein weltliches Fürstentum nicht eine Folge der Reformation, wie es vielfach behauptet wird. Die Reformation hat die Umwandlung beschleunigt und erleichtert. Der Plan dafür ist viel früher aufgekommen. Die Zeiten des Rittertums waren ohnehin vorüber. Nicht mehr die Ritter führten Kriege, sondern Söldner, die vom Orden genauso angeworben werden mußten wie von den weltlichen Fürsten, vom König von Polen wie vom Preußischen Bund. Der Orden hatte sich als »Ritterorden« überlebt. Er hätte auch in Preußen mit anderen Aufgaben betraut werden können, wie es bald darauf im Reich geschehen ist.

Es erschien also als eine natürliche Notwendigkeit, einen Prinzen aus einem bedeutenden und angesehenen deutschen Herrscherhaus an die Spitze des Ordens zu berufen. Nach Hilfen, die der Kurfürst Friedrich II. dem Orden in schwerer Zeit hatte angedeihen lassen, wäre es denkbar gewesen, einen Prinzen aus dem brandenburgischen Herrscherhaus auszuwählen. Es ist nicht bekannt, ob man daran gedacht hat. Es gab jedoch damals niemanden in diesem Hause, der für den Orden frei und geeignet gewesen wäre.

So kam es, daß Herzog Friedrich von Sachsen aus dem Herrscherhaus der Wettiner zum Hochmeister ausersehen wurde (1498–1510).

Friedrich, 1473 geboren, war 25 Jahre alt. Seine Mutter Sidonie von Böhmen, war eine Tochter des Hussitenkönigs Georg Podiebrad, durch seinen Bruder Georg von Sachsen war er mit dem polnischen König verschwägert. Er war noch nicht Mitglied des Deutschen Ordens, wurde es erst 1498, als er erstmalig nach Preußen kam. Kurz darauf erfolgte seine Wahl, ein Vorgang, der eigentlich allen Regeln des Ordens widersprach.

Friedrich war nur der Form nach Hochmeister. Er blieb ein Fürst, führte eine aufwendige fürstliche Hofhaltung, zog weltliche Räte zur Landesverwaltung heran. An sich ein hochgebildeter junger Mann, war er bedächtig, überängstlich. Er ließ sich von seinem Bruder Georg beraten, der zwar energischer war, sich aber dennoch vor unüberlegten Taten fürchtete, vor denen er stets warnte. Damit kam er nur einer pessimistischen Einstellung Friedrichs entgegen. Den Erwartungen des Ordens hat er in keiner Weise entsprochen.

Lediglich den Treueid verweigerte er beharrlich, obwohl der König immer wieder neue Termine ansetzte, zu denen Friedrich erscheinen sollte. Als das Drängen ihm schließlich lästig wurde, verlegte Friedrich 1507 kurzerhand seinen Sitz nach Rochlitz in Sachsen. Um den Orden hat er sich seitdem kaum noch gekümmert. Er starb, erst 37jährig, im Jahre 1510.

Er war der einzige Hochmeister, der dem König von Polen den Treueid nicht geleistet hat.

Albrecht von Hohenzollern
Markgraf von Brandenburg-Ansbach

Nach dem Tode Friedrichs von Sachsen war die Zukunft des Ordens unklar. Friedrich war kein fürstlicher Hochmeister, wie man es im Orden erwartet hatte. Sollte man wieder zu dem alten Brauch zurückkehren und einen Hochmeister aus den eigenen Reihen wählen? Dies erschien nicht mehr möglich. Die Veränderungen durch die Hinwendung zu einem Fürstenstaat waren bereits so weit fortgeschritten, daß die Wahl eines neuen Fürsten unbedingt erforderlich wurde. Dieser Entschluß fiel dem Orden um so leichter, da jetzt ein Prinz aus dem Fürstenhause der Hohenzollern vorhanden war, der als neuer Hochmeister geeignet schien. Es war Albrecht, Markgraf von Brandenburg-Ansbach, aus der fränkischen Linie des Hohenzollernhauses.

Die aus dem schwäbisch-alemannischen Raum stammenden Hohenzollern waren durch den Grafen Friedrich III. im Jahre 1191 durch Einheirat an die Burggrafschaft Nürnberg gekommen. Nach seinem Tode teilten sich seine Söhne den Besitz und spalteten sich dadurch in eine fränkische Linie mit Nürnberg und in eine schwäbische Linie, die die schwäbischen Stammgüter in Sigmaringen erhielt. Die fränkische Linie konnte sich durch Heiraten erheblich erweitern. 1248 wurde Bayreuth erworben, 1331 Ansbach und 1338 Kulmbach. Burggraf Friedrich V. wurde 1363 Reichsfürst. Burggraf Friedrich VI. wurde 1415/17 durch Kaiser Sigismund mit der Mark Brandenburg belehnt. Dadurch erreichte das Haus Hohenzollern seine bisher höchste Rangstellung. Der Burggraf wurde als Friedrich I. Markgraf und Kurfürst von Brandenburg. Er war auch Nachbar des Ordensstaates Preußen, mit dem er und vor allem sein Sohn und Nachfolger Kurfürst Friedrich II. beste Beziehungen unterhielten. Es ist nicht sicher, aber sehr wahrscheinlich, daß schon damals gelegentlich der Gedanke gehegt wurde, der Orden könne sich an den Kurfürsten als einen deutschen Fürsten anlehnen, der aber noch viel zu schwach war, als daß er dafür in Betracht hätte kommen können. 1473 kam es zu einer Teilung: Erbe der Mark Brandenburg und der Kurwürde wurde der älteste Sohn, während die fränkischen Fürstentümer an jüngere Söhne fielen. Diese führten neben dem Namen des einzelnen Fürstentums auch die Bezeichnung Markgraf von Brandenburg. Dafür wurde der Kurfürst von Brandenburg Oberhaupt des gesamten Hohenzollernschen Hauses, was nicht nur ein Erbrecht an den fränkischen Fürstentümern bedeutete, sondern auch ein Mitspracherecht in wichtigen Angelegenheiten.

Im 16. Jahrhundert war Herzog Friedrich, genannt der Alte, Markgraf von Brandenburg-Ansbach. Er war verheiratet mit der Tochter des polnischen Königs Kasimir IV. (1447–92), desselben, der den Krieg gegen den Orden geführt und im Zweiten Thorner Frieden von 1466 dessen Lehnsuntertänigkeit erreicht hatte. Das Paar hatte zahlreiche Kinder, von denen die älteren bereits versorgt waren. Einer der jüngeren Söhne war Albrecht (geboren 1490). Das Anwachsen und Ansehen des Hohenzollernhauses und auch die Verwandtschaft mit dem polnischen Königshaus waren der Grund dafür, daß man diesen Fürstensohn für das Amt des Hochmeisters ins Auge faßte.

Albrecht war zwar fürstlich erzogen, aber, gerade erst 20 Jahre alt, war er naturgemäß bei weitem nicht so gebildet wie sein Vorgänger, Friedrich von Sachsen. An sich ein Fürst von mäßigen Gaben, war er ein Gegensatz zu Friedrich, nicht prunksüchtig wie dieser, sondern ein ernster junger Mann, sehr von Ehrgeiz und der Bedeutung seines Hauses beseelt. Die Bürde des auf ihn zukommenden Amtes des Hochmeisters war ihm durchaus bewußt. Es waren sein Wunsch und seine Absicht, die in ihn gesetzten Erwartungen zu erfüllen sowie für das Haus Hohenzollern Ehre einzulegen. Sein Vater und auch das Oberhaupt des Hohenzollernschen Fürstenhauses, der Kurfürst von Brandenburg, gaben die Zustimmung zu seiner Berufung. Albrecht, der bisher noch nicht Angehöriger des Ordens war, trat in diesen ein. 1511 wurde er zum Hochmeister gewählt. Ihm war durchaus bewußt, daß ihm das Wissen für die Erfordernisse der Regierung des Ordens und des Ordensstaates Preußen fehlte. Es kam darauf an, die richtigen und geschicktesten Berater zu finden. Er hatte, wie viele Fürsten aus dem Hause der Hohenzollern, die Fähigkeit und das Glück, gute und tüchtige Mitarbeiter zu finden, die ihm und der von ihm vertretenen Sache eine wirkliche Hilfe sein konnten.

Zunächst hat er die Räte seines Vorgängers Friedrich von Sachsen übernommen, Hiob von Dobeneck und Georg von Eltz. Sie beeinflußten ihn im Sinne der Weiterführung der Politik Friedrichs, sich gegen Polen zu stemmen und möglichst eine Revision des Thorner Friedens von 1466 zu erstreben, vor allem aber zunächst einmal dem polnischen König den Treueid zu verweigern. Da dieser sein Onkel war, glaubte Albrecht, hierin leichtes Spiel zu haben, sah sich aber arg enttäuscht.

Nach dem Tode von König Kasimir IV., der sein Großvater mütterlicherseits war, folgten ihm zunächst zwei ältere Söhne auf den polnischen Thron. Diese hatten erhebliche Differenzen mit Kaiser Maximilian I. aus dem Hause Habsburg (1493–1519), so daß sie sich – noch zu Zeiten des Hochmeisters Friedrich von Sachsen – für den Orden weniger interessierten und den Treueid nicht nachdrücklich einforderten. Maximilian hatte auch erklärt, daß »der alte ehrliche Orden bei dem Heiligen Reich und der deutschen Nation bleiben« müsse. Er gab dem Hochmeister direkt einen Befehl, dem König von Polen nicht zu schwören.

Die Verhältnisse hatten sich jedoch inzwischen geändert. 1507 war der jüngste Sohn Kasimirs, Sigismund I. (»der Alte« 1507–48), König von Polen geworden. Er dachte gar nicht daran, seinem Hochmeister-Neffen Albrecht gegenüber auch nur die geringste Nachsicht zu üben und forderte energisch den Treueid an. Auch jetzt noch ließ Albrecht mehrere Termine zur Eidesleistung verstreichen, bis die Situation dann doch kritisch wurde.

1515 hatte sich König Sigismund mit Kaiser Maximilian verständigt. Es ging um Erbfolgerechte in Böhmen und Ungarn. Außerdem wurde Polen im Süden von den Türken und im Osten von den Russen bedrängt. Um wenigstens in einem Punkte Entlastung zu bekommen, trafen sich die Abgeordneten des Königs und des Kaisers 1515 auf einem Kongreß zu Preßburg, auf welchem schließlich der König auf Erbfolgerechte in Böhmen und Ungarn verzichtete, woraufhin der Habsburger Ferdinand I. zum König von Ungarn gewählt wurde. Der Preis dafür war, daß Maximilian den Orden nicht mehr zum Widerstand gegen Polen ermunterte, sondern Unterwerfung im Sinne des Thorner Friedens von 1466 empfahl.

In diesem Zusammenhang traf Albrecht einen Mann, der ihn außerordentlich beeindruckte und den er schließlich in seine Dienste nahm: Dietrich von Schönberg.

Schönberg, am 22.11.1484 geboren, ist der bestimmende Berater Albrechts geworden. Als Persönlichkeit war er ihm weit überlegen. Er ist der bedeutendste Politiker des Ordens geworden, obwohl er ihm gar nicht angehörte. Ursprünglich zum geistlichen Stande bestimmt, war er Domherr zu Naumburg geworden, studierte dann aber Jura, trat in Verbindung mit mehreren Fürsten, wobei er auch einmal an einer Gesandtschaft nach England (zu Heinrich VIII.) teilnahm, wo er fast geblieben wäre. Er entwickelte sich mehr und mehr zum Politiker und kam dabei 1515 zum bereits erwähnten Erbfolgekongreß nach Preßburg und Wien.

Schönberg war ein Kavalier besonderer Art. Er liebte vornehme Kleidung – in Paris geschneidert –, hatte ein glänzendes Verhältnis zur bildenden Kunst, was Albrecht für ihn einnahm. Er wurde nicht nur sein erster Berater, sondern sein intimster Freund. Wenn er auch kein Ordensmitglied war, hinderte ihn dies damals schon nicht mehr, hohe und höchste Ämter zu erreichen. Die mittelalterliche Welt des Ordens ist Schönberg stets fremd geblieben, als Politiker hat er aber seine Organisation zu schätzen gewußt. In der Hand des Hochmeisters war er immer noch ein Machtinstrument, das Schönberg zu stärken trachtete.

Das ist ihm zunächst nicht gelungen, ganz im Gegenteil, es kam zu schweren Fehleinschätzungen. Schönberg dachte vor allen Dingen, die Mittel der großen Organisation im Reich zu mobilisieren, was er durch Stärkung der Stellung des Hochmeisters gegenüber dem Leiter dieser Organisation, dem Deutschmeister, zu erreichen versuchte. Zwar war der Deutschmeister dem Hochmeister untergeordnet. Im Laufe der Zeit hatte sich das Verhältnis jedoch derartig gelockert, daß die Deutschmeister nicht mehr daran dachten, den Wünschen der Hochmeister zu entsprechen.

Im Jahre 1515 war die Stelle des Deutschmeisters vakant geworden. Schönberg versuchte daher zunächst, einem Bruder des Hochmeisters den Posten zu verschaffen, was völlig mißlang. Hier war die Zeit nicht reif dafür, einen noch ordensfremden Kandidaten zu küren. Man wählte Dietrich von Cleen (1515–29), einen Mann, der überhaupt nicht daran dachte, den Hochmeister materiell zu stärken. Möglicherweise hat er es besonders übelgenommen, daß versucht wurde, einen anderen für die Stelle des Deutschmeisters ihm vorzuziehen. Auch Bestrebungen, Kaiser und Papst einzuschalten, um einen Einfluß auf den Deutschmeister auszuüben, blieben erfolglos.

Albrecht versuchte weiterhin, beim Kurfürsten Joachim I. von Brandenburg (1499–1535) Unterstützung zu finden. Er war ja sein Verwandter und Oberhaupt des Hauses Hohenzollern. Zunächst einmal leistete er daher endgültig Verzicht auf die Neumark. Joachim war auch grundsätzlich bereit, dem Orden beizustehen.

Inzwischen waren im Reich Ereignisse eingetreten, die alle Beteiligten berührten und die Entwicklung in völlig andere Wege wiesen.

Am 15.10.1517 hatte Martin Luther (1483–1546) die »95 Thesen« gegen den Ablaß an die Tür der Schloßkirche in Wittenberg angeschlagen, wodurch es zur Reformation und der Entstehung des Protestantismus mit Abspaltung von der römisch-katholischen Kirche kam.

Am 12.1.1519 starb Kaiser Maximilian I. Die Wahl seines Nachfolgers als Kaiser gestaltete sich schwierig – nicht zuletzt auch infolge der Wirren der beginnenden Reformationszeit. Dafür kam in erster Linie in Betracht sein ältester Enkel Karl, Sohn seines Sohnes Philipp des Schönen (der vor ihm verstorben war) mit der spanischen Thronerbin Johanna (der Wahnsinnigen), seit 1516 Karl I. König von Spanien, Neapel-Sizilien und der Niederlande und mit dem Tode des Großvaters Maximilian auch Erbe der österreichischen Erblande. Obwohl deutscher Abstammung, wurde er allgemein im Reich als Spanier angesehen.

Aus diesem Grunde und der damit verbundenen Abneigung glaubte König Franz I. von Frankreich (1515–47) gleichfalls, Chancen zu haben, und bewarb sich um die Kaiserwürde. Er unterstützte humanistische Bildung und war auch dem Protestantismus nicht gänzlich abgeneigt, im Gegensatz zu Karl.

Dem Hause Hohenzollern kam bei dieser Kaiserwahl eine gewisse Schlüsselstellung zu, denn unter den sieben Kurfürsten fielen ihm zwei Stimmen zu. Die kamen von Kurfürst Joachim I. von Brandenburg und seinem jüngsten Bruder Albrecht (geb. 1490). Albrecht (nicht zu verwechseln mit dem Hochmeister Albrecht des Deutschen Ordens) war seit 1513 Erzbischof von Magdeburg und Administrator des Bistums Halberstadt. 1514 wurde er außerdem noch Erzbischof von Mainz und damit auch Kurfürst. Es hatte einigen Unwillen erregt, daß zwei Fürsten aus demselben Hause Kurfürsten waren. Und in der Tat dachte Joachim daran, die Kaiserkrone für sich zu beanspruchen. Sein Bruder Albrecht hat es ihm ausgeredet: So weit reiche der Einfluß von zwei Kurstimmen doch nicht, und die Abneigung dagegen sei so stark, daß auf keine weitere Unterstützung der Kandidatur zu hoffen sei. Es hätte nach Albrechts Meinung den Ruin des Hauses Hohenzollern bedeutet.

Bei einer Wahl von König Franz I. von Frankreich hätte Joachim wohl mit einer Statthalterstelle im Reich rechnen können, wobei auch an eine Heirat seines ältesten Sohnes (der auch Joachim hieß) mit einer französischen Prinzessin gedacht wurde. Andererseits bemühte sich Joachim ebenso um eine eheliche Verbindung mit einer Schwester Karls, Infantin Katharina. Beides kam nicht zustande. Trotzdem hat Joachim, offenbar ebenfalls auf Anraten seines Bruders, bei der Kaiserwahl seine Stimme dem Habsburger gegeben, der dann als Karl V. (1519–56) Kaiser wurde.

Jedenfalls war es bei dieser Entwicklung unmöglich, daß Joachim den Orden nachhaltig unterstützen konnte. Eine indirekte Folge war aber dennoch zu verzeichnen. Dem Papst (Leo X., 1513–21) hatte offenbar die Haltung der beiden Hohenzollern-Kurfürsten anläßlich der Kaiserwahl gefallen, so daß er auch dem Hohenzollern-Hochmeister zugetan war. Dietrich von Schönberg hatte seinen Bruder Nikolaus nach Rom entsandt, der recht erfolgreich mit dem Papst verhandelte. Dieser zeigte sich aufgeschlossen, vor allem, daß dem Hochmeister der unbedingte Vorrang über den gesamten Orden, also auch über den Deutschmeister, einzuräumen sei, und erließ am 6.11.1519 das sogenannte »Reformbreve«. Damit stieß er aber beim Deutschmeister auf entschiedenen Widerstand, der sich vor allem dem Wunsche des Hochmeisters nach militärischer Unterstützung im Kriegsfalle widersetzte. Die päpstliche Urkunde wurde daher nicht ausgefertigt. Die Nachfolger Papst Leos X., Hadrian VI. (1522/23) und Klemens VII. (1523–34), hatten dann ebenfalls Bedenken, zumal jetzt die Reformation in Preußen Fuß zu fassen begonnen hatte. Die Einwirkung auf den Papst ist dann am Ende doch ergebnislos geblieben.

1521 wurde Luther zum Reichstag in Worms vorgeladen, um sich vor Kaiser Karl V. und dem päpstlichen Legaten zu verantworten. An diesem Reichstag nahm Kurfürst Joachim I. teil. In seinem Gefolge war Dietrich von Schönberg, abgeordnet vom Hochmeister. Beide waren keine Anhänger der Lehre Luthers, der schließlich auf dem Reichstage geächtet wurde, dann aber auf die Wartburg entkommen konnte.

Dietrich von Schönberg hatte vordem wohl gelegentlich daran gedacht, sich dem Protestantismus zu nähern. Auf der Durchreise durch Wittenberg hat er Luther aufsuchen wollen, hat ihn jedoch nicht angetroffen. Er war dann als Politiker viel zu bedacht, sich dem gebannten und geächteten ehemaligen Mönche zu nähern. Dementsprechend hat Schönberg auch den Hochmeister gegen Luther und die Reformation beeinflußt. Dem König von Polen sind die Bestrebungen des Hochmeisters um Unterstützung nicht verborgen geblieben. Albrecht, der durch einen Wilhelm von Isenburg einen Haufen Landsknechte angeworben hatte, entschloß sich daher am 1.1.1520, gegen Polen loszuschlagen und besetzte in einem Handstreich das im Ermland gelegene Braunsberg. Auch im Reich regte sich noch einmal im Adel der Geist des alten Rittertums. Franz von Sickingen (1481–1523), Reichsritter und Söldnerführer unter Kaiser Maximilian I. und später auch unter Karl V. sammelte eine Heerschar und schickte sie unter dem Befehl seines Sohnes Hans zur Hilfeleistung an den Hochmeister. Anfänglich wurden auch Erfolge errungen, Dirschau am 4.11.1520 eingenommen. Ein Vorstoß auf Danzig blieb jedoch erfolglos und hatte nur die Wirkung, daß das an sich schon geringe Heer auseinanderlief. Damit wurde die Lage für den Hochmeister aussichtslos.

Dennoch hatte dieser »Räuberkrieg« keine nachteiligen Folgen. Da Kaiser Karl V. wegen der drohenden Türkengefahr kein Interesse an Konflikten in anderen Gegenden aufbrachte, sorgte er im Februar 1521 zu Thorn für Verhandlungen über einen Waffenstillstand, der auch Ende April 1521 zustandekam und vier Jahre eingehalten wurde.

Im Jahre 1522 hat Hochmeister Albrecht Preußen verlassen und fast ausschließlich von Nürnberg aus regiert. In Preußen hatte er den Bischof von Samland, Georg von Polenz, mit Sitz in Königsberg als Regenten eingesetzt.

Nürnberg war damals nicht nur geistig und wirtschaftlich führend, sondern auch Zentrum der Reichspolitik, Tagungsort des Reichstages. Hier war Albrecht seiner alten Heimat nahe und hier war es auch, wo in den folgenden Jahren die Männer zusammentrafen, die den Gesinnungswandel des Hochmeisters beeinflußt haben. Zunächst hat Albrecht nochmals versucht, auf den Deutschmeister einzuwirken. In einer Denkschrift von 1523 machte er ihm erbitterte Vorwürfe, daß er durch seine mangelnde Hilfe die Niederlage im Kriege 1520/21 verschuldet habe. Es nutzte nichts. Der Deutschmeister von Cleen wehrte sich genauso erbittert dagegen und erreichte, daß Albrecht schließlich nachgeben und in einem Vertrage vom 29.12.1524 offiziell die Unabhängigkeit der Deutschmeister von den Hochmeistern anerkennen mußte.

Auch beim Papst (damals Klemens VII.) wollte Albrecht noch einen Vorstoß versuchen. Er schickte Schönberg, der ihn immer noch zum Festhalten an der alten katholischen Lehre ermahnte, als Gesandten nach Rom. Inzwischen hatte der französische König Franz I. Mailand erobert, worüber es zum Kriege mit Kaiser Karl V. kam. Im November 1524 war das französische Lager bei Pavia. Schönberg passierte es auf seiner Durchreise. In der Schlacht bei Pavia am 24.2.1525 ist er ums Leben gekommen. Der Vertrag vom 29.12.1524 setzte einen Schlußstrich unter die

Politik, eine Konzentration der gesamten Ordensmacht in der Person des Hochmeisters wiederherzustellen. Statt die Macht des Hochmeisters über den ganzen Orden zu stärken, wurde sie auf Preußen beschränkt. Das bedeutete die Auflösung des Ordensstaates und die Aufgabe des Hochmeistertums, denn allein, ohne Unterstützung aus dem Reich, war der Hochmeister viel zu schwach, um sich halten zu können. Daß Polen das Lehen Preußen alsbald einziehen würde, war abzusehen.

Albrecht hat sich bis zuletzt gewehrt, den Orden preiszugeben. Luther hatte bereits 1523 eine Schrift »an die Herren Deutschen Ordens« gerichtet. Im November 1523 und im Mai 1524 war Luther von Albrecht persönlich aufgesucht worden. Aber auch nach diesen Gesprächen war er nicht bereit, sein als Hochmeister geleistetes Gelübde aufzugeben, sondern hat bis zuletzt für den Orden und seinen Erhalt gekämpft.

Nachdem sich Albrecht im Dezember 1524 aufgrund des Vertrags mit dem Deutschmeister allein gelassen fühlte, hatte er nur noch die Rettung Preußens im Sinn. Sie konnte nur durch die Umwandlung seines Hochmeisteramtes in ein weltliches Herzogtum erreicht werden.

Diese Entwicklung war keine Folge der Reformationszeit, obwohl nicht zu übersehen ist, daß diese sie erleichtert und beschleunigt hat. In Preußen selbst war während der Abwesenheit des Hochmeisters die Reformation eingedrungen. Als einer der ersten Würdenträger war es der Bischof von Samland (Königsberg), der zum Protestantismus übertrat und die Reformation in seinem Bistum durchführte.

1523 wurde das Bistum Pomesanien frei und mußte neu besetzt werden. Es wurde eine rein politische Besetzung mit Erhard Queitz, dem Kanzler des Herzogs Friedrich II. von Liegnitz, einem Schwager Albrechts. Queitz ist noch in den Orden eingetreten und förmlich durch das Domkapitel gewählt worden. Er war Anhänger Luthers, ist kurz nach seiner Wahl zum Protestantismus übergetreten und hat in seinem Bistum auch die Reformation durchgeführt. Damit war Preußen im gesamten klerikalen Bereich protestantisch.

Die Veränderung kam 1525. Albrecht beauftragte seinen Bruder, Markgraf Georg von Brandenburg-Ansbach, und seinen Schwager, Herzog Friedrich II. von Liegnitz, über die Umwandlung des Ordensstaates in ein weltliches Herzogtum mit ihm selbst als Herzog zu verhandeln, wobei in diesem Falle dem König von Polen der Lehnseid zu leisten war. Preußen blieb ein polnisches Lehen, was es mit dem Thorner Frieden von 1466 geworden war. Lehnsträger sollte aber nicht mehr der Hochmeister sein, sondern der Herzog. Jetzt und in den neu getroffenen Abmachungen ist ausdrücklich von einem Lehen die Rede, während im Thorner Frieden nur von einem Treueid gesprochen wurde.

Die Verhandlungsdelegation Albrechts, zu auch noch die Bischöfe Georg von Polenz und Erhard Queitz gehörten, weil es ja auch um religiöse Fragen ging, verhandelte zunächst mit dem polnischen Kanzler

Szydłowiecki. Der polnische Reichstag, der 1524/25 in Petrikau tagte, zeigte sich ablehnend, ebenso auch der polnische König. Es war immer noch Sigismund I., Albrechts Onkel.

Ein anderer Kleriker wurde noch mit Verhandlungen beauftragt. Es war Friedrich Fischer von Heidungsfeld, 1511/12 Student in Wittenberg, Freund Ulrichs von Hutten (mit ihm zusammen als Student 1516/17 in Bologna), Domherr zu Würzburg, wo er heimlich heiratete und deshalb in Haft genommen wurde, aus der er 1523 fliehen konnte. Er trat offiziell in die Dienste des Hochmeisters und hat dessen Sache auf dem Reichstage zu Nürnberg vertreten, auf dem er allgemeine Zustimmung erreichen konnte. 1525 wurde er Rat des nunmehrigen Herzogs Albrecht und später der erste Kanzler in Preußen.

In besonderen Zwiespalt geriet Kurfürst Joachim I. von Brandenburg durch Albrechts Pläne. Er war ja Oberhaupt des Hauses Hohenzollern und hatte als solcher einen Anspruch darauf, zumindest gehört zu werden. Er hielt immer noch am katholischen Glauben fest und wollte von Luther und seiner Lehre nichts wissen, obwohl die Kurfürstin und auch sein Sohn, der spätere Kurfürst Joachim II., längst heimlich zum Protestantismus übergetreten waren und auch der größte Teil der Bevölkerung. Auf der anderen Seite erfüllte ihn der bevorstehende Zuwachs an Macht und Ansehen mit großer Befriedigung. Er mag sich gesagt haben, daß er die religiöse Entwicklung wohl doch nicht werde aufhalten können, und stimmte schließlich Albrechts Plänen zu. Er machte nur einen Vorbehalt. Die Belehnung sollte nicht allein den neuen Herzog betreffen, sondern er als Oberhaupt des Hauses sollte mitbelehnt werden. Dem kurfürstlichen Hause sollte auf diese Weise ein Erbrecht auf jeden Fall sicher sein, was ihm zugestanden wurde.

König Sigismund von Polen war im Zweifel, was er tun sollte. Auch er hatte in der religiösen Frage große Sorgen. Die Reformation hatte weite Teile Polens erfaßt. Der Osten des Landes hatte russisch-orthodoxe Bevölkerung. Große Teile des übrigen Landes neigten dazu, zu dieser Religion überzutreten. Er, der König selbst, wollte katholisch bleiben. Und zu allem Überfluß lag ihm noch der päpstliche Legat in den Ohren, er könne doch mit der Belehnung eines weltlichen Herzogs in Preußen nicht ein Land verschenken, das gar nicht ihm, sondern der katholischen Kirche gehöre. Alle diese religiösen Schwierigkeiten wurden von der preußischen Verhandlungsdelegation geschickt eingesetzt. Man riet ihm, daß es doch ein Vorteil wäre, wenn ihm in einem Landesteil, in Preußen nämlich, alle Sorgen durch den neuen Herzog abgenommen würden. Der König ließ sich überzeugen.

Ostern 1525 lief der im Februar 1521 zu Thorn geschlossene Waffenstillstand ab. Es mußte also bald etwas geschehen.

Und plötzlich kam der Durchbruch. Am 9. April 1525 (Palmsonntag) kam es zu einem Abkommen, wonach der bisherige Ordensstaat Preußen in ein weltliches Herzogtum umgewandelt wurde. Herzog Albrecht und seine drei Brüder sowie der Kurfürst von Brandenburg wurden mit diesem Herzogtum Preußen belehnt. Auf alle Rechte bei Kaiser und Reich wurde verzichtet. Am Tage darauf, am 10. April 1525, erfolgte die feierliche Belehnung unter großer Prunkentfaltung auf dem Marktplatz zu Krakau. Herzog Albrecht leistete dem König von Polen den feierlichen Lehnseid.

Das Ende des Ordens in Preußen

Mit der Umwandlung des Ordensstaates Preußen in ein weltliches Herzogtum hat der letzte Hochmeister Albrecht von Hohenzollern den Deutschen Orden offiziell aufgelöst, ein Akt, zu dem er jedoch weder rechtlich noch faktisch in der Lage war. Er war zwar der oberste Gebieter des Ordens, das schloß aber nicht die Befugnis zur Auflösung mit ein. Da der Orden auch nicht auf Preußen beschränkt war, konnte eine von ihm dekretierte Auflösung nicht rechtlich wirksam werden.

Bereits die Umwandlung des Ordensstaates war rechtlich zumindest zweifelhaft. Sie wäre nur damit zu begründen, daß im Thorner Frieden von 1466 das gesamte preußische Kerngebiet an Polen gefallen war, davon der Westteil mehr oder weniger direkt, der Ostteil als dem Orden belassenes Lehen, das jederzeit vom polnischen König hätte eingezogen werden können. So gesehen war der König dann berechtigt, das Land weiterhin als Lehen zu vergeben, an wen er wollte.

Anders war die Lage bezüglich des Ordens selbst. Soweit die Auflösung nur das Kernland Preußen betraf, war sie überflüssig. Der Orden löste sich von selbst auf. Der größte Teil der Brüder hatte ihn bereits verlassen. Soweit sie Ämter versehen hatten, wurden sie von dem neuen Herzogtum übernommen.

Nur einige wenige Brüder wollten beim Orden verbleiben. Theoretisch wären sie in der Lage gewesen, einen eigenen Gebieter zu wählen oder sich irgendeinem anderen, noch bestehenden Ordenszweig zu unterstellen. Auf diesen Gedanken kam aber niemand. Die Brüder wurden angemessen untergebracht und anständig versorgt, starben dann allmählich aus.

Der Orden war im Kernland Preußen faktisch am Ende. Trotz vieler Bemühungen des Deutschmeisters konnte er nie wieder belebt werden.

Außerhalb des Kernlandes Preußen war die Auflösung des Ordens jedoch wirkungslos, ganz abgesehen davon, daß vom Papst dagegen protestiert wurde. Insbesondere wirkte die Auflösung nicht für die große Heimatorganisation des Ordens im Reich.

Es gab jedoch noch einzelne Balleien, die nicht dem Deutschmeister, sondern dem Hochmeister direkt unterstanden hatten. Auch hier konnte die Auflösungsanordnung des Hochmeisters keine Wirkung haben. Zum Teil sind sie untergegangen. Die noch bestehen blieben, hat der Deutschmeister an sich ziehen können.

Das Ende des Ordens in Preußen

Zweifelhaft erscheint jedoch die Lage in Livland. Livland war eigene Ordensprovinz ähnlich einer Ballei, die jedoch nicht einem Landkomtur, sondern einem eigenen Meister unterstand, dem Landmeister in Livland, der Untergebener des Hochmeisters war.

Die Lage war dadurch eine besondere, daß Livland nicht nur ein Ordenszweig war, sondern auch zum Ordensstaat Preußen gehörte. Daran hat offensichtlich vor allen Dingen beim Zweiten Thorner Frieden von 1466 niemand gedacht. Durch diesen Frieden wurde der Hochmeister Lehnsvasall des polnischen Königs. Erstreckte sich das Lehnsverhältnis nun auch auf Livland, in welchem der Orden, vertreten durch den Hochmeister, Landesherr und Souverän war? Zwar waren die Souveränitätsverhältnisse in Livland andere als in Kernpreußen, nämlich zunächst zwischen den Bischöfen und dem Orden geteilt. Es hätte daher nahegelegen, wenn der König von Polen auch Livland beansprucht hätte. Er hat es nicht getan und damit eigentlich eine ganz große Chance verpaßt.

Zweifelhaft wurde nun die Lage, als 1525 Preußen in ein Herzogtum umgewandelt wurde. Gehörte auch Livland zu diesem Herzogtum? Herzog Albrecht von Preußen hat niemals an so etwas gedacht, und der König von Polen entsprechend auch nicht.

Im übrigen hatte sich Erzbischof Labundii von Riga mehr oder weniger als Landesherr gefühlt und 1422 einen Landesrat berufen, gegen den der damalige Hochmeister nicht angehen konnte, hatte er doch schon nach dem Ersten Thorner Frieden in Kernpreußen genug Sorgen. Dieser Landesrat hatte die gesamte innere Verwaltung übernommen. Dabei blieb es, zumal 1522 der Protestantismus auch in Livland vor allem unter dem Klerus an Bedeutung gewann. Für diesen kamen landesherrliche Ansprüche nicht in Betracht.

Auch der Adel, die bestehenden weltlichen Ritterschaften, vor allem die großen Städte, beispielsweise Riga, hätten sich der Herrschaft bemächtigen können. Nichts dergleichen geschah.

Ebenso kam es nicht zu Aufständen der Einheimischen, die ja hier, anders als im Kernland Preußen, das vollständig eingedeutscht worden war, noch überwiegend baltische Volksangehörige waren.

So bleibt eigentlich nur der Landmeister des Deutschen Ordens in Livland, der als Landesherr in Betracht kam. Die Auflösung des Ordens durch den Hochmeister hatte auch hier keine Wirkung. Der Orden blieb bestehen, und sein Landmeister, der vorher nur dem Hochmeister unterstanden hatte, unterstand niemandem mehr. Dem Deutschmeister hatte er auch nie unterstanden, und dessen Versuche, Livland jetzt an sich zu ziehen, blieben ergebnislos.

Der livländische Ordenszweig war auch noch intakt geblieben, obwohl einige Brüder bereits zum Protestantismus übergetreten waren. Sie schieden wenigstens zunächst nicht aus dem Orden aus.

Der Landmeister ist also als Landesherr anzusehen. Er hat den Landesrat, der ja nur für die innere Verwaltung zuständig war, nicht aufgelöst und sich nur um die Landesverteidigung gekümmert.

So kam es 1501, als der Hochmeister bereits Vasall des Königs von Polen geworden war, in Livland zu einem Heldenstück. Der Großfürst von Moskau (Iwan III.) hatte sich 1480 von der Mongolenherrschaft befreien können und alle russischen Gebiete östlich des Dnjepr vereinigt. Er rückte dann gegen die Ostseeprovinzen vor und griff Livland an. Der Orden unter der Leitung des damaligen Landmeisters Wolter von Plettenberg konnte russische Vorhuten schlagen und schließlich sogar 1502 die Hauptarmee in der Schlacht am Smolinasee entscheidend besiegen. Jedenfalls zogen die Russen sich zurück, und Livland hatte mehr als 50 Jahre Ruhe.

Diese Erfolge haben allgemein das Ansehen des Ordens und vor allem des Landmeisters Wolter von Plettenberg gestärkt, so daß niemand dem Landmeister die faktisch eingenommene Stellung als Landesherr streitig machte. Auch war es ein Glück für das Land, daß sich keiner der näheren und entfernteren Nachbarn daran interessiert zeigte, auch Litauen/Polen nicht. Man war froh, daß der Orden die Gefahr aus Rußland abgewendet hatte, die mit Sicherheit auch Litauen bedroht hätte.

Es dauerte schließlich bis 1561, als andere Mächte im Baltikum auftauchten, denen der Orden, der sehr zusammengeschrumpft war, nichts Nennenswertes mehr entgegenzusetzen hatte. So besetzten nahezu ohne Widerstand die Dänen die Insel Ösel und die Schweden den nördlichen Landesteil Estland.

Gefährlich wurde es, als dann auch wieder Russen plündernd im Norden und Osten einfielen. Man versuchte, die Dänen und Schweden, denen man die von ihnen besetzten Gebiete belassen wollte, zur Hilfeleistung zu gewinnen. Es gelang nicht.

Rußland, das jetzt unter der Regierung von Iwan IV. (dem Schrecklichen) stand, bedrohte das Dünastromgebiet mit Riga. Das letzte, nur noch kleine Aufgebot des Ordens wurde aufgerieben. Man konnte sich keiner weiteren Angriffe mehr erwehren. Hier rief nun der letzte Landmeister des Deutschen Ordens in Livland, Gotthardt Kettler, im Einvernehmen mit den Ritterschaften und der Stadt Riga den König von Polen zu Hilfe. Es war der letzte polnische König aus der Dynastie der Jagellonen, Sigismund II. August (1548-72). Obwohl weder der polnische noch der litauische Adel hiervon recht begeistert war, stimmte der König der Übernahme zu. 1561 unterschrieb Kettler die Unterwerfungsurkunde in Wilna. Polen besetzte und annektierte daraufhin das Dünastromgebiet mit Riga, beließ aber Riga eine gewisse Selbständigkeit. Kurland wurde in ein Herzogtum umgewandelt, wobei hier nur Nordkurland gemeint ist. Südkurland, das sogenannte Memelgebiet, ist ja schon früher abgeteilt und dem Kernland Preußen angegliedert worden. Es hat seitdem dessen Schicksal geteilt.

Das neue Herzogtum Kurland wurde als erbliches Herzogtum und polnisches Lehen Kettler verliehen, der damit ebenso wie der Hochmeister Albrecht Herzog unter polnischer Oberhoheit wurde. Am 5. März 1562 legte der Landmeister Kettler in Riga den weißen Ordensmantel mit dem schwarzen Kreuz ab und leistete den Huldigungseid auf den polnischen König.

Es entbehrt nicht einer gewissen Ironie, daß der erste polnische König der Jagellonendynastie, der ehemalige litauische Großfürst Jagiello, als König Władysław II., dem Deutschen Orden in der Schlacht von Tannenberg 1410 die erste schwere Niederlage beibrachte und daß es dann der letzte König aus der Dynastie war, der dem Orden die Macht nahm.

Das war das endgültige Ende des Deutschen Ordens in »Preußen«.

3. Teil

Der Orden im Heiligen Römischen Reich

Deutschmeister

Der Deutsche Orden hatte neben seiner Organisation in Palästina alsbald auch eine Organisation im Heiligen Römischen Reich, dem Herkunftsland seiner Ritter, Brüder und Schwestern. Sie war zur Verwaltung der Spenden und Geschenke, in damaliger Zeit in Grundstücken, Grundgerechtigkeiten, Hospitälern bestehend, in Liegenschaften also, die ihm zugeflossen waren, notwendig geworden. Dies führte zur Gründung von Ordenshäusern im Reich und darüber hinaus im gesamten christlichen Mittelmeerraum.

Eine solche Heimatorganisation hatten auch die Johanniter und Templer, deren Besitzungen ebenfalls auf Schenkungen gründeten. Man war der Meinung, daß für den Deutschen Orden wenig übrigbleiben würde, aber die Beliebtheit des Ordens war so groß, daß der Spendenstrom besonders in der Anfangszeit nicht abzureißen schien.

Für die Ordenshäuser in der Heimatorganisation ergab sich dann noch die weitere Aufgabe, sich um Nachwuchs für Palästina und später auch für Preußen und Livland zu kümmern. Wegen des zölibatären Charakters war dies für alle Orden wichtig. Zwar kamen nach wie vor Pilger nach Palästina, von denen manch einer auch in den Orden eintrat. Das reichte aber bei weitem nicht aus, das erforderliche Potential zu halten, und auf einen nächsten Kreuzzug konnte man nicht warten. So konnten Ritter, Brüder und Schwestern der Heimatorganisation beitreten, um dann gelegentlich gemeinsam nach Palästina oder nach Preußen zu reisen.

Bereits im Jahre 1200 erhielt der Orden die erste ansehnliche Schenkung in Halle, die zur Gründung einer Kommende – so der Name der Ordenshäuser im Reich – führte, mit einem Komtur an der Spitze, 12 Rittern und dem weiteren Hilfspersonal – wie in Palästina und später in Preußen auch.

Die Kommende Halle hat bald eine besondere Rolle gespielt. Ihr Komtur Philipp hat in den Jahren 1226–30 im Auftrage des Hochmeisters Hermann von Salza mit Herzog Konrad von Masowien die Verhandlungen über den Einsatz des Ordens in Preußen geführt.

Der Schenkung von Halle folgten weitere, im Durchschnitt kam es jährlich zur Gründung von drei neuen Kommenden.

Bei diesem schnellen Anwachsen war ihre Kontrolle durch den Hochmeister allein nicht mehr möglich. Es ergab sich mithin die Notwendigkeit, einen weiteren hohen Gebieter mit einer gewissen Eigenverantwortung einzusetzen. Dies erschien sogar sehr dringend, denn bereits für das

Jahr 1202 ist ein »praeceptor provincialis Thuringiae« bezeugt, also eine provinzielle Aufsichtsinstanz.

Daß dies gerade in Thüringen erstmalig erfolgt ist, läßt darauf schließen, daß in diesem Raum die Anzahl der Schenkungen und damit die Neugründung von Kommenden besonders groß gewesen sein muß. Was nicht weiter verwunderlich ist, denn die Landgrafen von Thüringen waren besondere Freunde und Förderer des Ordens. Landgraf Hermann I. (1190–1217) hatte am 3. Kreuzzuge teilgenommen und bei der Gründung des Ordens 1190 in Akkon mitgewirkt. Viele weitere Angehörige des Landgrafenhauses waren Ordensritter und haben später auch hohe Ämter bekleidet. Der Hochmeister Hermann von Salza stammte aus Thüringen und hatte seine Jugendzeit auf der Wartburg, dem Sitz des Landgrafen, verbracht. Dazu kam dann noch etwas Besonderes: Im Jahre 1211 kam ein junges Mädchen auf die Wartburg: Elisabeth, Tochter des Königs Andreas II. von Ungarn, gerade erst vier Jahre alt. Sie war für den ältesten, damals elfjährigen Sohn Ludwig des Landgrafen Hermann I. als Gattin bestimmt und wurde auch sogleich mit ihm verlobt. 1217 verstarb Landgraf Hermann; Ludwig folgte ihm im Landgrafenamt mit nunmehr 17 Jahren nach und hat 1221 als 21jähriger die 14jährige Elisabeth geheiratet. Im Jahre 1227 beteiligte sich Ludwig am 5. Kreuzzug, begab sich nach Brindisi, wo er während einer Fieberepidemie starb.

Elisabeth, nunmehr in jungen Jahren Witwe geworden, wurde mit ihren noch minderjährigen Kindern von ihrem Schwager Heinrich Raspe von der Wartburg vertrieben. Sie begab sich nach Marburg, wo sie sich in einem Hospital ganz der Andacht, Mildtätigkeit und Krankenpflege hingab. Im übrigen wurden sie und ihre Kinder von Landgraf Conrad von Thüringen und Hessen, dem jüngsten Sohn des Landgrafen Hermann, betreut.

Elisabeth starb ebenfalls sehr früh, schon 1231. Conrad trat 1234 in den Deutschen Orden ein und brachte erhebliche Güter als Geschenke mit. Er erreichte beim Papst (Gregor IX.), daß Elisabeth bereits 1235 heiliggesprochen wurde. Über ihrem Grab in Marburg errichtete der Deutsche Orden eine Kirche in frühgotischem Stil. Conrad, der 1239 als Nachfolger von Hermann von Salza Hochmeister des Ordens geworden war, aber schon 1240 auf einer Reise nach Rom gestorben ist, wurde in der Elisabethkirche beigesetzt. Die Kirche, die heute noch steht, wurde in neuester Zeit die letzte Ruhestätte der Generäle Hindenburg und Ludendorff, die zunächst im Tannenberg-Denkmal in Ostpreußen beigesetzt waren, von dort aber im Zweiten Weltkrieg bei dem Vormarsch der sowjetischen Truppen nach Zerstörung des Denkmals nach Marburg verbracht wurden. Die Kirche war vorübergehend auch Ruhestätte der preußischen Könige, Friedrich Wilhelm I. (des Soldatenkönigs) und seines Sohnes Friedrich II. (des Großen). Sie waren in der Garnisonskirche in Potsdam beigesetzt, die im Zweiten Weltkrieg schwer beschädigt wurde. Sie wurden ebenfalls vor dem Einmarsch der sowjetischen Truppen vorübergehend nach Marburg verbracht.

Elisabeth kann man wohl als die liebenswerteste der deutschen Heiligen bezeichnen, die ganz dem staufischen Ritterideal der »lieben Frau« entsprach. Sie wurde im Deutschen Orden hoch verehrt und wäre beinahe die Patronin des Ordens geworden.

In rascher Folge entwickelten sich weitere Kommenden des Ordens, ganz besonders in den großen Städten wie Nürnberg und Frankfurt, aber auch in Bistumsgebieten wie Würzburg und Magdeburg, vor allem aber in Franken und in den Heimatgebieten der Staufer, Schwaben und Elsaß. Sie wurden wie in Thüringen zu Provinzialbezirken zusammengefaßt, die wie bei den Johannitern und Templern die Bezeichnung Ballei (Ballia, Ballivia, Baillage) erhielten. Der Leiter einer solchen Ballei führte den Titel Landkomtur.

Mit den Balleien und dem Landkomtur waren nun schon Zwischeninstanzen eingeschaltet, die die Aufsicht über die Kommenden erleichterten. Dies reichte aber noch nicht aus. Die Aufsicht war immer noch für den Hochmeister eine kaum durchführbare Aufgabe. Denkbar war eine einzige, voll verantwortliche Person, die als Zwischeninstanz fungierte. Daraus ergab sich weiter die Notwendigkeit, die einzelnen Balleien unter dieser voll verantwortlichen Person zusammenzufassen, also einen Meister einzusetzen. 1216 wird erstmalig ein »Meister und Generalprokurateur« erwähnt, ohne daß bekannt ist, wer er war und um welche Belange genau er sich kümmerte. Es müßte aber der Meister gewesen sein, dem die zusammengefaßten Balleien unterstellt wurden. 1219 wird Hermann Balk erstmals als Ordensangehöriger erwähnt, und zwar mit der Bezeichnung Meister. Er könnte dieser erste »Meister« gewesen sein. 1231 wurde Balk Landmeister in Preußen und mit dem Unternehmen des Erwerbes Preußens beauftragt. Im gleichen Jahre 1231 wird ein gewisser Dietrich, über den sonst nichts weiter bekannt ist, als Meister über die gesamten Balleien genannt. 1235 wird schließlich Heinrich von Hohenlohe mit diesem Posten betraut, der von nun an den Titel »Deutschmeister« trägt.

Heinrich von Hohenlohe, etwa 1200 geboren, stammte aus einer kinderreichen Familie, von der mehrere Söhne dem Orden beitraten und große Stiftungen einbrachten, darunter als bedeutendste die Herrschaft Mergentheim. Er muß ein besonders begabter Mensch gewesen sein, denn er wurde 1237 von Kaiser Friedrich II. in seinen Regentschaftsrat berufen. Hermann von Salza hatte ihn dazu ausersehen, um seine eigene Vermittlungstätigkeit zwischen dem Kaiser und den Päpsten fortzusetzen. Dazu ist es (1245 gegenüber Papst Innozenz IV.) auch gekommen, leider völlig vergeblich. Nach dem Tode von Hermann von Salza (1239) hatte Hohenlohe alle Aussichten, Hochmeister zu werden. Doch wurde ihm Conrad von Thüringen vorgezogen, der allerdings nur kurz überlebte, und danach noch der völlig ungeeignete Gerhard von Malberg. Erst 1244 wurde er zum Hochmeister gewählt. Er war der erste und einzige Hochmeister, der von seiner Residenz Palästina aus Preußen besucht hat, um bei dem dort ausgebrochenen Aufstand 1246–48 Hilfe zu leisten. Bei der Rückkehr von dort ist er 1249 verstorben und in Mergentheim beigesetzt worden.

Eine besondere Bedeutung hatte noch, wie bereits beschrieben, der Deutschmeister Konrad von Feuchtwangen. Er war vorher Landmeister in Preußen und in Livland gewesen und ist 1280 von beiden Posten zurückgetreten. 1288 wurde er Deutschmeister und ist dann auf Veranlassung des letzten in Palästina residierenden Hochmeisters, Burchard von Schwanden, im selben Jahre mit einem größeren Ordensaufgebot nach Akkon gesegelt, um dort gerade noch rechtzeitig zum Endkampf zu erscheinen. Bei den letzten Kämpfen hat er das Ordensaufgebot geführt und konnte mit ihm nach Venedig entfliehen, wo er dann zum Hochmeister gewählt wurde.

Anfangs hatten die Deutschmeister keine feste Residenz. Ähnlich wie die mittelalterlichen Kaiser und Könige übten sie ihr Amt als Kontrollfunktion durch dauerndes Umherreisen aus. Deshalb waren die Kommenden neben den regelmäßigen Abgaben gehalten, ihn und sein Gefolge aufzunehmen und für die Zeit seines Aufenthaltes zu versorgen. Das war für manche Kommenden eine spürbare Belastung.

Diese Tatsache führte dazu, daß bestimmte besonders begüterte Kommenden bei den Durchreisen der Deutschmeister bevorzugt wurden. Längere Aufenthalte bei einigen Kommenden und Eingriffe in deren Bewirtschaftung, ohne daß sie aus ihrem Balleiverbande herausgelöst wurden, lassen seit dem Ende des 13. Jahrhunderts erkennen, daß sich ein ständiger Aufenthaltsort, eine dauernde Residenz, für den Deutschmeister heraushob. Zunächst waren es Orte wie Breitbach (Ballei Koblenz), Frankfurt-Sachsenhausen, Heidelberg, Weinheim und Speyer, schließlich wurde Mergentheim Sitz des Deutschmeisters.

Gegen Ende des 13. Jahrhunderts hatte der Orden im Reichsgebiet 13 Balleien: Es waren Biesen (Belgien), Böhmen, Bozen (An der Etsch), Elsaß-Burgund, Franken, Hessen (Marburg), Koblenz, Lothringen, Österreich, Sachsen, Thüringen, Utrecht und Westfalen. Hinzu kamen zwei Balleien in den Kreuzfahrerstaaten außerhalb von Palästina: Armenien und Syrien (Zypern), weiterhin in Griechenland die Ballei Romanien (auf dem Peloponnes), in Italien drei Balleien: Apulien, Sizilien (die staufischen Gebiete) und Lamparten (übriges Italien), sowie je eine Ballei in Frankreich (Arles) und Spanien. Letztere ging im wesentlichen darauf zurück, daß Konstanze von Aragón, die erste Gattin Kaiser Friedrichs II., dem Orden reiche Landgeschenke in ihrem Heimatland zukommen ließ.

Die Namen der Balleien deckten sich nicht mit den gleichnamigen Landschaftsgebieten. So lagen z. B. Frankfurt und Heidelberg in der

Ballei Franken, der größten Ballei überhaupt, Speyer lag in der Ballei Elsaß-Burgund, zu der auch das heutige Baden-Württemberg und die Schweiz gehörten. Nicht alle Balleien waren dem Deutschmeister unterstellt, sondern der Hochmeister hatte sich einige seiner eigenen Aufsicht vorbehalten. Dies waren zunächst einmal die Balleien im Mittelmeerraum: Armenien, Syrien (Zypern) im Morgenland, weiterhin in Griechenland, Italien, Südfrankreich und Spanien.

Diese dem Hochmeister direkt unterstellten Balleien führten den Namen Kammerballeien. Später, als die Hochmeister ihren Sitz in Preußen genommen hatten, preußische Balleien. Ob auch die Ballei Koblenz eine Kammerballei bzw. preußische Ballei war, ist ungewiß. Jedenfalls hat der Hochmeister den alleinigen Einfluß auch auf diese rheinische Ballei wegen der unerläßlichen Weinlieferungen nach Preußen erstrebt, ist aber offenbar nicht durchgedrungen. An sich war der Deutschmeister ebenso wie die Landmeister in Preußen und Livland Untergebener des Hochmeisters. Aber wie es bei Zweigorganisationen, die schon mit einer gewissen Selbständigkeit ausgestattet sind, sehr häufig vorkommt, daß sie nach einer völligen Selbständigkeit streben, war dies auch beim Deutschmeister der Fall. Dies war wohl der Grund dafür, daß von vornherein nicht alle Balleien dem Deutschmeister unterstellt wurden, sondern daß der Hochmeister einige unter seiner Aufsicht behielt.

Eine gewisse Selbständigkeit der Stellung des Deutschmeisters zeigte sich schon bei der Besetzung des Amtes durch einen Nachfolger. Das Recht der Einsetzung stand dem Hochmeister zu, jedoch war er an einen Vorschlag gebunden. Dieser umfaßte in der Regel zwei Kandidaten, von denen der erste den Wünschen der Balleien entsprach, was der Hochmeister auch mit wenigen Ausnahmen respektierte. Allerdings hatte der Hochmeister nicht das Recht, die dem Deutschmeister unterstehenden Balleien zu Visitationszwecken zu betreten.

Der Deutschmeister hatte, genau wie der Hochmeister, ein Kapitel neben sich, das ihn in gewissen Angelegenheiten kontrollieren konnte. Vor allen Dingen hatte es Bedeutung bei der Vakanz des Deutschmeisteramtes, es machte dem Hochmeister die Vorschläge für den Nachfolger. Zu dem Kapitel gehörten die Landkomture der zugehörigen Balleien. In späteren Zeiten führten sie allein die Wahl und die Besetzung des Amtes durch.

Ähnlich war es im übrigen auch in den Balleien selbst, die ein Kapitel, bestehend aus den Komturen der Kommenden, hatten, so wie es bei den Kommenden selbst den Hauskonvent gab. Sie traten regelmäßig jährlich zu Prüfungszwecken zusammen und hatten im Vakanzfalle ein Vorschlagsrecht gegenüber der vorgesetzten Instanz, später teilweise auch ein eigenes Besetzungsrecht.

Jedenfalls ergab sich aus dieser Regelung ein oft recht gespanntes Verhältnis zwischen dem Hochmeister und dem Deutschmeister, das mit der Konsolidierung des Deutschmeisteramtes immer deutlicher wurde. Aber auch zwischen dem Deutschmeister und den Balleien sowie zwischen den Balleien und Kommenden zueinander standen die Beziehungen nicht immer zum besten. Es war eine ähnliche Entwicklung wie im Reich, wo der Einfluß der Kaiser zugunsten der Territorialfürsten immer mehr abnahm. Dabei gab es im Orden in den einzelnen Gegenden erhebliche Unterschiede. Während die größte Ballei des Ordens, Franken, deren Gebiet weit über das eigentliche Frankenland hinausging, zwischen Donau und Rheinpfalz, mit den Königsstädten Frankfurt und Nürnberg, dem Deutschmeister besonders verbunden war, standen andere Balleien mehr auf der Seite des Hochmeisters.

Einen wichtigen Einschnitt für den gesamten Orden bedeutete der Verlust von Palästina mit dem Untergang des Königreiches Jerusalem. Es hätte dabei leicht auch zum Untergang des Deutschen Ordens kommen können, vergleichbar dem des Templerordens.

Der Zeitraum vom Ende des 13. und Anfang des 14. Jahrhunderts ist dadurch geprägt, daß eine einvernehmliche Wechselwirkung zwischen Hochmeister und Deutschmeister bestand, während es zu erheblichen Schwierigkeiten mit dem Landmeister in Preußen kam. Dieser hatte durch die Fortschritte und die sich anbahnende Konsolidierung in Preußen eine derartige Selbständigkeit erlangt, daß er sich gegen den Hochmeister stellte, indem er dessen Absichten zur Übersiedlung nach Preußen zu verhindern suchte.

Diese Differenzen waren viel schwerwiegender als die zwischen Deutschmeister und Hochmeister. Der Bischof von Riga und der König von Polen hatten beim Papst Klage gegen den Orden erhoben, die leicht zum Untergang des Ordens hätte führen können.

Die Lage ist vom Hochmeister und dem Ordenskapitel ebenso wie vom Deutschmeister und der Organisation des Ordens im Reich besser durchschaut worden als in Preußen, woraufhin mit Karl Beffert von Trier ein Hochmeister gewählt wurde, der imstande war, die Gesamtinteressen des Ordens beim Papst eindringlich zu vertreten.

Die Streitigkeiten innerhalb des Ordens endeten schließlich damit, daß der Hochmeister Werner von Orselen (1324–30) sich endgültig in Preußen durchsetzte und das Amt des Landmeisters in Preußen eingezogen wurde. Es war überflüssig geworden.

Damit war aber auch das Zusammenspiel von Hochmeister und Deutschmeister wieder vorbei. Der Hochmeister mußte sich auf seine nicht geringen Aufgaben in Preußen konzentrieren, während der Deutschmeister sich intensiv um die Balleien im Reich kümmerte, wodurch seine Bedeutung und vor allem seine Selbständigkeit wieder erheblich zunahmen. Von einer Zusammenlegung der Ämter des Hochmeisters und des Deutschmeisters, an die vielleicht auch einmal gedacht worden war, war keine Rede mehr. Es wurden im Gegenteil bisherige Kammerballeien vom Hochmeister auf den Deutschmeister übertragen.

Das waren im Mittelmeerraum die drei Balleien in Italien: Apulien, Sizilien und Lamparten.

Die Balleien im Morgenland, Armenien und Syrien (Zypern), waren mit dem Ende des Königreichs Jerusalem beziehungsweise mit dem bereits vorher erfolgten Ende der anderen Kreuzfahrerstaaten untergegangen. Von der Ballei Romanien (Griechenland/Peloponnes) blieb nur ein geringer Rest, der sich ebenfalls bald auflöste. Die Ballei Arles (Frankreich) fand mit dem Untergang des Templerordens auch ihr Ende, gleichfalls die Ballei Spanien. Ordensbrüder der Templer, die nach Auflösung des Templerordens nach Spanien entkommen konnten, gründeten mit einigen dort noch bestehenden Templer-Ordenshäusern einen neuen Orden, in welchem die Ballei des Deutschen Ordens aufging.

Lediglich die Ballei Österreich, die auch Steiermark, Kärnten und Nordtirol umfaßte, die Ballei An der Etsch (Bozen) im Südalpengebiet und die Ballei Böhmen blieben als nunmehr preußische Balleien beim Hochmeister. Die Erweiterung des Gebiets des Deutschmeisters durch die Mittelmeer-Balleien hatte zur Folge, daß sich der amtierende Deutschmeister, Wolfram Graf von Nellenburg (1330–61), seit 1345 »Meister in deutschen und in welschen Landen« nannte, eine Bezeichnung, die er sich eigenmächtig zulegte und die keinen Bestand hatte.

Im übrigen war das Einvernehmen zwischen Hochmeister und Deutschmeister trotz dessen Selbständigkeitsbestrebungen zunächst doch noch recht gut, vor allem bei personellen Entscheidungen. Der Orden in Preußen und Livland war ja auf ständigen Nachwuchs aus dem Reich angewiesen, da er keinen in Preußen Geborenen in seinen Reihen aufnahm. Der Nachwuchs von Ordensbrüdern aus dem Reich war nach wie vor gesichert.

Das gute Verhältnis der beiden Meister mochte darin begründet sein, daß der Ordensstaat Preußen sehr bald wirtschaftlich erstarkte und sogar ausgesprochen reich wurde. Die Hochmeister hatten daher keinerlei finanzielle Sorgen und waren auf die ihnen zustehenden Geldmittel aus dem Reich in keiner Weise angewiesen. Sie konnten bei nachlässigen Zahlungen recht großzügig reagieren. So hat zum Beispiel der Hochmeister Konrad Zöllner von Rothenstein (1382–90) dem Deutschmeister Siegfried von Venningen (1382–93) im Jahre 1386 die ungeheure Summe von 50 000 Gulden erlassen, wofür dieser allerdings die Ballei Elsaß-Burgund verpfänden mußte, was später dazu führte, daß sie eine Kammerballei wurde. Dennoch hat sich das Verhältnis zwischen Hochmeister und Deutschmeister und auch das zwischen Deutschmeister und den einzelnen Balleien im Laufe der Zeit gelockert. Das lag zum Teil daran, daß die Kaiser und das Reich die erhebliche Potenz des Ordens für sich zu nutzen begannen, manche Landesherren sogar die in ihrem Bereich liegenden Balleien als eine Art »Hausballeien« ansahen.

Die Lage änderte sich plötzlich, als der Orden in der Schlacht von Tannenberg 1410 eine vernichtende Niederlage erlitt. Der Orden in Preußen hatte damit auch seinen Reichtum eingebüßt und war wieder auf Unterstützung durch den Deutschmeister angewiesen, zumal er durch weitere, meist fehlgeschlagene kriegerische Verwicklungen immer mehr in Schulden geriet.

Die Deutschmeister waren nun aber nicht mehr bereit, den Orden und den Hochmeister in Preußen zu unterstützen, obwohl der personelle Zustrom vom Reich nach Preußen – wenn auch rückläufig – weiterlief. Um das Jahr 1400 hatte der Deutschmeister – aus welchen Gründen auch immer – selbst eine Schuldenlast von über 100 000 Gulden. Man kann es ihm daher noch nicht einmal so sehr verübeln, wenn er nicht mehr bereit war, Geld nach Preußen zu zahlen.

Seit dem Ende des 14. Jahrhunderts war es überhaupt zu einem sozialgeschichtlichen Wandel gekommen. Während bisher der Orden das Idealbild eines christlichen Adels deutscher Nation war, brachte der Niedergang des Rittertums auch für den Orden ein völlig neues Selbstverständnis. Der Zulauf zum Orden und die Stiftungsbereitschaft ließen nach. Wer dennoch zum Orden kam, suchte hier weniger eine Aufgabe im Kampf als vielmehr Aufstieg und Versorgung. Immer deutlicher zeigte sich eine Tendenz, die den Orden zu einem Versorgungsinstitut der Ritterschaft degradierte. Hinzu kam, daß die Idee des Ordens, nämlich die Bekämpfung des Heidentums, sich überlebt hatte, nachdem das letzte noch heidnische Volk in Mitteleuropa, die Litauer, zum Christentum übergetreten war.

Weiter kam hinzu, daß Kräfte von außen auf das Ordensgebiet einwirkten und zum Verlust der letzten Balleien im Mittelmeerraum, der drei Balleien in Italien, führten.

Im Jahre 1474 geriet die Ballei Apulien in die Hand eines thüringischen Ordensbruders, Stefan Grube, der es zum Landkomtur und Generalprokurator gebracht hatte und die Ballei völlig heruntergewirtschaftete. Nach seinem Tode wurde daher die Ballei kurzerhand von der Kurie eingezogen.

Wenig später folgte die Ballei Sizilien. Bei einer Visitation 1491/92 wurde sie dem widerspenstigen Landkomtur entzogen und Roderigo Borgia, dem späteren Papst Alexander VI., übergeben, der eigentlich Protektor des Ordens sein sollte, die Ballei aber privat für sich nutzte. Als er Papst wurde, wurde sie von Ferdinand von Aragón eingezogen. Alle Proteste blieben wirkungslos.

Der Ballei Lamparten (übriges Italien) ging es ähnlich. Papst Julius II. (1503–13) verlieh die Kommende Bologna einem Hercules de Lamantis. Venedig beschlagnahmte im Kriege gegen Kaiser Maximilian I. um 1510 die Ordenshäuser in seinem Staat. Die Kommende Padua besetzte der Jesuitenorden, zahlte allerdings später dem Deutschen Orden eine bedeutende Abfindung. Es war der einzige Fall, in welchem dem Orden für übernommenes Ordensgut eine Zahlung geleistet wurde.

Lediglich in Friaul verblieb dem Orden die Kommende Brixeney. Sie wurde der Ballei Österreich zugeteilt.

Schon vorher war als Folge der Hussitenkriege (1417–36) die Ballei Böhmen bis auf die Kommende Troppau untergegangen.

Im Jahre 1494, zur Regierungszeit des Deutschmeisters Andreas von Grumbach (1489–99), wurde der Deutschmeister offiziell Reichsfürst und damit in die ständische Genossenschaft des Reiches aufgenommen. Das führte dazu, daß die einzelnen Balleien und der Meister selbst zu Reichslasten herangezogen wurden.

Das Verhältnis des Hochmeisters zum Deutschmeister hatte sich spürbar verschlechtert. Spätestens als Reichsfürsten haben die Deutschmeister versucht, von den Hochmeistern vollständig unabhängig zu werden.

Die Forderungen der Hochmeister an die Deutschmeister zielten auf Hilfeleistungen in kriegerischen Auseinandersetzungen gegen Polen und auf Geld. Nach der Niederlage von Tannenberg 1410 und vor allem nach dem Zweiten Thorner Frieden von 1466 waren die Hochmeister in Preußen in dauernder Geldverlegenheit. Jedoch wollten die Deutschmeister für Preußen nichts mehr herausrücken, waren dazu nach der Entwicklung des Ordens im Reich auch kaum noch in der Lage.

Als 1515 bei Vakanz des Deutschmeister-Postens der Hochmeister Albrecht von Hohenzollern Einfluß auf den Orden im Reich dadurch zu erlangen versuchte, daß er seinem Bruder den Posten verschaffen wollte, was aber nicht gelang, sank das Verhältnis der beiden Meister auf den absoluten Tiefstand. Der 1515 folgende Deutschmeister war Dietrich von Cleen. Der Hochmeister versuchte auch jetzt noch auf ihn einzuwirken, stieß aber nur auf erbitterten Widerstand. Albrecht mußte schließlich nachgeben und in einem Vertrage vom 29.12.1524 offiziell die Unabhängigkeit des Deutschmeisters vom Hochmeister anerkennen.

Hoch- und Deutschmeister

Als am 9. April 1525 der Hochmeister Albrecht von Hohenzollern den Ordensstaat Preußen in ein weltliches Herzogtum umwandelte, hat er den Deutschen Orden gleichzeitig formell aufgelöst. Dazu war er rein rechtlich gar nicht befugt, und der Akt blieb auch ohne Folgen. In Preußen hatte sich faktisch der Orden schon von selbst aufgelöst. Auf die Organisation des Ordens im Reich hatte die Auflösung schon gar keine Wirkung, nachdem Albrecht gerade noch 1524 die Selbständigkeit des Deutschmeisters anerkannt hatte. Dennoch haben der Papst (Klemens VII.), der Kaiser (Karl V.) und auch der Deutschmeister (von Cleen) gegen die Auflösung protestiert und diese für null und nichtig erklärt.

Um möglichst auch noch auf Preußen einwirken zu können, legte sich von Cleen selbst den Titel Hochmeister zu. Dafür bekam er aber weder vom Papst noch vom Kaiser die Genehmigung. Man befürchtete, daß dies als Verzicht auf die Ansprüche in Preußen gelten könnte. Der Deutschmeister wurde daher offiziell nur zum Administrator von Preußen ernannt. Sein erster Schritt bestand darin, die noch bestehenden Kammerballeien (auch preußische Balleien genannt), die bisher dem Hochmeister allein unterstanden, an sich zu ziehen, was auch reibungslos gelang. Es waren die Balleien Österreich, An der Etsch (Bozen), auch Elsaß-Burgund (dem Hochmeister verpfändet) und Koblenz (von der nicht ganz sicher feststeht, ob sie überhaupt Kammerballei gewesen ist).

Darüber hinaus konnte er wenig bewirken. Ein übriges tat die Reformation, die alle bis dahin gültigen Strukturen von innen her erschütterte.

Scharen von Ordensbrüdern verließen den Orden, sogar katholische Brüder, insbesondere Ordenspriester, die in ihm nicht mehr ihre Heimat sahen. Die Reformatoren sahen alle Orden als etwas Naturwidriges an und lehnten sie strikt ab. Die Fürsten der der Reformation folgenden Staaten nahmen die günstige Gelegenheit wahr, Ordensgut einzuziehen.

Es gab aber auch recht merkwürdige Entwicklungen. In einigen Kommenden und Balleien trat die Gesamtheit der Brüder zum Protestantismus über, ohne den Orden zu verlassen. So wurden die Balleien Sachsen, Hessen, Thüringen und Utrecht protestantisch, teils lutherisch – teils reformiert – teils beides. Einige Bräuche wurden abgeschafft. Im übrigen hielten die Brüder Ordensgelübde und vor allem den Gehorsam gegen Meister oder sonstige Ordensgebieter aufrecht.

Es ergab sich die seltsame Situation, daß der Orden nunmehr drei Konfessionen umfaßte, die katholische, die lutherische und die reformierte.

Da solche Balleien wenige und bald gar keine Neuaufnahmen mehr hatten, starben sie langsam aus. Eine Ausnahme machte lediglich die Ballei Utrecht. Sie war calvinistisch geworden, konnte sich halten und verließ 1637 den Orden. Seitdem selbständig, existiert sie noch heute.

Sieht man von diesen protestantischen Balleien ab, so waren von mehr als 20 Balleien nur sieben übriggeblieben: Biesen (Belgien), Koblenz (Mittelrhein), Elsaß-Burgund, Franken, Lothringen, Österreich, An der Etsch (im wesentlichen Südtirol).

Bei dieser Entwicklung, daß der Orden mehr und mehr zusammenschrumpfte, sah sich der gealterte Deutschmeister Dietrich von Cleen der Lage nicht mehr gewachsen. Er war auch sehr enttäuscht, nicht Hochmeister geworden zu sein, und fürchtete einen weiteren Verfall. Er trat daher schon 1525 von seinem Amt zurück.

Sein Nachfolger Walter von Cronberg (1527–43) konnte den restlichen Orden doch wieder konsolidieren. Auch ihm wurde zunächst nicht erlaubt, den Titel Hochmeister anzunehmen, sondern ebenso von Kaiser Karl V. nur die Berechtigung erteilt, sich Administrator des Hochmeisters zu nennen. Man glaubte immer noch, damit den ausdrücklichen Besitzanspruch auf Preußen aufrechterhalten zu müssen und zu können.

Endlich sah man aber doch ein, daß es unrealistisch war, noch auf eine Änderung in Preußen zu hoffen und gestattete 1529 dem Deutschmeister, auch den Titel Hochmeister zu führen.

Er nannte sich nunmehr: Hoch- und Deutschmeister.

Die nächste Aufgabe wäre nun eine gründliche Umarbeitung der Ordensregel gewesen. Aber erst unter dem Hoch- und Deutschmeister Erzherzog Maximilian von Österreich (1590–1618) wurde eine Reform in Angriff genommen.

Maximilian, 1585 in den Orden eingetreten, war ein Sohn des Kaisers Maximilian II. (1564–76) und Bruder von Kaiser Rudolf II. (1576–1612) aus dem Hause Habsburg. Er hatte sich zunächst einmal um die polnische Krone beworben. Schon lange hatte der polnische Adel darauf hingearbeitet, zu größerem politischen Einfluß zu kommen, vor allem bei der Wahl des Königs mitzubestimmen. Schließlich, mit dem Tode des letzten Jagellonenkönigs Sigismund II. August (1548–72), war es so weit. Polen war ein reines Wahlkönigreich geworden. Die Königswahlen verliefen stets äußerst stürmisch. Sie erregten das größte Interesse in Europa, dessen beide große Lager, Habsburg und Frankreich, hier ein diplomatisches Schlachtfeld ersten Ranges fanden.

Meist standen sich zwei Kandidaten gegenüber, und immer wieder kam es zu Doppelwahlen, wobei dann schließlich entscheidend war, wem von den beiden Gewählten der schnellere Griff nach der Krone gelang.

1586 traten gleich vier Kandidaten für die polnische Krone auf den Plan, drei Brüder von Kaiser Rudolf II. – Maximilian, Ernst und Matthias –, sowie Sigismund von Schweden, dessen Mutter eine Enkelin des polni-

schen Königs Sigismund war. Es kam zu einer Doppelwahl: Maximilian und Sigismund.
Diesmal war Maximilian zwar schneller. Aber es gelang ihm nicht, nach Krakau zu kommen. Er geriet unterwegs in Gefangenschaft.
Inzwischen kam Sigismund nach Polen und wurde schließlich Ende 1587 als Sigismund III. zum König gekrönt. Da er Schwierigkeiten bekam, polnische und schwedische Interessen zu vereinigen, hat er zeitweilig daran gedacht, zurückzutreten und zugunsten Maximilians auf die polnische Krone zu verzichten, hat dann aber schließlich doch bis 1632 regiert. Maximilian wurde 1588 aus der Gefangenschaft freigelassen, nachdem er auf die polnische Krone verzichtet hatte.

Ob Maximilian, der ja bereits Ritter des Deutschen Ordens war, bei seiner Bewerbung um die polnische Krone an eine Wiederherstellung des Ordensstaates gedacht hat oder ob ihm dies von polnischer Seite her zugetraut wurde, so daß er durch Verhaftung daran gehindert wurde, ist unbekannt. Auszuschließen ist es nicht. Es wäre schon ein Kuriosum gewesen, wenn 62 Jahre nach der Aufhebung des Ordensstaates ausgerechnet ein Ritter des Deutschen Ordens König von Polen geworden wäre und damit sogar Lehnsherr des aus dem Hochmeisteramt hervorgegangenen Herzogs von Preußen.

Doch dazu ist es nicht gekommen. Maximilian, 1588 aus der Gefangenschaft zum Orden nach Mergentheim zurückgekehrt, wurde 1590 Hoch- und Deutschmeister. Er war es nun, unter dem eine Reform in Angriff genommen wurde, aus der sich aber nicht allzuviel entwickelte.

Das Gebiet des Ordens im Reich war ein unzusammenhängender Besitz. Die Erhaltung dieses Besitzes war keine militärische Aufgabe mehr, sondern eine ausschließlich diplomatische und organisatorische. So wie das Rittertum im Reich untergegangen war, war der Orden an sich auch kein Ritterorden mehr, wenn auch seine vornehmsten Mitglieder immer noch Ordensritter hießen. Durch den Wegfall der kriegerischen Tätigkeit des Ordens entstand für viele Ordensritter das Problem, einen angemessenen Lebensinhalt zu finden. Nicht jeder eignete sich für die alltägliche Kleinarbeit in den Kommenden. Vorwürfe der Untätigkeit und eines allzu weltlichen Lebenswandels waren die Folge, und wohl zum Teil auch nicht ganz unberechtigt. Um Abhilfe zu schaffen, wurden die Ritter ermuntert, sich als aktive Offiziere im Krieg einzusetzen und bei den stehenden Truppen der einzelnen Landesherren weiterzudienen. Auf dem Generalkapitel von Mergentheim 1606 wurde das »exercitium militare« festgelegt, ein Kriegsdienst auf drei Jahre für junge Ordensritter an der Grenze gegen Ungarn.

Im übrigen blieb alles beim alten. An sich hätte die Möglichkeit bestanden, dem Ritterorden eine erweiterte Basis zu geben. Dies scheiterte am Widerstand der Fürsten und des Adels. Die neue Ordensregel wurde nur in eine handlichere Form gebracht, enthielt aber auch wesentlich mildere Bestimmungen.

Damit war die Gelegenheit einer gründlichen Neuordnung vertan. Dennoch wurde Maximilian als sehr erfolgreich angesehen. Er war allseits beliebt und ist als »Maximilian der Deutschmeister« in die Geschichte eingegangen.

Zunächst hat dann der Dreißigjährige Krieg (1618–48) alles Geschehen überschattet. Dieser Krieg war eine Katastrophe für das Reich und das deutsche Volk. Er führte zu einer völligen Entmachtung von Kaiser und Reich gegenüber den Landesfürsten, zu einem Übergewicht ausländischer Einflüsse, aber auch zu einer Gleichberechtigung der religiösen Bekenntnisse. Das Land aber war verwüstet, das Volk stark zusammengeschmolzen und auf mehrere Menschenalter hinaus verarmt. Auch der Deutsche Orden war stark betroffen. Es kam hinzu, daß Ordensritter, die unter verschiedenen Heerführern fochten, sich als Feinde gegenüberstanden. Sehr viele sind gefallen. Auch die Folgezeit brachte noch keinen Frieden. Die Türken bedrohten das Abendland.

Anfang des 12. Jahrhunderts hatten die aus Asien heranziehenden Turkstämme das Osmanische Reich gegründet und zunächst Byzanz bedroht. Dies war einer der Gründe, warum es zu den Kreuzzügen und damit zur Entstehung der geistlichen Ritterorden gekommen war, auch des Deutschen Ordens. Die Türken waren dennoch nicht aufzuhalten, entrissen dem Byzantinischen Reich Stück um Stück seines Herrschaftsgebietes. 1353 bereits wurden die Dardanellen überschritten, Griechenland, der Balkan und Serbien erobert. 1453 fiel Konstantinopel, das Byzantinische Reich fand sein Ende.

Auch Rhodos wurde 1523 von den Türken erobert. Das bedeutete die Vertreibung des Johanniterordens, der nach dem Fall von Akkon in Palästina (1291) nach Rhodos gekommen war. Ihm wurde dann 1530 von Kaiser Karl V. die Insel Malta als neuer Aufenthalt zugewiesen, weshalb er den Namen Malteserorden annahm. Die Türken drangen fast ungehindert weiter in das Abendland vor und bedrohten Ungarn, wo sie bereits 1396 König Sigismund (dem Sohn Kaiser Karls IV., der später 1410–37 selber Kaiser war) bei Nikopolis eine vernichtende Niederlage beibrachten.

In der Folgezeit wurden ganz Ungarn und Siebenbürgen von den Türken besetzt, und schließlich wurde auch Österreich hart bedrängt, 1683 kam es zur Belagerung von Wien. Dies brachte die Wende. Die Türken konnten vor Wien zurückgeschlagen werden, und bei den weiteren Gegenstößen bis 1699 gelang es, Ungarn und Siebenbürgen zurückzuerobern.

In diesen »Türkenkriegen« ergab sich ein besonderes Tätigkeitsfeld für den Deutschen Orden.

Der Hoch- und Deutschmeister Johann Kaspar von Ampringen (1664–84) war es, der als erster die Initiative ergriff. Er brachte zwei

Ordenskontingente zustande, die er selbst zum Einsatz gegen die Türken führte, auch bei der Belagerung von Wien 1683. Hier war der Ordensritter Ludwig Anton von Pfalz-Neuburg Führer des linken Flügels des Kaiserlichen Heeres. 1684 wurde er Nachfolger Ampringens als Hoch- und Deutschmeister (bis 1694), blieb aber in kaiserlichen Diensten und nahm unter Karl von Lothringen 1687 an der siegreichen Schlacht von Mohács teil. Er hatte ein eigenes Regiment aufgestellt. Sein Nachfolger als Hochund Deutschmeister, wieder ein Prinz von Pfalz-Neuburg, Franz Ludwig (1694–1732), hat dann 1696 die vier restlichen Kompanien dieses Regiments mit acht neu vom Orden aufgestellten verschmolzen. Kaiser Leopold II. (1658–1705) wies 1701 diesem kaiserlichen Regiment – das österreichische Haustruppe, nicht Teil der Reichsarmee war – als besonderen Vorzug seine Residenzstadt Wien zum Standquartier zu. Er verlieh ihm außerdem »auf ewige Zeiten« den Namen »Hoch- und Deutschmeister-Regiment« und bestellte den jeweiligen Hoch- und Deutschmeister zum Regimentsinhaber. Die Offiziersstellen waren in erster Linie vom Orden zu besetzen. Immerhin war der Militärdienst der Ordensritter nunmehr zufriedenstellend geregelt.

Das Regiment erfreute sich bei der Wiener Bevölkerung bald großer Beliebtheit, die über lange Zeit anhielt. Dies zeigt der berühmte und heute noch beliebte Hoch- und Deutschmeister-Marsch.

Aber nicht die großen kriegerischen Auseinandersetzungen mit den Türken waren es, die den Orden forderten und ihm einen besonderen Einsatz abverlangten. Viel gefährlicher war der ständige kleine Grenzkrieg, der jahrzehntelang schwelte und auch noch nach der Befreiung Wiens weiterging. Türkische Freischärler, oft bis zu 10 000 Mann stark, verunsicherten die Grenzgebiete und stießen zeitweise bis nach Tirol, Bayern und Böhmen vor. Mit regulären Truppen waren sie nicht zu bekämpfen.

Besonders zu leiden hatte die Ballei Österreich, die neben Ober- und Niederösterreich noch die Steiermark, Kärnten und Krain-Laibach umfaßte. Es war fast wie in alten Zeiten des Ordens, als der anrückende islamische Feind vordrang oder als in Preußen die dauernden Einfälle der heidnischen Litauer bekämpft werden mußten.

Die Kommenden und Kirchen wurden regelrecht in Burgen und Festungen verwandelt. Sie dienten als Fluchtburgen, um die fliehende Bevölkerung aufnehmen zu können, aber auch als Stützpunkte gegen feindliche Angriffe. Die ständigen Kämpfe kosteten große Mühe und erforderten einen hohen menschlichen Einsatz. Dabei hat der gesamte Orden die österreichischen Kommenden nicht im Stich gelassen, sondern ihnen mit allen seinen deutschen Balleien nach Kräften geholfen.

Dies war umso bemerkenswerter, als der Orden ja bereits eine große Anzahl von Rittern dem österreichischen Heer zuführte und die Mittel des Ordens trotz seines großen Besitzes beschränkt waren. Er war nicht mehr Souverän eines großen Staates, in dem er selbständig schalten und walten konnte, sondern unterstand den jeweiligen Landesherren der vielen deutschen Kleinstaaten, an die Abgaben und Steuern zu zahlen waren und die kostspielige Ehrendienste verlangten. Hinzu kam, daß der Orden in dem noch nicht lange zurückliegenden Dreißigjährigen Krieg auch erheblich gelitten hatte. Um allen Verpflichtungen nachkommen zu können, blieb ihm nichts anderes übrig, als einige Kommenden zu verkaufen. Die Schlachten und Siege der Türkenkriege sind als große Ruhmestaten in die Geschichte eingegangen. Die schweren Belastungen und Opfer in den zermürbenden Grenzkriegen, die beinahe ausschließlich vom Deutschen Orden getragen wurden, sind kaum in das Bewußtsein einer breiten Öffentlichkeit gelangt und heute fast vergessen.

Aber nicht allein auf militärische Belange beschränkte sich die Tätigkeit des Ordens, er befaßte sich auch mit der Ausbildung und Schulung des katholischen Priesternachwuchses.

Den Anstoß dazu gab Heinrich von Reuschenberg, Landkomtur der Ballei Biesen (Belgien). Ihm fiel ein erheblicher Mangel an Priestern auf. Um diesen zu beheben, gründete er 1574 ein Priesterseminar unter dem Namen »Bursa Laurentiana«. Diese Initiative gefiel dem damaligen Hoch- und Deutschmeister Maximilian von Österreich, der ohnehin eine Reform des Ordens auf allen Gebieten anstrebte, so sehr, daß er auch in anderen Balleien die Gründung solcher Einrichtungen anregte. In Mergentheim, seinem Regierungssitz, schuf er 1606 ein eigenes Priesterseminar, das im Laufe der Zeit eine erhebliche Bedeutung und Berühmtheit gewinnen sollte.

Nach den Türkenkriegen setzte beim Orden, wie überall im Lande, eine lebhafte Bautätigkeit ein. Neubauten von Kommenden entstanden, Ausbauten und Erweiterungen von bereits bestehenden.

Besonders genannt sei hier die Landkommende von Wien. Sie war restlos baufällig geworden, und der Landkomtur wollte sie 1664 schon verkaufen, da die Ballei Österreich unter den Türkenkriegen derart gelitten hatte, daß Grund und Boden zur Beschaffung von Geldmitteln abgestoßen werden mußten. Hier griff das Generalkapitel des Ordens ein und veranlaßte, daß die anderen weniger von den Kriegen betroffenen Balleien so viel aufbrachten, daß ein großer Neubau errichtet werden konnte. Er steht heute noch in Wien und beherbergt jetzt den Hochmeister und sein Amt.

Seit etwa der Mitte des 17. Jahrhunderts war es üblich geworden, ein Mitglied aus einem regierenden Fürstenhaus zum Hoch- und Deutschmeister zu berufen. Denn der Meister war Reichsfürst, und seit dem Ende des Dreißigjährigen Kriegs reichten die Mittel des Ordens für das standesgemäße Auftreten eines Reichsfürsten nicht mehr. Es kam daher nur ein reicher Bewerber für das Amt in Betracht. Besonders stark vertreten war das Haus Habsburg, das in letzter Zeit fast alle Kaiser des Reiches gestellt hatte und vom Orden als größte Stütze angesehen wurde.

Als 1732 wieder die Wahl eines Hoch- und Deutschmeisters anstand, ergaben sich Schwierigkeiten. Der regierende Kaiser Karl VI. (1711–40) war der letzte Habsburger und hatte keinen männlichen Erben. Durch ein Hausgesetz von 1713, die sogenannte »Pragmatische Sanktion«, suchte er daher die weibliche Erbfolge in den österreichischen Erbländern zu sichern. Ferner hatte er den Wunsch, daß seine 1717 geborene Tochter Maria Theresia die Erbin sein sollte und ihr Ehemann Herzog Franz Stephan von Lothringen, den sie 1736 geheiratet hatte, zum Kaiser des Reiches gewählt werden möge. Vor allem mit den Kurfürsten traf er entsprechende Abmachungen, die den damals 32 Jahre alten Wittelsbacher Prinzen Clemens August von Bayern zum Hoch- und Deutschmeister gewählt hatten.

Seit früher Jugend für den geistlichen Stand bestimmt, war er bereits mit 16 Jahren Bischof von Regensburg geworden, wechselte 1719 auf den Bischofsstuhl von Paderborn und gewann alsbald darauf auch Münster für sich. 1723 war er dann Erzbischof von Köln geworden, gleichzeitig damit auch Kurfürst, da dieses Amt dem Erzbischof von Köln zustand. Er vereinigte als Kurfürst-Erzbischof auch noch die Würde eines Dompropstes von Lüttich und Bischofs von Hildesheim und Osnabrück. Durch die Ehe seines Bruders, des Kurfürsten Karl von Bayern, war er mit dem Habsburger Kaiserhaus verschwägert. Als er zum Hoch- und Deutschmeister gewählt wurde, mußte er nur zugestehen, keinen seiner vielen Orden neben dem Meisterkreuz zu tragen.

Clemens August machte sich bald unbeliebt. Als Kaiser Karl VI., der letzte Habsburger, 1740 starb, hielt er sich nicht an die getroffenen Abmachungen, den Ehemann von Maria Theresia, Herzog Franz Stephan von Lothringen, der sich jetzt Habsburg-Lothringen nannte, zum Kaiser zu wählen, sondern förderte mit allen Mitteln die Kandidatur seines Bruders Karl von Bayern, der schließlich 1742 auch gewählt wurde und als Karl VII. Kaiser des Reiches war.

Die Ordensritter kamen dadurch in erhebliche Bedrängnis. Nicht wenige dienten als Offiziere in der österreichischen Armee. Infolge des Österreichischen Erbfolgekrieges mußten sie auch gegen bayerische Truppen kämpfen. Dies hat viele davon abgeschreckt, neu in österreichische Dienste zu treten. Auch der Zustrom neuer Brüder zum Orden ließ erheblich nach.

Als das Erzbistum Mainz vakant wurde, bemühte sich Clemens August um diesen Stuhl, weil er mit der Kurwürde verbunden war. Clemens hätte dann zwei Kurstimmen gehabt und möglicherweise eine erneute Kaiserwahl zugunsten eines Kandidaten aus dem Hause Wittelsbach beeinflussen können. Ob nun diese Möglichkeit gesehen wurde oder ob man eine noch größere Ämterhäufung in Clemens' Hand doch nicht für angebracht hielt, sicher ist: Die Bemühungen um den Mainzer Kurerzstuhl blieben erfolglos.

Ein neuer Termin für die Kaiserwahl kam sehr bald. Kaiser Karl VII. aus dem Hause Wittelsbach, gleichzeitig Kurfürst von Bayern, starb bereits 1745, ein Jahr noch vor dem Ende des für Bayern verlustreichen Österreichischen Erbfolgekrieges. Zum Kaiser gewählt wurde nun doch der Gatte von Maria Theresia, Herzog Franz Stephan von Lothringen, jetzt von Habsburg-Lothringen, als Franz I. Kaiser des Heiligen Römischen Reiches.

Nachdem Clemens August seine Bestrebungen nach dem Mainzer Kurerzstuhl gescheitert sah, trat er politisch in den Hintergrund, und auch der Orden blieb völlig im Schatten der hohen Politik. Dem prunkliebenden Erzbischof-Kurfürsten mit seiner kostspieligen Bau- und Jagdlust galt das Amt des Hoch- und Deutschmeisters nur als etwas Nebensächliches unter seinen vielen hohen Würden im Kranze geistlicher Pfründen. Der Mergentheimer Beamtenapparat des Ordens funktionierte gut und verlangte keinerlei Anstrengungen von seiner Seite.

Heute lebt Clemens August im Gedächtnis der Nachwelt fast ausschließlich als Erbauer des Schlößchens Augustenburg in Brühl bei Köln weiter. Es dient der Regierung der Bundesrepublik Deutschland für repräsentative Veranstaltungen.

Nachfolger als Hoch- und Deutschmeister von 1761–80 war Karl Alexander von Lothringen, ein Verwandter des Kaisers Franz I., des Gatten von Maria Theresia, als solcher dem Hause Habsburg nahestehend. Er regierte auch wieder in Anlehnung an Österreich.

Das Ende des Ordens im Heiligen Römischen Reich

Nachfolger als Hoch- und Deutschmeister von Karl Alexander von Lothringen wurde nun wieder ein Erzherzog aus dem österreichischen Hause Habsburg-Lothringen selbst: Maximilian Franz von Österreich (1780–1801), jüngster Sohn des Kaisers Franz I. und der Kaiserin Maria Theresia.

Den schon in jungen Jahren zum geistlichen Stand bestimmten jüngsten Sohn ließ Maria Theresia in der Benediktinerabtei Corvey an der Weser erziehen, einer Pflegestätte des geistlichen Lebens im Mittelalter. Er wurde Erzbischof von Köln und damit auch Kurfürst. Er sollte der letzte Kurfürst von Köln sein. Seinen Sitz hatte er in Bonn.

Das Erzbistum Köln und das Kurfürstentum Köln deckten sich keineswegs. So war z. B. die Stadt Köln eine Freie Reichsstadt und gehörte zur Erzdiözese, nicht aber zum Kurfürstentum. Auf der anderen Seite gehörten aber zu diesem das Vest Recklinghausen und das Sauerland, ein Gebiet des südlichen Westfalen mit der Hauptstadt Arnsberg, das damals Herzogtum Westfalen hieß. So führten die Kurfürsten und Erzbischöfe von Köln auch den Titel Herzog von Westfalen.

Viel Zeit blieb Maximilian Franz nicht. In Frankreich war die große Revolution ausgebrochen, deren Beginn mit dem Sturm auf die Bastille in Paris auf den 14. Juli 1789 datiert wird, der aber schon längere Unruhen vorausgegangen waren. Es kam zu den französischen Revolutionskriegen, in deren Verlauf Frankreich das gesamte linke Rheinufer besetzte, das schließlich im Frieden von Lunéville von 1801 an Frankreich abgetreten wurde.

Der Kurfürst floh 1794 vor den französischen Truppen und verlegte seinen Sitz zunächst nach Recklinghausen, bald darauf weiter nach Arnsberg. Dort starb er 1801.

Für den Orden bedeutete die Preisgabe der linken Rheinufergebiete einen großen Verlust. Die Balleien Biesen, Lothringen und der größte Teil der Ballei Koblenz gingen verloren. Die Ballei Elsaß-Burgund war schon vorher verlorengegangen. Infolge der Revolution waren die Güter sämtlicher Orden dort schon eingezogen worden.

Die weiteren Nachfolger im Amt des Hoch- und Deutschmeisters waren wieder Erzherzöge aus dem Habsburgischen Hause: Karl Ludwig von Österreich (1801–04) und Anton-Victor von Österreich (1804–35). Sie konnten weitere Einbußen des Ordens nicht verhindern und mußten dem Geschehen mehr oder weniger tatenlos zusehen.

Um die Fürsten, die durch die Abtretung der linksrheinischen Gebiete an Frankreich Verluste erlitten hatten, zu entschädigen, trat ein Ausschuß des letzten alten Reichstages in Erfurt zusammen, wo 1803 der sogenannte »Reichsdeputationshauptschluß« gefaßt wurde. Zum Zwecke dieser Entschädigung wurden fast alle reichsunmittelbaren Gebiete und geistlichen Fürstentümer eingezogen (Säkularisation). Davon war auch der Orden betroffen.

Das Heilige Römische Reich erlebte seine letzten Tage.

Kaiser Franz II. nahm am 11. August 1804 den Titel eines Kaisers von Österreich als Franz I. an. Am 6. August 1806 legte er die römischdeutsche Kaiserkrone nieder. Eine offizielle Auflösung des Reiches fand nicht statt. Diese ergab sich durch die Gründung des Rheinbundes durch Napoleon von selbst.

Auch der Deutsche Orden schien dem Untergang geweiht. Zunächst hieß es nach dem unglücklich von Österreich gegen Frankreich geführten Krieg im Frieden von Preßburg (26. 12. 1805) – Art. 12 –, die Würde des Hochmeisters des Deutschen Ordens, seine Rechte, Domänen und Revenuen sollten für einen Prinzen des kaiserlichen (habsburgischen) Hauses erblich sein.

Der Hoch- und Deutschmeister Erzherzog Anton-Victor, der übrigens ein Bruder des Kaisers war, kam als »erblicher Prinz« für einen säkularisierten Orden nicht in Betracht. Der Kaiser bestimmte keinen anderen Prinzen an dessen Stelle, um den Orden nicht zu gefährden. Es hat nichts geholfen. Nach einem weiteren unglücklichen Krieg Österreichs mußte der Kaiser 1809 auf alle Ordensgüter verzichten. Gleichzeitig erklärte Napoleon den Orden für aufgelöst. Daraufhin wurde in allen Staaten – außer in Österreich – das Ordensgut eingezogen.

Mergentheim, bisheriger Sitz des Hoch- und Deutschmeisters, fiel an Württemberg. Der Hoch- und Deutschmeister, Erzherzog Anton-Victor von Österreich, verlegte seinen Sitz nach Wien.

Das war das Ende des Deutschen Ordens im Heiligen Römischen Reich.

4. Teil
Der Orden in Österreich

Vom Wiener Kongreß zum Ersten Weltkrieg

Die Auflösung des Deutschen Ordens durch Napoleon brachte sein Ende nicht. Sie wurde in den österreichischen Landen nicht durchgeführt, wenn auch nur wenige Ordenshäuser verblieben: Wien, Graz, Friesach und Troppau.

Zunächst schien es nicht sicher, wie mit dem Orden verfahren werden würde, denn der Kaiser überlegte, ob er nicht doch im Sinne des Preßburger Friedens von 1805 einem Prinzen seines Hauses die erbliche Meisterwürde einrichten sollte.

Dem leistete der Hoch- und Deutschmeister, Erzherzog Anton-Victor von Österreich, des Kaisers Bruder, einen derart erbitterten Widerstand, daß jener schließlich den Gedanken aufgab. Dennoch hing das Schicksal des Ordens weiterhin von der Gunst des Monarchen ab.

Das Ende Napoleons und der Wiener Kongreß von 1814–15, der eine Neuordnung ganz Europas brachte, hat Österreich wieder Länder verschafft, in denen der Orden Besitz gehabt hatte. Es gelang aber nur, wenig davon zurückzuerhalten, und zwar allein aus der ehemaligen Ballei An der Etsch. Diese lag in Südtirol. Ganz Tirol war zwischendurch an Bayern gefallen, das den Ordensbesitz eingezogen hatte.

In der genannten Ballei hatte der Komtur Ignaz Graf Brandis gewirkt und auch nach Einziehung des Ordensgutes Kontakt mit dem Orden in Wien gehalten. Dennoch konnten nur die Kommenden Bozen und Lengmoos zurückerworben werden.

Im übrigen war der Wiener Kongreß für den Orden eine herbe Enttäuschung. Man hatte gehofft, wenn auch nicht den gesamten Besitzstand, so doch einen erheblichen Teil davon zurückzubekommen. Besonders hatte man geglaubt, die Kommende Mergentheim wiedererlangen zu können, wo der Hoch- und Deutschmeister jahrhundertelang seinen Sitz gehabt hatte. Die Hoffnung auf Mergentheim erschien insofern gerechtfertigt, als im Jahre 1809 bei Einziehung der Kommende durch Württemberg ein Volksaufruhr entstanden war, der mit Waffengewalt niedergehalten werden mußte. Aber keiner der deutschen Fürsten, der Ordensbesitz eingezogen hatte, war willens, irgend etwas herauszugeben. Und im Gesamtfriedenswerk des Wiener Kongresses war der Deutsche Orden, der ja, abgesehen vielleicht von Mergentheim, kein Souverän eines Gebietes mehr war, viel zu nebensächlich, als daß man es gewagt hätte, die Fürsten damit zu verärgern, ihm gegenüber auf einer Wiedergutmachung zu bestehen. Das Arbeitsfeld des Ordens war mithin sehr eingeengt. Dem Rittertum und den Priestern fehlte auch der rechte Schwung, sich dafür einzusetzen, zumal stets Unsicherheit herrschte, ob das Ordensgut nicht doch Eigentum des Kaisers werden würde.

1834 kam es endlich zu einem Verzicht des Kaisers. Der Orden wurde als kaiserliches Lehen erklärt, wobei der Begriff Lehen nicht mehr im mittelalterlichen Sinn verstanden wurde, sondern nur eine ehrenvolle Stellung im Kaiserstaat beinhaltete. Dazu gehörten alle Rechte an Grund und Boden wie für einen Privateigentümer.

Dieses endgültige Zugeständnis des Kaisers, das nunmehr zu einer Konsolidierung des Ordens führen konnte, war der letzte Erfolg des Hoch- und Deutschmeisters Erzherzog Anton-Victor von Österreich. Bald darauf, im Jahre 1835, ist er verstorben. Im Jahre 1804 zum Hoch- und Deutschmeister berufen, hat er in den 31 Jahren seiner Amtszeit eine wahrhaft turbulente Entwicklung miterlebt, den Untergang des alten Reiches und fast auch des Ordens, dessen Rettung und Neuaufbau ausschließlich ihm zu verdanken ist.

Der nachfolgende Hoch- und Deutschmeister war wie alle Meister dieser Epoche wieder ein Angehöriger des habsburgischen Erzhauses, Maximilian Joseph, Erzherzog von Österreich-Este (1835-63). Er setzte die Politik seines Vorgängers fort und stemmte sich auch ganz besonders dagegen, daß der Orden eine erbliche Besitzung der Habsburger wurde. Vor allen Dingen sorgte er für eine Neufassung der Ordensregeln, die dies festschreiben sollten.

Der Papst (Gregor XVI.) billigte 1838 die Reformpläne, legte dabei aber besonderen Wert darauf, daß auch die Institution der Ordensschwestern wiederbelebt werden sollte.

Der Kaiser bestätigte die neue Ordensregel 1840. Der Orden nannte sich seitdem offiziell »Deutscher Ritterorden«.

Daß gerade dieser Name gewählt wurde, überrascht. Der Orden war als geistlicher Ritterorden gegründet worden. Er hat aber niemals diesen Namen geführt. Nicht einmal der Name »Deutscher Orden« war offiziell, sondern »Orden des Hospitals zu Sankt Marien der Deutschen zu Jerusalem«. Dieser lange Name war recht schwierig und auch unpopulär. Er unterstrich den zunächst karitativen Charakter des Ordens als eines Hospitaliter-Ordens, wie es die Johanniter vordem auch waren. Sehr bald trat aber der ritterliche – militärische – Charakter in den Vordergrund. Zur Zeit der Ordensgründung stand das mittelalterliche Rittertum in höchster Blüte. Spätestens seit dem habsburgischen Kaiser Maximilian I. (1493-1519), der den Beinamen »der letzte Ritter« trug, war es jedoch damit vorbei. Und selbst im Orden mußte man zu Zeiten eines anderen habsburgischen Maximilian, der Hoch- und Deutschmeister 1527-43 war, feststellen, daß für »Ritter« im Orden eigentlich kein Platz mehr sei. Man empfahl den Ordensrittern, Militärdienst bei einem Landesfürsten zu leisten, was dazu führte, daß die jungen Ordensbrüder den Militärdienst bei österreichischen Regimentern leisteten.

Der Orden war nunmehr tatsächlich keine militärische Organisation. Er hatte sich in erster Linie zu einem karitativen Orden entwickelt. Als Indiz dafür mag gelten, daß der Orden, einer Aufforderung des Papstes folgend, die Ordensschwestern wieder mehr förderte. Es wurden für sie neue Ordenshäuser in Lana (bei Meran in Südtirol) und Troppau (in Österreichisch-Schlesien) errichtet. In beiden Orten entstanden im Zusammenhang damit Krankenhäuser, Altersheime und Kindererholungsstätten.

Daneben sollte auch wieder die Ausbildung von Priestern gefördert werden. Dies machte mehr Schwierigkeiten als die Ausbildung der Schwestern. Der erste Konvent, wie jetzt die Ausbildungshäuser genannt wurden, wurde 1855 eingerichtet, ebenfalls in Lana. Ein weiterer entstand 1858 in Eulenburg (Mähren), 1866 verlegt nach Troppau.

Das Rittertum des Ordens, das immer noch so hieß, wandte sich ebenfalls karitativen Aufgaben zu, nämlich dem militärischen Sanitätswesen. 1859 wurde das Mutterhaus Lanegg in ein Lazarett verwandelt. Zum Feldzug gegen Dänemark konnte ein Feldspital in Schleswig, 1885 ein solches auf dem serbisch-bulgarischen Kriegsschauplatz eingesetzt werden. Um die nötigen Geldmittel zu beschaffen, wurden die Ordensritter zu jährlichen Beiträgen verpflichtet; 1866 wurde das Institut der Ehrenritter, 1871 das der Marianer geschaffen, die sich ebenfalls zu Beiträgen für das Hospitalwesen verpflichten mußten.

Das Feldsanitätswesen wuchs stark an. Bei Kriegsausbruch 1914 konnte der Orden vier große Feldspitale zur Verfügung stellen, allerdings zu Lasten von Schwesternhäusern und Priesterkonventen.

Am Anfang der Epoche zwischen Wiener Kongreß und Erstem Weltkrieg stand ein Hoch- und Deutschmeister aus dem Hause Habsburg: Erzherzog Anton-Victor. Er war sehr lange im Amt, rund 31 Jahre, und hatte den Orden vom Zusammenbruch des alten Heiligen Römischen Reiches in die k. und k. Monarchie Österreich-Ungarn hinübergerettet.

Am Ende stand wieder, wie sämtliche Hoch- und Deutschmeister dieser Epoche, ein Erzherzog aus dem Habsburgischen Hause, der Erzherzog Eugen von Österreich (1894–1923). Auch er hatte eine lange Amtszeit, 29 Jahre. Wie sein Vorgänger hundert Jahre zuvor mußte auch er einen Zusammenbruch erleben, den der k. und k. Monarchie Österreich-Ungarn. Ihm oblag es, den Orden in die Republik Österreich hinüberzuführen.

Vom Ersten zum Zweiten Weltkrieg

Der Erste Weltkrieg führte zum Zusammenbruch der k. u. k. Monarchie Österreich-Ungarn und zum Abgang des Hauses Habsburg als Herrscherhaus. Dies hat fast auch den Untergang des Ordens zur Folge gehabt.

Die Nachfolgestaaten, zunächst auch die Republik Österreich selbst, stellten sich auf den Standpunkt, der Orden sei ein kaiserliches Lehen gewesen und damit ein Ehrenorden des Hauses Habsburg. Er habe daher seine weitere Daseinsberechtigung verloren und sein Vermögen sei einzuziehen. Der Hoch- und Deutschmeister Erzherzog Eugen von Österreich hatte alle Mühe, dieser Auffassung entgegenzuwirken. Es gelang ihm auch nur in der Republik Österreich selbst.

Im Jahr 1923 trat er dann nach einer Absprache mit dem Papst (Pius XI., 1922–29) von seinem Amt zurück, und dieser hochherzige Schritt brachte die entscheidende Wende, nicht nur formal, sondern auch im inneren Gefüge des Ordens.

Zum neuen Meister wurde nun Norbert Klein (1923–33) gewählt, ein Ordenspriester, damals Bischof von Brünn (Brno in Mähren, Tschechoslowakei). Damit hatte man eine besonders gute Wahl getroffen, denn einmal verstand er es, gut zu taktieren, andererseits war es von Vorteil, daß er in der Tschechoslowakei tätig war, wo der Orden noch ansehnlichen Besitz hatte. Klein trug jetzt nur noch die Bezeichnung Hochmeister. Seinem Wirken gelang es, in allen Nachfolgestaaten die Betrachtung des Ordens als geistlichen Orden durchzusetzen, dessen »kaiserliches Lehensverhältnis« zum Hause Habsburg nicht den Charakter eines wirklichen Lehens gehabt hatte, auch nicht den eines Ehrenordens des Hauses Habsburg.

1927 hatte sich diese Auffassung in allen Nachfolgestaaten schließlich durchgesetzt. Außer der Republik Österreich selbst waren es die Tschechoslowakei, Jugoslawien und Italien (Südtirol). Der Orden behielt alle seine Besitztümer in diesen Staaten und erfreute sich bald wegen seines karitativen Wirkens einer wohlwollenden Förderung.

Allerdings erfolgten nunmehr Anschuldigungen gegen den Orden beim Papst, er habe einen militanten Charakter, was allein schon aus seinem Namen »Deutscher Ritterorden« folge. Papst Pius XI. sah sich genötigt, eine Untersuchung darüber einzuleiten.

Zwar hatten Ordensbrüder immer noch die Bezeichnung Ordensritter geführt. Aber bereits seit 1912 gab es keinen Nachwuchs mehr. Daraufhin wurden die verbliebenen Brüder in Österreich zusammengezogen; hier sollte ihnen noch bis zu ihrem Tod Verwaltung und Nutznießung wie bisher zukommen. Nach dem Zusammenbruch des Kaiserreichs war dies dann aber nur noch in der Republik Österreich selbst als Nachfolgestaat der Habsburger Monarchie möglich. Der letzte dieser Ordensbrüder ist 1970 verstorben.

Die Untersuchung beim Papst erbrachte das Ergebnis, daß das ritterliche Element in der Regel des Ordens nicht mehr existierte. Ein neuer Angriff gegen den Orden operierte mit der Behauptung, der Orden sei ehemals Teil des Johanniterordens (jetzt Malteserorden) gewesen und so stehe diesem der Besitz des Ordensgutes zu. Richtig ist an dieser Behauptung nur, daß kurz nach Gründung des deutschen Hospitals im Jahre 1190 in Akkon dieses provisorisch dem Johanniterorden unterstellt wurde. Die Behauptung, der Orden sei Teil des Johanniterordens gewesen, so daß man Besitzansprüche herleiten könne, war vollkommen abwegig und hatte auch keinerlei Folgen.

Die neuen Verhältnisse erforderten eine Neufassung und Anpassung der Ordensregeln, worauf auch der Papst drängte.

Der Orden erhielt einen rein klerikalen Charakter mit Kongregationsverfassung. In Anpassung an den alten Namen der Gründerzeit wurde er nunmehr »Brüder des Deutschen Ordens Sankt Marien zu Jerusalem« genannt. Sein Oberhaupt führte nur noch den Titel Hochmeister. Die Ordensschwestern wurden zu einer mit dem Orden verbundenen besonderen Einheit zusammengefaßt und zu einer vom Hochmeister und Generalkapitel des Ordens geleiteten Kongregation erklärt, unter besonderer Verwaltung einer Generalassistentin. Die neue Regel wurde von Papst Pius XI. am 27. November 1929 feierlich bestätigt.

Auf den Hochmeister Norbert Klein folgten Paul Heider (1933–36) und Robert Schätzky (1936–48).

Der Orden arbeitete sehr erfolgreich. Die gesamten Niederlassungen in Österreich und in den übrigen Nachfolgestaaten wurden mehr und mehr ausgebaut. Sie erfreuten sich großen Ansehens.

Dem bereitete Adolf Hitler ein jähes Ende. 1938 erfolgte der Anschluß Österreichs an das Deutsche Reich. Bereits am 6.9.1938 erging ein Dekret zur Auflösung des Ordens. Mit der Besetzung der Tschechoslowakei folgte im Februar 1939 die Auflösung im »Reichsprotektorat Böhmen und Mähren«. Mehr oder weniger geduldet blieben die Niederlassungen in Jugoslawien und Südtirol. Infolge des Zweiten Weltkrieges nutzte man die bestehenden Hospitaleinrichtungen. Eine formelle Auflösung erfolgte nicht.

Neuzeit

Auch die Auflösungsdekrete Hitlers brachten nicht das Ende des Ordens. Mancher erinnert sich vielleicht noch an Zeitungsnotizen aus den letzten Kriegstagen Anfang 1945, in denen von Flüchtlingsströmen vor den vordringenden sowjetrussischen Truppen berichtet wurde. Darunter wurden auch Brüder und Schwestern des Deutschen Ordens genannt. Das hat erhebliche Verwunderung erregt: Deutscher Orden, gibt es den noch? Man glaubte ihn längst aufgelöst, nicht erst durch Hitler.

Aber trotz Hitlers Verbot haben Brüder und Schwestern treu zum Orden gehalten, sich versteckt oder durch Übernahme anderer Beschäftigungen getarnt. Der Hochmeister Robert Schätzky (1936–48) hatte den Krieg überlebt und war gegen Ende in tschechische Gefangenschaft geraten, bald aber wieder entlassen worden. Er setzte sich sofort nach seiner Freilassung für den Orden ein.

In Österreich, das nun wieder selbständige Republik geworden war, fanden sich Brüder und Schwestern zusammen. 1947 wurde hier das Auflösungsedikt Hitlers annulliert und dem Orden das entzogene Vermögen zurückerstattet. Im Haus der ehemaligen Landkommende in Wien wurde die Residenz des Hochmeisters eingerichtet, ebenso das Zentralarchiv des Ordens. Die Schwestern in Österreich widmeten sich der Krankenpflege, besonders im Spital Friesach, das modernisiert wurde. Hinzu kamen das Spital Hainbuch/Donau 1948, das Bezirksaltersheim St. Ulrich bei Steyr 1951, das Heilbad Einöd an der steirischen Grenze 1966.

Auch in Südtirol begann bald nach Kriegsende der Wiederaufbau. 1957 kam ein Schülerheim in Bozen hinzu, für Ordensschwestern 1956 das Spital in Riffian bei Meran, 1959 das Altenheim in Völlau, 1970 Altenheime in Eppan und Kardau bei Bozen.

1953 wurde ein Haus in Rom angekauft, um eine Repräsentanz beim Papst zu unterhalten.

Der Ordensbesitz in der Tschechoslowakei und in Jugoslawien ging verloren. Dort wurden alle Orden aufgehoben. In späterer Zeit durfte er jedoch dort wieder tätig werden. In der Bundesrepublik Deutschland konnte der Orden ungestört wieder Fuß fassen. In der Kriegs- und Nachkriegszeit kamen viele Ordensbrüder und Schwestern als Flüchtlinge oder Vertriebene vorwiegend nach Bayern. Die deutschen Bischöfe nahmen sich ihrer an. Die Brüder wurden als Flüchtlingsseelsorger, die Schwestern in Schulen, Heimen und Krankenhäusern eingesetzt.

1953 konnte für die Schwestern ein Mutterhaus in Passau (Niklaskloster) geschaffen werden; in weitem Umkreis in Niederbayern betreuen sie Haushaltsschulen, Kindergärten und -heime und verrichten Pflegedienst in zahlreichen Krankenhäusern.

Schwieriger war es für die Brüder, eine neue Aufgabe zu formulieren. Der Einsatz in der Flüchtlingsfürsorge hatte zur Zerstreuung und auch Entfremdung geführt. Dennoch gelang 1949 die Einrichtung eines neuen Konvents in Darmstadt, 1963 die Übernahme der alten Ordenskommende von Frankfurt-Sachsenhausen.

Auch die Institute der Ehrenritter und Marianer wurden erneuert. Zu ihnen zählten Konrad Adenauer und Franz Josef Strauß.

Nach dem Tod des Hochmeisters Schätzky im Jahre 1948 wurde Dr. Marian Tumler Hochmeister des Ordens. Er war vorher Archivar und hatte bereits 1938 eine Geschichte des Ordens bis 1400 verfaßt. Sie konnte damals jedoch nicht erscheinen, erst 1955 nach einer Neubearbeitung und Ergänzung. Sie ist das Standardwerk der Ordensgeschichte aus klerikaler Feder. Oktober 1970 trat der Hochbetagte von seinem Amt zurück. Anläßlich seines 90. Geburtstages am 21. Oktober 1977 erschien eine Festschrift: »Von Akkon bis Wien, Studien zur Ordensgeschichte vom 13. bis zum 20. Jahrhundert«. Die hohen Verdienste des Hochmeisters haben hier eine angemessene Würdigung gefunden. 1987 ist er kurz nach Vollendung des 100. Lebensjahres verstorben.

1971–1988 bekleidete Ildefons Pauler das Hochmeisteramt, seitdem Dr. Arnold Wieland.

Der Orden ist heute ein klerikaler Orden, dem die Kongregation der Deutschordensschwestern angegliedert ist, so daß die höchsten Oberen des Ordens zugleich auch die höchsten Oberen der Kongregation sind.

Dazu kommt das Familiareninstitut, das im allgemeinen aus Laien besteht, so daß der Orden insgesamt drei Zweige hat: Brüder, Schwestern, Familiare. Die Brüder gliedern sich in Priester- bzw. Klerikerbrüder und Laienbrüder. Klerikernovizen müssen die Hochschulreife besitzen. Für Laienbrüder bestehen keine besonderen Erfordernisse, desgleichen nicht für Schwestern. Oberste Instanz des Ordens ist das Generalkapitel, das die obersten Beamten des Ordens wählt und überwacht, Anordnungen erläßt und die allgemeine Aufsicht innehat.

Die obersten Amtsträger sind: der Hochmeister, vier Generalräte aus den vier Ordensprovinzen, der Generalprokurator beim Heiligen Stuhl, der Generalsekretär, der Generalökonom und die Generalassistentin (für die Schwestern); die drei Letztgenannten ernennt der Hochmeister, die übrigen werden vom Generalkapitel auf sechs Jahre gewählt.

Die Provinzen werden von einem Prior geleitet, dem zwei Räte und ein Provinzökonom zur Seite stehen, jeweils auf drei Jahre gewählt. Entsprechend ist es bei den Schwestern mit Provinzoberin, Rätinnen und Provinzökonomin. Der Orden gliedert sich in vier Provinzen: Österreich,

Deutschland, Italien (Südtirol) und ehemaliges Jugoslawien. Für die Schwestern kommt noch die ehemalige Tschechoslowakei als weitere Provinz hinzu.

Die Familiaren gliedern sich in drei Balleien: Österreich, Deutschland und Südtirol, dazu die Komturei Rom.

Die Brüder in Österreich haben ihren Konvent in Wien, wo auch die Zentralverwaltung besteht mit Sitz des Hochmeisters, Schatzkammer und Zentralarchiv.

Die Brüder in Deutschland haben ihren Konvent in Darmstadt. Es bestehen fünf Komtureien: An der Donau, Am Oberrhein, An Neckar und Bodensee, An Rhein-Main und An Weser und Elbe.

Die Brüder in Südtirol haben ihren Konvent in Lana (bei Meran).

Die Schwestern in Österreich haben ihr Zentralhaus in Friesach, in Deutschland in Passau, in Südtirol in Lanegg (bei Lana), in Slowenien in Ljutomer.

Zu den selbstgestellten Aufgaben des Ordens gehört die Erforschung der eigenen Geschichte, da noch viele Ereignisse und Persönlichkeiten, besonders in der Frühzeit, zu Mißdeutungen geführt haben und der Aufhellung bedürfen.

Abschließend sei noch erwähnt, daß der Orden seit 1974 in Köln das Deutschordens-Wohnstift »Konrad Adenauer« unterhält.

Der Orden bleibt eine bemerkenswerte Organisation, die acht Jahrhunderte überdauert, große Leistungen vollbracht und Höhen und auch Tiefen durchschritten hat: »Von Akkon bis Wien«.

Anhang

Verzeichnis der Obersten Gebieter des Deutschen Ordens

Hochmeister

Heinrich Walpot von Passenheim (1193)	1198–1200
Otto von Karpen	1200–1206
Heinrich von Bard	1206–1210
Hermann von Salza	1210–1239
Conrad Landgraf von Thüringen und Hessen	1239–1240
Gerhard von Malberg	1241–1243
Heinrich von Hohenlohe	1244–1249
Günther von Wallersleben (nicht eindeutig)	1249–1252
Poppo von Osternau	1253–1256
Hanno von Sangershausen	1257–1273
Hartmann von Heldrungen	1273–1283
Burchard von Schwanden	1283–1290
Konrad von Feuchtwangen	1291–1296
Gottfried von Hohenlohe	1297–1303
Siegfried von Feuchtwangen	1303–1311
Karl Beffert von Trier	1312–1324
Werner von Orselen	1324–1330
Luther von Braunschweig	1331–1335
Dietrich Burggraf von Altenburg	1335–1341
Ludolf König Herr zu Weizau	1342–1345
Heinrich Dusemer von Arffberg	1345–1351
Winrich von Kniprode	1352–1382
Konrad Zöllner von Rotenstein	1382–1390
Conrad von Wallenrod	1391–1393
Conrad von Jungingen	1393–1407
Ulrich von Jungingen	1407–1410
Heinrich Reuß von Plauen	1410–1413
Michael Küchmeister von Sternberg	1414–1422
Paul Bellizer von Rußdorf	1422–1441
Konrad von Erlichshausen	1441–1449
Ludwig von Erlichshausen	1450–1467
Heinrich Reuß von Plauen (d. Jüngere)	1467–1470

Heinrich Reffle von Richtenberg	1470–1477
Martin Truchseß von Wetzhausen	1477–1489
Johann von Tiefen	1489–1497
Friedrich Herzog von Sachsen	1498–1510
Albrecht von Hohenzollern Markgraf von Brandenburg-Ansbach	1511–1525

Deutschmeister

Hermann Balk	1219–1230
Dietrich	1231
Heinrich von Hohenlohe	1231–1242
Berthold von Tannenrode	1243–1245
Albrecht von Bastheim	1247–1248
Albrecht von Hallinberg	1248–1251
Eberhard von Sayn	1251–1254
Dietrich von Grüningen	1254–1256
Konrad von Nürnberg	1257–1264
Werner von Battenberg	1271–1273
Gebhard Graf von Hirschberg	1273–1277
Mathias	1281–1283
Konrad von Feuchtwangen	1284–1290
Gottfried von Hohenlohe	1294–1297
Johann von Nesselrode	1297–1298
Siegfried von Feuchtwangen	1298–1303
Winrich von Bosweil	1303–1304
Eberhard von Sulzberg	1305–1323
Konrad von Gundelfingen	1323–1329
Zürich von Stetten	1329–1330
Wolfram Graf von Nellenburg	1330–1361
Philipp von Bickenbach	1361–1375
Gottfried Graf von Hanau	1375
Johann von Heyn	1376–1379
Konrad von Trüde	1379–1382
Siegfried von Venningen	1382–1393
Johann von Ketze	1393–1396
Konrad von Egloffstein	1396–1416
Dietrich von Wintershausen	1417–1420
Eberhard von Seinsheim	1420–1443
Eberhard von Stetten	1443–1447
Jost von Venningen	1447–1454
Ulrich von Leutersheim	1454–1479
Reinhard von Neipperg	1480–1489
Andreas von Grumbach	1489–1499
Hartmann von Stockheim	1499–1510
Johann Adelmann von Adelmannsfelden	1510–1515
Dietrich von Cleen	1515–1526

Anhang

Hoch- und Deutschmeister

Walter von Cronberg	1527–1543
Wolfgang Schutzbar gen. Milchling	1543–1566
Georg Hund von Wankheim	1566–1572
Heinrich von Bobenhausen	1572–1590
Maximilian Erzherzog von Österreich	1590–1618
Karl von Österreich	1619–1624
Johann Eustach von Westernach	1625–1627
Johann Caspar von Stadion	1627–1641
Leopold Wilhelm von Österreich	1641–1662
Karl Joseph von Österreich	1662–1664
Johann Kaspar von Ampringen	1664–1684
Ludwig Anton von Pfalz-Neuburg	1684–1694
Franz Ludwig von Pfalz-Neuburg	1694–1732
Clemens August von Wittelsbach, Prinz von Bayern, Kurfürst-Erzbischof von Köln	1732–1761
Karl Alexander von Lothringen	1761–1780
Maximilian Franz, Erzherzog von Österreich, Kurfürst-Erzbischof von Köln	1780–1801
Karl Ludwig von Österreich	1801–1804
Anton-Victor von Österreich	1804–1835
Maximilian Joseph von Österreich-Este	1835–1863
Wilhelm von Österreich	1863–1894
Eugen von Österreich	1894–1923

Hochmeister / Klerikaler Orden

Dr. h. c. Norbert Klein	1923–1933
Paul Heider	1933–1936
Robert Schätzky	1936–1948
Dr. Marian Tumler	1948–1970
Ildefons Pauler	1970–1988
Dr. Arnold Wieland	seit 1988

Literaturverzeichnis

Auswahl aus der umfangreichen Literatur

Arnold, Udo: Entstehung und Frühzeit des Deutschen Ordens, in: Die Geistlichen Ritterorden Europas, Sigmaringen 1980
ders. (Hg.): Von Akkon bis Wien – Studien zur Deutschordensgeschichte vom 13. bis zum 20. Jahrhundert, Marburg 1978
Biskup, Marian: Das Ende des Deutschordensstaates Preußen im Jahre 1525, in: Die Geistlichen Ritterorden Europas, Sigmaringen 1980
Benninghoven, Friedrich: Der Orden der Schwertbrüder, Köln 1965
Bradfort, Ernle: Kreuz und Schwert – Der Johanniter/Malteser-Ritterorden, München 1983
Bulst-Thiele, Marie-Luise: Der Prozeß gegen den Templerorden, in: Die Geistlichen Ritterorden Europas, Sigmaringen 1980
Buschke, Theodor: Heinrich von Plauen, Königsberg 1880
Caspar, Erich: Hermann von Salza und die Gründung des Deutschordensstaates in Preußen, Tübingen 1924
ders.: Vom Wesen des Deutschen Ordensstaates, in: Königsberger Universitätsreden II, Königsberg 1928
Cohn, Willy: Das Zeitalter der Hohenstaufer in Sizilien, Breslau 1925
ders.: Hermann von Salza, Breslau 1926
Demel, Bernhard: Das Priesterseminar des Deutschen Ordens zu Mergentheim, Wien 1972
Domert, Erich: Der livländische Ordensritterstaat und Rußland, Berlin 1963
Fleckenstein, Josef/Hellmann, Manfred (Hg.): Die Geistlichen Ritterorden Europas, Konstanzer Arbeitskreis für mittelalterliche Geschichte, Band 26, Sigmaringen 1980
Forstreuter, Kurt: Vom Ordensstaat zum Fürstentum – Geistige und politische Wandlungen im Deutschordensstaat Preußen unter den Hochmeistern Friedrich und Albrecht 1498–1525, Kitzingen (früher Tilsit) 1960
ders.: Der Deutsche Orden am Mittelmeer, Bonn 1967
ders.: Der Deutsche Orden und Litauen, Köln 1962
Grieser, Rolf: Hans von Baysen – Ein Staatsmann aus der Zeit des Niederganges der Ordensherrschaft in Preußen, Leipzig 1936
Grossmann, Dieter: Die Elisabethkirche zu Marburg, Berlin 1980
Gruber, S. Erentraud: Deutschordensschwestern im 19. und 20. Jahrhundert – Wiederbelebung, Ausbreitung und Tätigkeit 1837–1971, Wien 1971
Haftka, Mieczyslaw/Mierzwiński, Mariusz: Marienburg, Burg des Deutschen Ordens. Deutsche Übersetzung T. Borzych, Malborg, RV Gütersloh 1992
Hartknoch, M. Christoph: Alt und Neues Preußen oder Preußischer Historien 2 Teile, Thorn 1684
Hellmann, Martin: Die Stellung des livländischen Ordenszweiges zur Gesamtpolitik des Deutschen Ordens vom 13. bis zum 16. Jahrhundert, in: Von Akkon bis Wien, Marburg 1978

Heinrici – Heinrich von Lettland: Chronicon Livoniae – Livländische Chronik 1224–1227, Darmstadt 1959
Hiestand, Rudolf: Die Anfänge der Johanniter, in: Die Geistlichen Ritterorden Europas, Sigmaringen 1980
Hofmann, Hans Hubert: Der Staat des Deutschmeisters – Studien zu einer Geschichte des Deutschen Ordens im Heiligen Römischen Reich Deutscher Nation, München 1964
Holst, Niels von: Der Deutsche Ritterorden und seine Bauten von Jerusalem bis Sevilla, von Thorn bis Narwa, Berlin 1981
Hötzsch, Otto: Die Schlacht bei Tannenberg (aus nicht mehr identifizierbarer ostdeutscher Zeitschrift 1910)
Horst, Eberhard: Friedrich II. Der Staufer, Kaiser – Feldherr – Dichter – Heyne Biographien, München, 3. Aufl. 1981
Hubatsch, Walther: Zur Echtheitsfrage der Goldbulle von Rimini Kaiser Friedrichs II. für den Deutschen Orden 1226, in: Von Akkon bis Wien, Marburg 1978
Huhn, Eugen: Das Großherzogtum Baden – Darmstadt 1850, Neudruck (Faksimile), Rombach/Freiburg im Breisgau 1980
Jähnig, Bernhart: Die Rigische Sache zur Zeit des Erzbischofs Johannes Ambundii (1418–1424), in: Von Akkon bis Wien, Marburg 1978
Joachim, Erich: Die Politik des letzten Hochmeisters in Preußen, Albrecht von Brandenburg – 3 Bände, Leipzig 1893/95
Kisch, Guido: Die Culmer Handfeste, Stuttgart 1931
Kluger, Helmuth: Hochmeister Hermann von Salza und Kaiser Friedrich II., Marburg 1987
Knaake, Emil: Geschichte von Ost- und Westpreußen, Berlin/Leipzig 1923
Krollmann, Christian: Politische Geschichte des Deutschen Ordens in Preußen, Berlin 1932
Labuda, Gerhard: Die Urkunden über die Anfänge des Deutschen Ordens im Culmer Land und in Preußen in den Jahren 1226–1235, in: Die Geistlichen Ritterorden Europas, Sigmaringen 1980
Lehmann, Johannes: Die Kreuzfahrer – Abenteurer Gottes, München 1976
ders.: Die Staufer, München 1978
Lückerath, Carl August: Paul von Rusdorf, Hochmeister des Deutschen Ordens (1422–1441), Marburg 1969
Maschke, Erich: Der Deutsche Orden und die Preußen, in: Deutsche Studien, Heft 176, Berlin 1928
ders.: Historische Tendenzen in der Gründungs-Geschichte des Preußischen Ordensstaates, in: Königsberger Universitätsreden VIII., Königsberg 1931
ders.: Polen und die Berufung des Deutschen Ordens nach Preußen, in: Ostland-Forschungen, Danzig 1934
ders.: Der Deutsche Ordensstaat – Gestalten seiner großen Meister, Hamburg 1935
ders.: Der Deutsche Ritterorden, seine politische und kulturelle Leistung im Deutschen Osten, Hamburg 1942
ders.: Die Herkunft Hermanns von Salza, Bonn 1970
Maschke, Erich/Kasiske, Karl: Der Deutsche Ritterorden, Berlin 1942
Militzer, Klaus: Die Entstehung der Deutschordensballeien im Deutschen Reich, Bonn 1970
Nowak, Zenon: Milites Christi de Prussia – Der Orden zu Dobrin und seine Stellung in der preußischen Mission, in: Die Geistlichen Ritterorden Europas, Sigmaringen 1980

Oehler, N: Geschichte des Deutschen Ordens, 2 Bände, Berlin 1908/1912
Prutz, Hans: Die Geistlichen Ritterorden, Berlin 1908
Ranke, Leopold von: Preußische Geschichte – I. Buch der Zwölf Bücher Preußischer Geschichte – 1847/1878, Neudruck Wiesbaden/Berlin 1957
Rauch, Georg von: Aus der baltischen Geschichte, Hannover 1980
ders.: Der Deutsche Orden und die Einheit des baltischen Landes, Hamburg 1961
Rhode, Gotthold: Kleine Geschichte Polens, Darmstadt 1965
Stauffer, Ethelbert: Jerusalem und Rom im Zeitalter Jesu Christi, Bern 1957
Treitschke, Heinrich von: Das Deutsche Ordensland Preußen, Preußische Jahrbücher 1862, Neudruck Göttingen 1955
Tumler, P. Marian: Der Deutsche Orden im Werden, Wachsen und Wirken bis 1400, Wien 1955/1974
ders.: Der Deutsche Orden von seinem Ursprung bis zur Gegenwart, Bonn 1974
ders. unter Mitarbeit von Arnold, Udo: 4. überarbeitete und erweiterte Auflage, Bad Münstereifel 1986
Zimmerling, Dieter: Der Deutsche Ritterorden, 2. Auflage, Düsseldorf 1991